Kardinal Michael Czerny und Christian Barone

Wir sind alle Geschwister – das Zeichen der Zeit

Kardinal Michael Czerny und Christian Barone

Wir sind alle Geschwister – das Zeichen der Zeit

Die Soziallehre von Papst Franziskus

Mit einem Vorwort von Papst Franziskus

Aus dem Englischen von Ulrich Ruh

HERDER

FREIBURG · BASEL · WIEN

HERDER KORRESPONDENZ Edition

MIX
Papier | Fördert gute Waldnutzung
FSC® C014496

www.herder.de

Originalausgaben:
Fraternità segno dei tempi. Il magistero sociale di Papa Francesco,
Libreria Editrice Vaticana, Rom 2021;
Siblings All, Signs of the Times. The Social Teaching of Pope Francis,
Orbis Books, Maryknoll (NY) 2022

Satz: Carsten Klein, München
Herstellung: GGP Media GmbH, Pößneck

Printed in Germany

ISBN Print: 978-3-451-27462-6
ISBN E-Book: 978-3-451-82952-9
ISBN E-Book (PDF): 978-3-451-82964

Aus »Fratelli Tutti«

Herr und Vater der Menschheit,
du hast alle Menschen mit gleicher Würde erschaffen.
Gieße den Geist der Geschwisterlichkeit in unsere Herzen ein.

Franziskus, Gebet zum Schöpfer

Inhalt

Vorwort

Papst Franziskus

Herz des Evangeliums ist die Verkündigung des Reiches Gottes in der Person Jesu, des Immanuels, des Gott-ist-mit-uns. In ihm erfüllt Gott seinen Plan der Liebe zur Menschheit, indem er seine Herrschaft über die Geschöpfe verwirklicht und die Saat des göttlichen Lebens in der menschlichen Geschichte ausstreut, sie von innen her verwandelt.

Sicher darf man das Reich Gottes nicht mit einer irdischen oder politischen Errungenschaft gleichsetzen oder verwechseln. Es darf auch nicht als rein innerliche, rein persönliche und spirituelle Wirklichkeit verstanden werden, oder als eine Verheißung, die nur die künftige Welt betreffen würde. Der christliche Glaube lebt im Gegenteil von einem faszinierenden und herausfordernden Paradox, einem Wort, das dem Jesuitentheologen Henri de Lubac sehr wichtig war. Das ist es, was Jesus, auf ewig mit unserem Fleisch verbunden, hier und heute vollbringt, indem er uns für Gott, den Vater, öffnet und uns eine fortwährende Befreiung schenkt, da in ihm das Reich Gottes schon nahe gekommen ist (Mk 1,12–15).

Gleichzeitig bleibt das Reich Gottes eine Verheißung, solange wir in diesem Fleisch existieren, eine tiefe Sehnsucht, die wir in uns tragen, ein Schrei, der sich aus der noch vom Bösen gepeinigten Schöpfung erhebt, die bis zum Tag ihrer umfassenden Befreiung leidet und stöhnt (Röm 8,19–24).

Deshalb ist das von Jesus verkündete Reich eine lebendige und dynamische Wirklichkeit. Es fordert uns zur Bekehrung auf, möchte, dass unser Glaube aus dem Stillstand einer individuellen Religiosität oder aus der Reduktion auf bloßen Legalismus herauskommt. Er will, dass unser Glaube stattdessen zu einer beständigen und ruhelosen Suche nach dem Herrn und seinem Wort wird, das jeden von uns zur Mitarbeit mit dem Handeln Gottes in unterschiedlichen Situationen des Lebens und der Gesellschaft auffordert. Auf verschiedenen Wegen, oft anonym und schweigend, selbst in der Geschichte unserer Misserfolge und unserer Verwundungen, wird das Reich Gottes in unseren Herzen und in den Ereignissen wahr, die sich um uns herum abspielen. Wie ein im Acker verstecktes kleines Senfkorn (Mt 13,31), wie ein wenig Sauerteig, der das Mehl durchsäuert (Mt 13,24–30), bringt Jesus in unsere Lebensgeschichte Zeichen des neuen Lebens. Er ist gekommen, um einen Anfang zu machen, und fordert uns dazu auf, mit ihm bei seinem Erlösungswerk zusammenzuarbeiten. Jeder von uns kann zur Verwirklichung des Reiches Gottes auf Erden beitragen, indem wir Räume der Erlösung und Befreiung auftun, Hoffnung säen, die todbringende Logik des Egoismus mit dem Geist der Geschwisterlichkeit des Evangeliums herausfordern, uns mit Zärtlichkeit und Solidarität für das Wohl unserer Nächsten, vor allem der Ärmsten, einsetzen.

Wir dürfen diese soziale Dimension des christlichen Glaubens nie aus den Augen verlieren. Wie ich in *Evangelii Gaudium* ausgeführt habe, hat das *kerygma* der Verkündigung des christlichen Glaubens eine unverzichtbare soziale Dimension. Sie lädt uns dazu ein, eine Gesellschaft zu errichten, in der die Logik der Seligpreisungen die Oberhand hat, in der eine Welt des Geschwisterseins aller und der Solidarität vorherrscht. Der Gott, der Liebe ist, fordert uns in Jesus dazu auf, das Liebesgebot so zu leben, als ob wir alle Geschwister einer einzigen Familie wären; mit ein und derselben Liebe heilt dieser Gott sowohl unsere persönlichen wie gesellschaftlichen Beziehungen, indem er uns dazu aufruft, Friedensstifter und Erbauer von Bruder- und Schwesternschaft untereinander zu sein: »Das Angebot ist das Reich Gottes (Lk 4,43); es geht darum, Gott zu lieben, der in der Welt herrscht. In dem Maß, in dem er unter uns herrschen kann, wird das Gesellschaftsleben für alle ein Raum der Brüderlichkeit, der Gerechtigkeit, des Friedens und der Würde sein. Sowohl die Verkündigung als auch die christliche Erfahrung neigen dazu, soziale Konsequenzen auszulösen« (*EG*, Nr. 180).

In diesem Sinn sind die Sorge für unsere Mutter Erde und der Aufbau einer solidarischen Gesellschaft als *fratelli tutti* oder das »Geschwistersein aller« unserem Glauben nicht nur nicht fremd; sie gehören zu seiner konkreten Umsetzung.

Das ist die Grundlage für die Soziallehre der Kirche. Sie ist nicht nur eine bloß soziale Ausweitung des christlichen Glaubens, sondern eine Wirklichkeit mit theologischem Fundament: Gottes Liebe zur Menschheit und sein Liebesplan, mit denen er uns alle als Geschwister umschließt und den er in der Geschichte der Menschen durch Jesus Christus wirklich werden lässt, seinen Sohn, mit dem alle Glaubenden zuinnerst durch den Heiligen Geist verbunden sind.

Ich bin Kardinal Michael Czerny und Frater Christian Barone, Brüdern im Glauben, für ihren Beitrag zum Thema und zur Herausforderung des »Geschwisterseins aller« dankbar. Ich bin auch dankbar dafür, dass sich dieses Buch, das als Hinführung zur Enzyklika *Fratelli Tutti* gedacht ist, darum bemüht, die tiefe Verbindung zwischen der gegenwärtigen Soziallehre der Kirche und den Lehren des Zweiten Vatikanischen Konzils zu erhellen und deutlich zu machen.

Diese Verbindung wird nicht immer bemerkt, zumindest nicht anfänglich. Ich werde zu erklären versuchen, warum das so ist. Das kirchliche Klima Lateinamerikas, in das ich zunächst als junger Student im Jesuitenorden und dann in meinem Amt eintauchte, hatte die theologischen, ekklesiologischen und spirituellen Einsichten des Konzils enthusiastisch aufgenommen und von ihnen Besitz ergriffen, indem es sie aktualisierte und inkulturierte. Für die Jüngsten von uns wurde das Konzil zum Horizont für unseren Glauben und für unsere Art, zu sprechen und zu handeln. So wurde es rasch zu unserem kirchlichen und pastoralen Ökosystem. Aber wir gewöhnten uns weder das Zitieren von Konzilsdokumenten an noch hatten wir Lust auf spekulatives Nachdenken. Das Konzil hatte einfach in unserer Art des Christseins und des Kircheseins Einzug gehalten – und im Lauf der Zeit entstammten meine Einsichten, Wahrnehmungen und meine Spiritualität schlicht und einfach dem, was das Zweite Vatikanum gelehrt hatte. Da war es nicht notwendig, die Dokumente des Konzils zu zitieren.

Nach vielen Jahrzehnten finden wir uns heute in einer grundlegend veränderten Welt und Kirche vor und es ist vermutlich erforderlich, die Schlüsselvorstellungen des Zweiten Vatikanischen Konzils, seinen theologischen und pastoralen Horizont, seine Themen und Methoden stärker bewusst zu machen.

Im ersten Teil ihres wertvollen Buchs helfen uns Kardinal Michael Czerny und Frater Christian dabei. Sie lesen und deuten die Soziallehre, die für mich charakteristisch ist, indem sie das ans Licht bringen, was irgendwie zwischen den Zeilen versteckt ist – also die Lehre des Konzils als grundlegende Basis und als Ausgangspunkt für meine Einladung an die Kirche und die ganze Welt, die sich im Ideal des »Geschwisterseins aller« ausdrückt. Das ist eines der Zeichen der Zeit, die das Zweite Vatikanum ins Licht rückt, und das, was unsere Welt – unser gemeinsames Haus, in dem wir zum Leben als Geschwister berufen sind – am meisten braucht.

Mit dieser Verbindung kommt ihrem Buch auch das Verdienst zu, in der heutigen Welt die Vorstellung des Konzils von einer offenen Kirche im Dialog mit der modernen Welt neu zu lesen. Im Angesicht der Fragen und Herausforderungen der modernen Welt war das Zweite Vatikanum bemüht, mit dem Atem von *Gaudium et Spes* zu antworten; aber heute nehmen wir beim Weitergehen des von den Konzilsvätern gewiesenen Wegs wahr, dass es nicht nur einen Dialog der Kirche mit der Welt braucht, sondern dass sie sich vor allem in den Dienst der Menschheit stellt, sich der Schöpfung annimmt und ein neues Schwester- und Brudersein verkündet und umsetzt, in dem menschliche Beziehungen von Egoismus und Gewalt geheilt werden und auf gegenseitiger Liebe, auf Willkommen und Solidarität begründet sind.

Wenn es das ist, was die Welt heute von uns fordert – besonders in einer in hohem Maß von Ungleichgewichten, Unrecht und Ungerechtigkeiten gekennzeichneten Gesellschaft –, dann erkennen wir, dass das auch dem Geist des Konzils entspricht, das uns dazu einlädt, die Zeichen der menschlichen Geschichte zu lesen und auf sie zu hören.

Dieses Buch von Kardinal Michael und Frater Christian hat auch das Verdienst, uns das Nachdenken über die Methodologie der nachkonziliaren Theologie zu ermöglichen – einer historisch-theologisch-pastoralen Methodologie, nach der die Geschichte der Menschen Erscheinungsort von Gottes Offenbarung ist. Hier entwickelt Theologie ihre Orientierung durch Nachdenken und die Pastoral inkarniert Theologie in der kirchlichen und gesellschaftlichen Praxis. Deshalb muss die Lehre eines Papstes immer für die Geschichte aufmerksam sein und braucht sie den Beitrag der Theologie.

Zum Schluss möchte ich Kardinal Czerny dazu beglückwünschen, dass er den jungen Theologen Christian Barone für dieses Werk einbezogen hat. Ihre Zusammenarbeit ist lohnend – die eines Kardinals, der dem Dienst am Heiligen Stuhl verpflichtet ist und eine pastorale Führungsfigur zu sein hat, mit einem jungen Fundamentaltheologen. Das ist ein Beispiel dafür, wie sich Gelehrsamkeit, Nachdenken und kirchliche Erfahrung verbinden können, und es verweist auch auf eine neue Methode: die Zusammenarbeit einer offiziellen und einer jungen Stimme. So sollten wir immer unterwegs sein: das Lehramt, die Theologie, die pastorale Praxis und die offizielle Leitung. Immer gemeinsam. Unsere Beziehungen in der Kirche werden glaubwürdiger, wenn wir damit anfangen, uns alle als Geschwister zu fühlen, *fratelli tutti,* und unsere jeweiligen Ämter als Dienst am Evangelium, dem Aufbau des Reiches Gottes und der Sorge um unser gemeinsames Haus zu leben.

Franciscus

Sankt Peter zu Rom, 3. Oktober 2021
Erster Jahrestag von *Fratelli Tutti*

Einführung

Dieses Buch soll zur 2021 veröffentlichten Enzyklika von Papst Franziskus hinführen, die bezeichnenderweise den Titel *Fratelli Tutti* trägt; in unserer Übersetzung »Alle sind Geschwister«. Bei diesem Vorhaben umreißen wir zunächst die Tätigkeit und die Lehre des Papstes aus Argentinien – er kam nach Rom von der Peripherie, »beinahe vom Ende der Erde«[1] –, um seine Kontinuität zu den Aussagen des Zweiten Vatikanischen Konzils aufzuzeigen.

Wir werden versuchen, die Elemente herauszuarbeiten, die das »soziale« Lehramt von Papst Franziskus prägen, ohne den Anspruch auf Vollständigkeit zu erheben oder apologetisch zu werden.

Zwei einleitende Beobachtungen können für die Kontextualisierung dessen hilfreich sein, was wir im Verlauf dieses Nachdenkens entfalten möchten.

Die erste Grundlage ist dem Text von *Dei Verbum* entnommen, in dem die Konzilsväter bekräftigen, Gott habe zur Menschheit »in Tat und Wort« (*gestis verbisque)* (*DV* 2) gesprochen. Bei der Beschreibung der Heilsökonomie wollten sie die Zirkularität (*perichoresis)* und die innere Verbindung zwischen dem, was Gott sagt, und dem, was er tut, betonen.

Es ist wichtig festzuhalten, dass sie dem Tun den Vorrang geben wollten, um gleichsam zu betonen, dass es das göttliche Handeln in den Ereignissen der Heilsgeschichte ist, das »die Lehre und die durch die Worte bezeichneten Wirklichkeiten« (*DV* 2) offenbart und bekräftigt.

Dieses hermeneutische Kriterium können wir auf das Pontifikat von Papst Franziskus anwenden. Um sein Lehramt zu verstehen, reicht es nicht aus, sich auf die Ansprachen oder Dokumente zu beziehen, die im Lauf seiner Amtszeit veröffentlicht wurden. Vielmehr braucht es den Blick auf sein Handeln. Denken wir beispielsweise nur an den Besuch von Franziskus bei den Migranten, die auf Lampedusa in klapprigen Fischerbooten oder Schlauchbooten ankamen; an die Begegnung mit den Frauen, die mit Hilfe der *Comunità Papa Giovanni XXIII* aus der Prostitution gerettet wurden; an den Aufenthalt in Thailand, durch den er den Kindern nahe sein wollte, die Opfer des Sextourismus waren; an die zahlreichen Apostolischen Reisen, bei denen er zum »Pilger« in verschiedenen Teilen der Welt wurde; ebenso an die vielen Zeichen der Hoffnung, die er während und seit der COVID-Pandemie und der durch sie ausgelösten Erschütterungen setzte.[2]

Die konkreten Zeichen und Handlungen, die er seit dem Beginn seines Petrusamts gesetzt hat, veranschaulichen die Worte, die er während dieser Jahre an die Katholiken, an Christen anderer Konfessionen, an Gläubige anderer Religionen, an Glaubende wie an Nichtglaubende und an alle Menschen guten Willens richtete.

Die zweite Grundlage ist allgemeinerer Art und betrifft die Art und Weise, in der die Kirche die Dokumente der Konzilien umsetzte, die sie die Jahrhunderte hindurch abgehalten hat. Die Geschichte lehrt, dass nicht alles, was von einem Konzil dekretiert wurde, in der gleichen Art und zur selben Zeit in kirchliche Praxis umgesetzt wurde. Das lässt sich beispielweise an den vom Zweiten Vatikanum promulgierten Konstitutionen zeigen; die von *Sacrosanctum Concilium* umrissene Liturgiereform wurde bereitwilliger akzeptiert als die von *Lumen Gentium* entworfene kirchliche Erneuerung.

In den vergangenen fünfzig Jahren hat sich in der Kirche ein theologisch-pastoraler »Stil« breitgemacht, der – de facto – eine wahrhaft selektive Interpretation des Konzils bedeutete. Das macht deutlich, dass zumindest bis zum heutigen Tag das Zweite Vatikanum nur teilweise umgesetzt wurde und dass noch erhebliche Arbeit geleistet werden muss.[3]

Wir können einige der grundlegenden Optionen des Lehramtes von Papst Franziskus und sein Insistieren auf bestimmten Elementen des Konzils als den Versuch verstehen, voranzugehen und einen Weg zu finden, auf dem einiges, was unvollendet blieb, verwirklicht werden kann: also jene Dinge umzusetzen, die zwar von den Konzilsdokumenten entworfen, aber noch nicht völlig in die lebendige Erfahrung der Kirche integriert worden sind.

Dazu gehören etwa die zahlreichen Ermahnungen von Franziskus zur Notwendigkeit einer größeren Kollegialität unter den Bischöfen, für eine markantere Stellung der nationalen Bischofskonferenzen und eine Erneuerung der Rolle, die das Papstamt spielt. Dazu gehören auch seine beharrlichen Bezugnahmen auf unterschiedliche Themen, wie etwa die Bedeutung der Frau, die Rolle der Laien, die vorrangige Option für die Armen, die Gefahren des Klerikalismus und der Schaden, den eine auf Ausgrenzung beruhende Wirtschaft verursacht.

Es geht hier nicht nur darum, sich allgemein auf einige der Ecksteine der Lehre des Konzils zu beziehen, die zu fördern sich Franziskus offensichtlich vorgenommen hat. Wir müssen uns auch Fragen stellen, die tiefer in die Verbindung zwischen der »Kirche, die vorangeht«, wie sie von ihm ausdrücklich angestrebt wird, und dem vom Zweiten Vatikanum entworfenen theologischen Horizont einzudringen versuchen. Welche Elemente ermöglichen es uns, Kontinuität in der Lehre festzustellen? Was sind die »unterbrochenen Wege« des Konzils, deren Wiederentdeckung durch die Kirche Franziskus wünscht, damit sie heute wieder Schwung gewinnen kann? In welche Richtung versucht Franziskus die Zukunft der Kirche zu lenken?

Zur Beantwortung dieser Fragen kann es hilfreich sein, vier Aspekte des Lehramts von Franziskus in den Vordergrund zu rücken, die nicht nur in der vom Zweiten Vatikanum angestoßenen Transformation tief verwurzelt sind, sondern auch als authentischer Weg zur Interpretation des Konzilsereignisses als solchem dienen können.

Die Pastoral als integrierter Bestandteil, nicht als Ausfluss lehrmäßiger Ausarbeitung

Franziskus hat sich die originellste Einsicht Johannes' XXIII. zu eigen gemacht, die diesen Papst von der Notwendigkeit überzeugte, ein Konzil einzuberufen: Es ging darum, dem Wohl der Seelen Vorrang einzuräumen, und um die Notwendigkeit, den Herausforderungen der Gegenwart zu begegnen. Anders als jene, die die Pastoral als etwas betrachteten, das aus der lehrmäßigen Formulierung folgte, als wäre es eine praktische Anwendung von durch Deduktion gewonnenen Prinzipien, war für Johannes XXIII. die Pastoral eine konstitutive und innere Dimension der Lehre.[4]

Diese Überzeugung vertritt auch Papst Franziskus, der bei verschiedenen Anlässen die Notwendigkeit hervorgehoben hat, die »Trennung« zwischen Theologie und Pastoral, zwischen Glaube und Leben zu überwinden.[5] Er möchte kein »Lehrer« sein, der die gut begründeten Prinzipien der Lehre nur wiederholt; vielmehr hat sich Franziskus dafür entschieden, die Rolle des »Hirten oder Schäfers« einzunehmen, der seine Herde begleitet und sie zu einer authentischeren Treue gegenüber dem Evangelium führt. Aus diesem Grund hat er seit den ersten Monaten seines Pontifikats die Kirche dazu ermutigt, aus ihrer Beschäftigung mit sich selbst herauszugehen und das selbstbezogene Sprechen aufzugeben, weil sich nur durch das »Hinausgehen und Riskieren« eine konkrete Erfahrung dessen gewinnen lässt, zu dessen Verkündigung sie beauftragt ist.[6]

Darum steht das Geheimnis der Begegnung mit dem Herrn, wahrer Gott und wahrer Mensch, im Mittelpunkt des Lehramts von Papst Franziskus. Die Wiedergewinnung der kerygmatischen Wesenseigenschaft des Glaubens (*EG* 164) bewahrt ihn vor jeglicher theoretischen Ausuferung und führt ihn zur Wahrheit jener Beziehung mit Christus zurück, die der ursprünglichen Verkündigung des Evangeliums entspringt. Der Glaube ist keine Ideologie, sondern die konkrete Verbindung mit dem Herrn, die wir eingehen und die uns dazu drängt, anderen zu begegnen.[7] Das Entstehen dieser personalen Bindung in der Kirche lässt das Verlangen entstehen, das eigene Leben zu ändern, und ebenso die Entscheidung dafür, freudig Zeugnis für Christi Liebe zur Welt abzulegen.[8]

In diesem Sinn entfalten sowohl *Evangelii Gaudium* wie *Laudato Si'* das, was Paul VI. schon in *Evangelii Nuntiandi* bekräftigt hatte. Der Nachdruck auf die Bedeutung der Freude, das Evangelium zu verkünden – indem man darin ein theologisch-pastorales Kriterium erkennt, das kirchliche Entscheidungen genauso betrifft wie den Inhalt jedes evangelisierenden Handelns –, führt die Kirche wieder zur Gründungserfahrung von Ostern zurück.[9]

Die Kirche als das »Volk Gottes« auf dem Weg zum Heil

Das eindrucksvolle Bild der Kirche als »Volk Gottes«, der Schrift entnommen und von *Lumen Gentium* erneuert, taucht häufig in der Lehre nachkonziliarer Päpste auf. Franziskus verwendet es allerdings auf seine eigene Weise. Für ihn bedeutet »Volk Gottes«, die Begegnung zwischen dem Evangelium und den Kulturen als weiteres Kriterium anzuerkennen, das das Glaubensleben der gesamten katholischen Kirche in die Wahrheit führt. Die Kirche muss sich durch die gegenwärtige Wirklichkeit herausfordern lassen und die damit verbundenen Schwierigkeiten anerkennen, indem sie eine Antwort des kontextualisierten Glaubens entwickelt, die sie zu einer ständigen Erneuerung führt und ihrer Treue zu Christus Generation für Generation Ausdruck verleiht.[10]

Würde das nicht geschehen und die Kirche ihr Bewusstsein dafür verlieren, immer in Bewegung zu sein, als eine Wirklichkeit im Werden, würde sie riskieren, eine vorgegebene historische Situation absolut zu setzen und sich in einer bestimmten Form von Kirche einzumauern (*forma ecclesiae).*

Nur eine Kirche, die sich als einzigartiges Volk Gottes begreift, kann in ihrer Berufung zur Universalität wachsen und für jedermann »Haus des Vaters, mit immer weit geöffneten Türen« und »Mutter mit einem offenen Herzen« sein (*EG* 36–47; *FT* 276)

Für Franziskus ist es unumgänglich, das »geistliche Wohlgefallen, Volk zu sein« (*EG* 268–274), neu zu entdecken, also in der gereiften Sicherheit zu wachsen und mit der richtigen Absicht zu bekennen, dass Gott das Glück aller Menschen will, dass »niemand von der Freude ausgeschlossen [ist], die der

Herr uns bringt« (*EG* 3). In dieser Perspektive kommen die Herausforderungen in den Blick, die der Papst der Kirche in der Welt von heute aufzeigt; sie werden im Einzelnen in *Evangelii Gaudium* ebenso entfaltet wie im ersten Kapitel von *Fratelli Tutti*: Individualismus, Wachstum ohne umfassende Entwicklung, die auf Ausschließung basierende Wirtschaft, der Vorrang von Einzelinteressen, Ungleichheit, die zur Gewalt führt, anthropologischer Reduktionismus, das Fehlen eines gemeinsamen Verständnisses dafür, dass wir alle überall Geschwister sind, in universaler Solidarität und sozialer Freundschaft.

Das enge Band zwischen Verkündigung des Evangeliums und sozialer Verpflichtung, zwischen Glaube und Gerechtigkeit, zwischen Freude und Solidarität belegt, wie sehr das Wesen des Christentums in der Nächstenliebe gipfelt. Wir können Gottes größte Wahrheiten der Welt verkünden: Aber ohne jene Liebe, die dem »verwundeten« Nächsten nahe kommt und sich ihm schenkt, wie im Bild des barmherzigen Samariters beschrieben, endet der Glaube auf einer rein theoretischen Ebene. Nächstenliebe ist ein Gegenmittel für jedes Ausweichen ins Gnostische, weil sie nie abstrakt ist.[11]

Deshalb ist das Verhalten gegenüber den Armen ein weiteres unterscheidendes und entscheidendes Kriterium, mit dem sich die Einheit des Volkes Gottes messen lässt. Dabei geht es nicht nur um die Frage nach der »Hilfe für die Armen«, sondern um die Erkenntnis, dass die Armen Maß für unsere Gleichgestaltung mit Christus sind. Deshalb evangelisieren uns die Armen, fordern sie uns heraus und erinnern uns an die Radikalität der Forderungen des Evangeliums.

Der Begriff Volk Gottes im Lehramt von Franziskus hat zu einer weiteren Entwicklung in der Ekklesiologie auf der Grundlage des Konzils geführt, die als *Inkulturation des Glaubens* bekannt wurde.[12] Einerseits wurde so die enggeführte Identifikation der katholischen Kirche mit der westlichen Kultur wie in *Gaudium et Spes*[13] überwunden, und es ist damit möglich geworden, die Gestalt der Kirche (*forma ecclesiae)* in Entsprechung zu den trinitarischen Personen wieder als Einheit in Verschiedenheit zu denken. Gleichzeitig ist es eine Tatsache, dass die von der Kirche nach dem Konzil eingeschlagene Richtung von einem gewissen Widerstand beim Umsetzen dieser Ausrichtung geprägt war.

Für Franziskus spiegelt sich die Offenbarung Gottes in jedem Volk wider, wie Licht auf der Oberfläche eines Polyeders (*EG* 236*)*: Jede kulturelle Identität ist »Fleisch«, in dem das Wort Gottes das Antlitz des Vaters offenbart.[14] Das *Schlussdokument der Pan-Amazonas-Synode* hält ohne Umschweife fest, dass es notwendig sei, »jeglichen kolonialistischen Stil von Evangelisierung« zu verwerfen, und dass zur Verkündigung der Frohen Botschaft die Anerkennung gehöre, dass »Samenkörner des Worts schon in den Kulturen vorhanden sind« (55). Franziskus hebt ebenso hervor, Einheit bedeute nicht Einheitlichkeit, sondern eine »vielfältige Harmonie«, die Unterschiede anerkenne und Eigenarten wertschätze, weil »das Ganze größer ist als die Teile, aber auch größer als die Summe der Teile« (*FT* 78).

Die Sorge um unser »gemeinsames Haus«

Das Thema Bewahrung der Schöpfung ist zwar für das Lehramt der Kirche nicht neu. Dafür stehen sowohl Johannes Paul II. als auch Benedikt XVI. Aber es ist Papst Franziskus, der durch seine Schwerpunktsetzung auf die Umwelt herausragt. Das Zweite Vatikanische Konzil hatte beim Blick auf Umweltthemen schon kritisiert, dass die Menschheit der Gegenwart sich auf die Natur nicht als weise Hüterin beziehe, sondern gedankenlos auf ihren Vorteil bedacht sei, bis dahin, dass ihre Ressourcen reduziert und ihr Gleichgewicht verschoben würden (*GS* 3). In diesem Sinne sollte man die Prinzipien der Solidarität und Subsidiarität – es handelt sich um zwei maßgebliche Eckpfeiler der kirchlichen Soziallehre[15] – als Grundlage für ein dem Evangelium gemäßes Verständnis des Respekts für die Schöpfung betrachten.

Dennoch bringt Franziskus mit seiner Enzyklika *Laudato Si'* etwas Neues in das Panorama der lehramtlichen Dokumente ein. Bis Franziskus hatte man die Umwelt als ein Thema unter vielen innerhalb der kirchlichen Lehre gesehen. Franziskus hingegen entschloss sich dazu, einen langen und komplexen Text ausschließlich dem Thema Umwelt zu widmen, und erkannte damit die unausweichliche und dringliche Relevanz des Problems an.[16] Es handelt sich nicht um eine »grüne« Enzyklika, sondern um eine amtliche Lehraussage mit allumfassender gesellschaftlicher Tragweite: Das Schicksal der Schöpfung ist unausweichlich und in gegenseitiger Abhängigkeit mit dem der gesamten Menschheit verbunden.

Die ausdrückliche Absage von Franziskus an die »Wegwerfmentalität«, die eine »Kultur der Verschwendung« hervorbringe und zur Zerstörung der Natur und der Ausbeutung der leichter verwundbaren Menschen und Bevölkerungsgruppen führe, zielt auf die Entstehung eines ökologischen Bewusstseins, das auf der Grundlage der Anerkennung des Wertes der menschlichen Person einen Sinn für Grenzen wiedergewinnt.

Dieses Dokument schlägt nicht nur Alarm, sondern fragt danach, was getan werden kann, um uns zu helfen, »aus der Spirale der Selbstzerstörung herauszukommen, in der wir untergehen« (*LS* 163). Franziskus verweist auf die Notwendigkeit einer Regierung auf Weltebene, einer Übereinkunft, die gemeinsame Ziele formuliert und Wege fördert, die zusammen zum Wohl aller eingeschlagen werden sollten.[17] So steht das von *Fratelli Tutti* artikulierte Projekt der Geschwisterlichkeit aller und der gesellschaftlichen Verbundenheit, das die von partikularen Ideologien und wirtschaftlichen Interessen aufgerichteten Grenzen überwindet, in Kontinuität zu dem, was schon in *Laudato Si'* umrissen wurde, und stellt es ausdrücklich heraus.

Dialog als Weg, Zusammenarbeit als Methode

Im Anschluss an die vom Zweiten Vatikanum im Dekret *Unitatis Redintegratio* und in der Erklärung *Nostra Aetate* aufgestellten Leitlinien hat Papst Franziskus einen neuen Impuls für die ökumenische Bewegung und den interreligiösen Dialog gegeben.[18] Gemäß diesem Ansatz ist eine starke Identität nicht gleichbedeutend mit Angst vor Begegnung und Dialog; genauso wenig betrachtet sie den Anderen als Feind oder Bedrohung. Andererseits verrät der Wunsch, eine Konfrontation vermeiden zu wollen, oft eine große menschliche Unsicherheit und tiefe Verunsicherung. Wer über solide kulturelle und religiöse Wurzeln verfügt, betrachtet die Möglichkeit zum Dialog mit dem Anderen nicht als Armutszeugnis oder Einschränkung, sondern sieht darin die Möglichkeit zum Wachsen und Reifen im Blick auf den eigenen Sinn für Zugehörigkeit. Das sind die Voraussetzungen, die Papst Franziskus als Grundlage von *Fratelli Tutti* darlegt, wenn er uns einlädt, anzuerkennen, dass Religionen »in erheblichem Umfang dazu beitragen, Brüderlichkeit aufzubauen und Gerechtigkeit in der Gesellschaft zu verteidigen« (*FT* 271).

Im Zusammenhang mit dem interreligiösen und ökumenischen Dialog gehen bei Franziskus die Gesten den Worten voraus und leiten sie.

Als er sich am Tag seiner Wahl dafür entschied, den erkennbar bescheidenen Titel Bischof von Rom zu verwenden, erregte das Aufsehen bei nichtkatholischen Christen, besonders bei den orthodoxen Kirchen. Genauso bezeichnend war die Teilnahme des Ökumenischen Patriarchen Bartholomäus I. an der Liturgie, mit der er sein Petrusamt annahm. Es handelte sich wirklich um ein epochales Ereignis, da es zu dieser Einladung keinen Präzedenzfall in der früheren und zeitgenössischen Kirchengeschichte gab. Denken wir auch an die vielen, oft ungeplanten und informellen Besuche, die Franziskus während seiner Reisen machte: dem bei den Repräsentanten der Waldenserkirche in Turin, denen er sein Bedauern über ihre in Italien erlittenen Verfolgungen zum Ausdruck brachte; dem bei den Pfingstchristen in Caserta, mit deren Pastor er herzliche und freundschaftliche Beziehungen schon vor seiner Wahl zum Papst entwickelt hatte; denken wir an das Treffen in Abu Dhabi mit Großimam Ayatollah Al-Tayyeb im Jahr 2019 und den Besuch im Irak beim Großayatollah Ali Al-Husaymi Al-Sistani im Jahr 2021. Für den Papst geht es nicht nur darum, andere besser kennenlernen zu können, sondern darum, wahrzunehmen, was der Geist in ihnen als Gabe auch an uns ausgesät hat (*EG* 246).

Das Lehramt von Papst Franziskus lässt seine Weisheit und seinen Mut hervortreten, den Schwerpunkt auf den kontextuellen Aspekt der Wahrheit zu legen. Er betont auf eine neue Weise die »Zeichen der Zeit« und unterstreicht die »Bedeutung der Wirklichkeit« bei der Verkündigung des Evangeliums. Das ermöglicht der Kirche, sich auf ein Neudenken ihres lehramtlichen Auftretens hinzubewegen, wodurch sie die unterschiedlichen Identitäten, die sie ausmachen, besser respektieren und für die von anderen Religionen gezeigte Sensibilität aufmerksamer sein könnte. Es geht nicht darum, den gewohnten Anspruch des Lehramts auf Universalität einzuschränken, sondern darum, ihn auf andere Art und Weise zu verstehen.

Im Vergleich mit seinen beiden unmittelbaren Vorgängern zeigt Papst Franziskus ein ausgeprägteres geschichtliches Bewusstsein für das Fortschreiten bestimmter säkularer Prozesse. Indem er nicht nur auf die Verwandlung der Gesellschaft aufmerksam macht, die stattgefunden hat, vermag er eine Vision für Kirche und Katholizismus zu entwerfen, die eine größere Konsistenz mit der geschichtlichen Wirklichkeit aufweist. Der Verzicht auf den Kampf gegen die Windmühlen der Moderne ist unerlässlich, wenn die Kirche eine erneuerte Treue zum Evangelium in der Welt von heute zeigen und ihren Beitrag zu den großen gesellschaftlichen Fragen leisten soll.

Indem es mehr auf die Zukunft von Kirche und Menschheit als auf die Vergangenheit blickt, zeichnet sich das Lehramt von Franziskus durch eine dynamische Kraft aus, die alarmierend und verwirrend sein kann. In seiner beständigen Aufmerksamkeit für die Armen, Migranten und die Leidenden aller Art hat man Franziskus oft missverstanden und ihm vorgeworfen, er bevorzuge die soziale gegenüber der transzendenten Dimension des Glaubens. In Wirklichkeit scheinen seine Appelle von einer tiefgehenden und eschatologischen Spannung angetrieben zu sein. Er ist fest davon überzeugt, dass wir »am Ende unseres Lebens gemäß der Liebe beurteilt werden, also gemäß unserem konkreten Einsatz dafür, Jesus in unseren kleinsten und hilfsbedürftigsten Brüdern und Schwestern zu lieben und ihnen zu dienen.«[19] Christus im Angesicht der Armen zu erkennen, das heißt, die Begegnung mit unserem auferstandenen Herrn von Angesicht zu Angesicht zu erwarten.

Teil I

Die Soziallehre von Papst Franziskus

1. Eine Lehre, die zur Tradition in Kontinuität steht oder sie bricht?

Evangelii Gaudium bietet eine Synthese – es handelt sich auch um eine Elementarisierung – der Soziallehre der Kirche unter Berücksichtigung der Verkündigung des Reiches Gottes.[20] Dieser neue und entscheidende Wendepunkt hat mit dem Verständnis der sozialen Dimension der Sendung der Kirche zu tun. Mit *Evangelii Gaudium* ist diese soziale Dimension nicht mehr eine Hinzufügung zum Evangelium – als wäre sie einfach eine spätere Phase gemäß dem Merksatz »das Sein geht dem Handeln voraus/das Handeln folgt aus dem Sein« (*operari sequitur esse*). Vielmehr ist diese soziale Dimension die innere Wirklichkeit des Evangeliums und gehört zu dessen innerstem Wesen. Das lässt sich an der folgenden dichten Textstelle aus *Evangelii Gaudium* ablesen:

> »Das *Kerygma* besitzt einen unausweichlich sozialen Inhalt: Im Mittelpunkt des Evangeliums selbst stehen das Gemeinschaftsleben und die Verpflichtung gegenüber den anderen. Der Inhalt der Erstverkündigung hat eine unmittelbare sittliche Auswirkung, deren Kern die Liebe ist.« (*EG* 177)

Das Wesen der Soziallehre der Kirche findet sich im »eigentlichen Herzen des Evangeliums«. Wenn das Reich Gottes verkündigt wird, zeigt sich diese soziale Dimension als eine Entscheidung dafür, in Gemeinschaft zusammenzuleben und im Dienst an den anderen konkret engagiert zu sein. Mit anderen Worten: Das kerygmatische oder missionarische Tun der Kirche ereignet sich draußen, weil es vom »Herzen des Evangeliums« zum »Herzen des Volkes« führt (*EG* 273).

Das macht deutlich, dass es sich bei der *Verkündigung* und bei der *Aufnahme* des Evangeliums nicht um zwei verschiedene und voneinander getrennte Phasen handelt, sondern dass sie sich zusammen als ein einziges Ereignis vollziehen, das Bande der geschwisterlichen Liebe entstehen lässt (*EG* 179; 161). Das Evangelium zu verkünden und Beziehungen der Nächstenliebe und Sorge zu schaffen, sind nicht getrennte Unternehmungen, sondern ein und dasselbe.

Papst Franziskus erklärt, wie sehr unser Mangel an Aufmerksamkeit für die Armen und unsere Zurückhaltung gegenüber dem Ausdruck sichtbarer Solidarität mit unseren Nächsten mit unserer Schwierigkeit zu tun haben, eine authentische Beziehung des Dialogs und der Vertrautheit mit Gott aufzubauen (*EG* 187). Hier zeigt sich ein bestimmtes *Prinzip der Korrespondenz* zwischen der Authentizität unserer Beziehung zu Gott und unserer Sorge um unsere Mitgeschöpfe. Dieses Prinzip der Korrespondenz leitet uns in unseren alltäglichen Verpflichtungen und bietet ein Kriterium, mit dessen Hilfe wir unsere Entscheidungen in den Bereichen von Wirtschaft, Politik, Umwelt und Technologie bewerten können.

Die Vorrangstellung der »unausweichlichen sozialen Dimension« des Kerygmas, gemäß *Evangelii Gaudium*, hat viel Kritik derer hervorgerufen, die darin Diskontinuität zur amtlichen Lehre früherer Päpste in Bezug auf die Soziallehre der Kirche sehen. Besonders wird die Aussage von Papst Franziskus kritisiert, wonach »weder der Papst noch die Kirche das Monopol für die Interpretation der sozialen Wirklichkeit oder für einen Vorschlag zur Lösung der gegenwärtigen Probleme« besäßen (*EG* 184).

Das führt zu dem Einwand, der *prophetische* Stil von Papst Franziskus weiche von dem stärker ausgewogenen Ton ab, den das vorherige Lehramt pflegte. Als Beispiel dafür dient die harte Anklage von Franziskus gegen die Fehlgriffe, die sich die »Konsumgesellschaft« besonders im wirtschaftlichen Bereich zum Schaden der Menschheit zuschulden kommen lässt. So wirft man Franziskus vor, er verlasse die epistemologische Grundlage der kirchlichen Soziallehre und sei durch seine Akzentsetzung auf das »Gemeinwohl« auf Kosten der »Rechte der Individuen« unausgewogen.

Man kritisiert Papst Franziskus auch dafür, dass er die Unvollkommenheiten und Fehler der Sozialordnung nicht systematisch auf die Wirklichkeit der menschlichen Sünde zurückführe. Das könnte als offensichtlicher Bruch mit der Tradition betrachtet werden, wie sie im *Kompendium der Soziallehre der Kirche* festgeschrieben wurde.[21] Man könnte die von *Evangelii Gaudium* angewandte Hermeneutik sozialer Phänomene auch als fehlende Berücksichtigung der herkömmlichen Verfahren der kirchlichen Soziallehre deuten sowie als Etablierung eines abstrakten Inhalts – mittels der vier am sozialen Zusammenleben orientierten Unterscheidungskriterien (*EG* 221) –, der den Grundsätzen der kirchlichen Soziallehre »fremd« sei.[22]

Diese Bedenken angesichts des sozialen Lehramts von Franziskus scheinen zu der jahrhundertealten Debatte über die Frage der Methode in der Theologie zurückzuführen. Wir müssen uns mit diesem Problem befassen und eine spezielle Frage stellen: Hat Papst Franziskus eine »neue« Methode eingeführt oder steht sein Lehramt in Kontinuität zur vorausgegangenen Tradition?

Für eine Beantwortung dieser Frage ist es hilfreich, die historische Tiefe des Themas sichtbar zu machen, um zu zeigen, wie in der jüngeren Entwicklung der kirchlichen Soziallehre zwei unterschiedliche Vorgehensweisen entstanden sind. Im ersten

Teil dieses Buchs werden wir den Unterschied und die Koexistenz dieser beiden verschiedenen Perspektiven zu erklären versuchen, indem wir uns auf den Ausdruck beziehen, der sich mit der Zeit als genuin für den Stil des Zweiten Vatikanischen Konzils erwiesen hat: Die *Zeichen der Zeit.* Die Verwendung dieses Ausdrucks im lehramtlichen Nachdenken nach dem Konzil wird es gleichsam als Lackmustest möglich machen, das unterschiedliche Profil dieser zwei verschiedenen *Methoden* herauszuarbeiten.

Ein neues theologisches Paradigma: Das Zweite Vatikanum und die Übernahme von Verantwortung im Blick auf Welt und Geschichte

Am 20. November 1962, während der ersten Sitzungsperiode des Zweiten Vatikanums, wurden die Konzilsväter zur Abstimmung darüber aufgerufen, ob sie das vorbereitende Schema »Über die Quellen der Offenbarung« (*De Fontibus Revelationis)* als Grundlage für ihre Diskussion über die Quellen der göttlichen Offenbarung akzeptieren wollten. Ergebnis dieser Abstimmung war die Zurückweisung des Schemas,[23] und die Diskussion in der Versammlung wurde vertagt, um Zeit für die Formulierung eines neuen Entwurfs zu haben. Es war klar: Was dabei entstand, würde das Ergebnis des Konzils entscheidend prägen.[24] Das war offensichtlich kein isolierter Vorgang. Letztlich erhoben die Konzilsväter Einwände in Bezug auf fast alle von den Vorbereitungskommissionen erarbeiteten Dokumente (ihre Koordination lag in den Händen von Kardinal Alfredo Ottaviani).[25]

In der Versammlung der Konzilsväter, bei Bischöfen verschiedener Herkunft, Bildung und kulturellem Hintergrund, war –

sowohl individuell als auch kollektiv – das Bewusstsein für die Bedeutung der Rolle entstanden, zu der sie berufen waren, um die Kirche zu dem lange erwarteten *aggiornamento* nach dem Wunsch von Papst Johannes XXIII. zu führen.[26]

Wie oft in Momenten des Übergangs spürten die Konzilsväter, was abzulehnen war, noch bevor sie sich über die neuen Elemente klar wurden, die definiert werden mussten.[27] So machten sie ihre Hoffnung deutlich, indem sie ein theologisches Paradigma verabschiedeten, das sie für das extrem ungeschichtlich gewordene Selbstverständnis der Kirche als unpassend erachteten. Stattdessen suchten sie nach einer anderen Art, den Glauben auszusagen, die direkter und zugänglicher zur Menschheit und zur gegenwärtigen Welt sprechen sollte.[28]

Schrittweise wurde den Konzilsvätern klar, dass für die Aufgabe, die Lehre auf »pastorale« Weise neu zu verstehen, das Verhältnis zwischen der Kirche und der Gegenwart von zentraler Bedeutung war. Der wichtigste Beitrag, den das Konzil für die Kirche des 20. Jahrhunderts leisten konnte, bestand in der Wiederentdeckung ihres eigenen Wesens als Volk Gottes, das durch Zeit und Geschichte unterwegs ist, um Wort und Eucharistie versammelt, damit es, freier von menschlichen Bedingtheiten, seinen eigenen entscheidenden Beitrag zum Fortschritt der Menschheit leisten kann.

Schon von seinen ersten Entscheidungen an kehrte das Zweite Vatikanum die Richtung und Orientierung um, die das Verhalten der Kirche gegenüber der Moderne mehr als vier Jahrhunderte lang geprägt hatten. Dieser Kurswechsel sollte die reaktionäre Mentalität überwinden, die Katholiken in einem resignativen Zustand des Opferseins eingeschlossen hatte, und das Ende der sogenannten korporativen Rolle oder der Herrschaft der »Christenheit« bedeuten.

Es war indes für die Kirche unumgänglich, die Last der Auseinandersetzung mit den großen sozialen Veränderungen seit dem Zweiten Weltkrieg auf sich zu nehmen, und, wie in *Pacem in Terris* beschrieben, zu lernen, ihre Bedeutung in der Verwirklichung des Reiches Gottes zu erkennen. Nachdem sie über das Wesen der Kirche in der Dogmatischen Konstitution *Lumen Gentium* nachgedacht hatten, die herausstellte, was ihre Identität im Blick auf die »Welt« unterschied und differenzierte, waren die Konzilsväter dazu aufgerufen, über die Art und Weise nachzudenken, in der die Kirche zu den wichtigsten Gegenwartsproblemen Stellung nehmen sollte, um sich als »Sakrament der Erlösung« für die Menschheit zu erweisen. Die Kirche sollte ihren eigenen Weg der Nachfolge Christi (*sequela Christi*) mitten in den Gegensätzen der gegenwärtigen Geschichte verfolgen und ihre eigene Bindung oder Treue zum Evangelium durch die aktuellen Ereignisse im menschlichen Zusammenleben suchen – und nicht trotz ihrer. So würde die Kirche ihr gemeinschaftliches Wesen passenderweise nicht durch ihre Selbstabschließung in ressentimentgeladener Selbstverteidigung ausdrücken, sondern indem sie ihren Platz an der Seite der Völker der Erde einnehmen würde.

Aus diesen Gründen gab es ein starkes Interesse an der Entstehung von *Gaudium et Spes*, der Pastoralkonstitution, mit der das Zweite Vatikanum unter Beweis stellen würde, dass es die Kirche in den Dialog mit der Menschheit hineinführen kann.[29] Da *Gaudium et Spes* als einziges Dokument ausschließlich während der Sitzungsperioden des Konzils erarbeitet wurde, waren die Erwartungen an den Text so groß, dass Yves Congar ihn in einem Radiointerview als das »gelobte Land des Konzils« bezeichnete.[30]

Die komplizierte Geschichte von Schema XIII zeigt, dass die Anfangsstadien von *Gaudium et Spes* in die erste Sitzungsperiode des Konzils im Herbst 1962 zurückreichten. Es erlebte acht weitere Revisionen durch verschiedene Kommissionen, und es konnte erst in der letzten Arbeitssitzung des Konzils am 6. Dezember 1965 darüber abgestimmt werden. Es wurde am nächsten Tag während der neunten öffentlichen Sitzung gebilligt, wobei es 2309 Jastimmen und 75 Neinstimmen erhielt. Tatsächlich war *Gaudium et Spes* erst am Abend vor dem feierlichen Abschluss des Konzils am 8. Dezember für die Veröffentlichung fertiggestellt.

Wie Joseph Ratzinger seinerzeit anmerkte, bestand die Bedeutung der Debatte des Konzils über das Schema XIII nicht nur darin, dass man die Probleme der modernen Welt identifizierte und einen Schritt zu ihrer Bewältigung unternahm, sondern dass man die Einladung bestehen ließ, das Nachdenken darüber fortzusetzen. Das Unterscheidungsmerkmal von *Gaudium et Spes* besteht genau in dem Geist oder Ethos, der seinen Vorschlägen zugrunde liegt: der Mut, mit dem die Konzilsväter einen Weg zur Klärung des Verhältnisses von Kirche und Welt anregten, der in keinster Weise Vollständigkeit beanspruchte, sondern stattdessen weitere und tiefergehende Entwicklungen der fraglichen Themen voraussah.[31]

Der Wechsel von einem ungeschichtlichen Paradigma zu einer geschichtlich-erlösenden Lesart gegenwärtiger Entwicklungen führte auch zu einer Umstellung der Methode. Der Text stellt keine Prinzipien auf; genauso wenig rückt er die sogenannten Voraussetzungen des Glaubens *(praeambula fidei)* in den Vordergrund. Dagegen nimmt das Dokument zum einzigen Bezugspunkt die Mitte des Glaubens (*centrum fidei),* die Botschaft Jesu, von wo aus es die gesellschaftlich-geschichtliche Situation der Gegenwart untersucht, befragt und auf sie hört.

Natürlich verändert es auch die Wahrnehmung der angesprochenen Hörer, wenn man den Kontext genauer betrachtet. Tatsächlich möchte *Gaudium et Spes* sich »nicht mehr bloß an die Kinder der Kirche und an alle, die Christi Namen anrufen, sondern an alle Menschen schlechthin« wenden (*GS* 2). In dieser neuen Ausrichtung auf das Universelle klärte das Konzil auch das Ziel seiner Orientierung: »die aufrichtige Mitarbeit der Kirche zur Errichtung jener brüderlichen Gemeinschaft, die dieser Berufung entspricht« (*GS* 3).

Das Verhältnis von Kirche und Welt und die »anthropologische Wende« des Zweiten Vatikanischen Konzils

In *Lumen Gentium* befragte das Konzil die Innenseite des Geheimnisses der Kirche, indem es ihr gemeinschaftliches und eschatologisches Wesen herausstellte (*LG* 8–9, 48–51). Dieses ekklesiologische Nachdenken von entschieden lehrhafter Prägung findet in *Gaudium et Spes* seine natürliche Ergänzung (*GS* 2,32, 40): Von der Kirche als durch das Volk Gottes konstituierter Gemeinschaft strömt die Dynamik ihrer Sendung in die Welt (*GS* 3). Das Adjektiv pastoral, das man zur Kennzeichnung der Pastoralkonstitution *Gaudium et Spes* verwendete, wollte veranschaulichen, wie das heilbringende Tun Christi zum Wohl der Menschheit durch die Vermittlung der kirchlichen Gemeinschaft geschieht. *Gaudium et Spes* betrachtet nicht so sehr die von Gott geoffenbarte Wahrheit als Voraussetzung, aus der sich die Leitlinien zur Regelung des kirchlichen Handelns in der Welt ableiten lassen, sondern will die missionarische Aktivität der Kirche in Bezug auf die Fragen neu denken, um deren Beantwortung sich Männer und Frauen für heute bemühen. Besondere Aufmerksamkeit gilt den Herausforderungen, die sich zu jeder Zeit stellen, sowie den Sinnfragen, die sich immer in den Tiefen des menschlichen Bewusstseins geregt haben. Die Kirche ist dazu berufen, Rechenschaft für die Hoffnung abzulegen, die sie beseelt, wenn sie das Evangelium verkündet und das Zeugnis der Nächstenliebe gibt.

Gaudium et Spes versteht also die göttliche Offenbarung vor allem als ein dialogisches Ereignis, zutiefst als Begegnung und Austausch. Die geoffenbarte Wahrheit, die mit der im menschlichen Bewusstsein eingestifteten Wahrheit rechnet, appelliert an diese innere Empfänglichkeit dafür, jeden zum Willkommenheißen des göttlichen Geheimnisses zu führen.[32] Wesen oder Natur des »Pastoralen« werden als der Wunsch definiert, Männer und Frauen in ihrem Leben zu begleiten, durch »Freude und Hoffnung, Trauer und Angst« (*GS* 1), die sie erfahren, im Bewusstsein der Schwierigkeiten und Herausforderungen, die sich aus den ständigen Veränderungen und Entwicklungen der Wirklichkeit ergeben, in die sie hineingestellt sind (*GS* 91).

Es gab damals wie heute nicht wenige kritische Stimmen zu dieser von *Gaudium et Spes* bezogenen Perspektive, die ihre Gültigkeit in Frage stellten und diesem Konzilsdokument vorwarfen, es führe zu einer verhängnisvollen Verkürzung der universellen Bedeutung der Botschaft des Evangeliums. Kritiker verweisen auch auf das Ungleichgewicht, mit dem die verschiedenen Themen behandelt werden, als Beleg dafür, dass es der Pastoralkonstitution nie gelungen sei, den Reichtum des von *Lumen Gentium* unternommenen ekklesiologischen Nachdenkens oder die von *Sacrosanctum Concilium* entwickelte sakramentale Perspektive angemessen zu integrieren. Aber gerade die methodologische Entscheidung dafür, die Phänomene der gegenwärtigen Wirklichkeit zu beschreiben, machte den Fortschritt aus, der durch *Gaudium et Spes* verglichen mit dem früheren sozio-theologischen Nachdenken erreicht wurde. Gleichzeitig ist zu hören, diese Entscheidung könne die Möglichkeit ausgeschlossen haben, die dynamische Funktion der christlichen Wirklichkeit herauszustellen, und habe den Eindruck vermittelt, diese wären nur Ergebnis menschlicher Bemühungen.[33]

Dennoch zeigt ein genauer Blick auf den Prozess der Erarbeitung von Schema XIII, dass für seine Übergabe von einer Kommission zu einer anderen der Entwurf von *Gaudium et Spes* nicht wegen seiner ekklesiologischen Struktur als unzureichend betrachtet wurde, sondern vielmehr wegen seiner ungenügenden anthropologischen Reflexion. Tatsächlich fehlte bei der Behandlung des Verhältnisses von Kirche und Welt ein angemessenes Nachdenken über die Welt, die doch Formalobjekt des Dokuments sein sollte.

Zwischen der dritten und vierten Sitzungsperiode beauftragte Paul VI. eine kleine Kommission von Theologen mit der Aufgabe, die Struktur von Schema XIII zu überarbeiten.[34] Der Text wurde unter der Ägide von Pierre Haubtmann verfasst und ging in die Geschichte als »Entwurf von Ariccia« ein.[35] Dieser Entwurf fügte drei Kapitel ein, die dem Text vorangestellt werden sollten, der bislang als Einleitung gedient hatte. Diese drei Kapitel entwickelten die wesentlichen Inhalte einer theologischen Anthropologie.[36]

So hatte man die Pastoralkonstitution in zwei Teile getrennt: Der erste Teil widmete sich der menschlichen Person in Bezug auf die zeitlichen Wirklichkeiten, also auf die Welt; der zweite Teil analysierte verschiedene Aspekte des gegenwärtigen Lebens und der menschlichen Gesellschaft, mit einem besonderen Augenmerk auf drängende Probleme.

Die Wiederaufnahme der biblisch-patristischen Lehre über das Abbild Gottes *(imago Dei)* (*GS* 12–13) ermöglichte die Entwicklung einer narrativen, auf der Grundlage der Abfolge »Schöpfung, Sünde, Erlösung« angelegten Anthropologie. Die Würde des Menschen und die Unverzichtbarkeit der Gnade Christi kamen in der Darstellung der Wirklichkeit der Sünde (*GS* 16) im Rahmen der Spannung von Natur und Gnade zusammen, in Übereinstimmung mit der augustinisch-thomanischen Tradition.[37] Die Fleischwerdung des Wortes wurde zum hermeneutischen Prinzip, das die Vollendung der Schöpfung als Gemeinschaft mit Gott erklärt, durch die endgültige Integration alles Geschaffenen in Christus. Die Fleischwerdung des Wortes erleuchtet in gleicher Weise die Bedeutung des menschlichen Lebens (*GS* 10); dieses Licht soll die Kirche für alle Völker sichtbar machen (*GS* 41). So können wir, indem wir uns für den Glauben öffnen, entdecken, dass das »natürliche« Sittengesetz, das Gott unseren Herzen eingeschrieben hat, in Wirklichkeit dessen integrierender Bestandteil ist und dem Evangelium entspricht. Mit Hilfe des Heiligen Geistes vermag die Menschheit zu verstehen, wie die von Gott in der Offenbarung bewirkte pädagogische Hinführung Schritt für Schritt zum vollen Erfassen der Wahrheit leitet.[38]

Gaudium et Spes appliziert das Gesetz des schrittweisen Fortschritts und des fortschreitenden Verstehens der Wahrheit auf die menschliche Einsicht, die sich immer mehr vom Geheimnis Christi erleuchten lässt. Gleichzeitig wird eben dieses Gesetz des schrittweisen Fortschritts und des fortschreitenden Verstehens der Wahrheit auf die Sendung der Kirche zur Verkündigung des Evangeliums angewandt: Es geht um das Hören, Verstehen und Deuten der in den Kulturen verborgenen Schätze und des wissenschaftlichen Fortschritts (*GS* 44), um sie am Wort Gottes zu messen. Das hat zum Ziel, die geoffenbarte Botschaft tiefer zu verstehen und sie so zu präsentieren, dass sie noch besser auf Männer und Frauen von heute zugeschnitten ist. Genau darin besteht die der Kirche anvertraute pastorale Sendung.

Auf die Geschichte mit den Augen des Glaubens blicken: »Die Zeichen der Zeit deuten«

In *Gaudium et Spes* bekräftigte das Zweite Vatikanische Konzil, es gebe keinen prinzipiellen Gegensatz zwischen Glauben und Moderne. Diese Vorgehensweise trat an die Stelle einer richterlichen Haltung, die die Kirche dazu gebracht hatte, jede Neuerung fast schon a priori als »Irrtum« abzutun, gegen den sie sich schützen musste. Diese von Vorurteilen geprägte Sicht ergab sich aus spezifischen historischen Bedingungen und sozio-politischen Gründen, von denen sich die Kirche jetzt distanzieren konnte. Die Überwindung dieser Haltung ermöglichte die Schaffung von Grundlagen zugunsten neuer Bemühungen um eine Inkulturation des christlichen Glaubens. Diese konstruktive Vorgehensweise war allerdings nicht Ausdruck eines unkritischen oder naiven Optimismus. Man war sich durchaus der vielen fragwürdigen Aspekte und Ambiguitäten bewusst, die mit der Moderne verbunden waren, aber man entschied sich dafür, auf Kommunikation zu setzen und sich an einem auf Vertrauen beruhenden Dialog zu beteiligen. Das Konzil wollte ein für alle Mal unterstreichen, dass sich die kommunikative Kraft des Evangeliums in Entsprechung zu der Fähigkeit der Kirche zeigt, »die Botschaft Christi in der Vorstellungswelt und Sprache der verschiedenen Völker auszusagen und darüber hinaus diese Botschaft mit Hilfe der Weisheit der Philosophen zu verdeutlichen«. Das Konzil fügte ausdrücklich hinzu, diese Bemühung um »existentielle« Anpassung und Vermittlung des Wortes Gottes an immer neue Formen, Kulturen und Sprachen sei das »Gesetz aller Evangelisation« (*GS* 44).

Deshalb zeigt sich die Kirche in Orientierung an der Logik der Inkarnation solidarisch mit der Menschheitsfamilie und stellt sich in den Dienst an der Menschheit; sie öffnet sich für das Nachdenken über komplexe Fragen »nach der heutigen Entwicklung der Welt, nach Stellung und Aufgabe des Menschen im Universum, nach dem Sinn seines individuellen und kollektiven Schaffens, schließlich nach dem letzten Ziel der Dinge und der Menschen« (*GS* 3).

Aber das wirklich Neue von *Gaudium et Spes* ist das Verständnis des Dialogs mit der Welt als Praxis der Selbstbesinnung auf die Identität der Kirche. Dieser Dialog zielt nicht ausschließlich darauf, die Verkündigung des Evangeliums wirkungsvoller zu machen. Er ist eher dafür notwendig, die Zeichen der Gegenwart Christi wahrzunehmen, die sich aus der gegenwärtigen Geschichte ergeben. Deshalb ist der Dialog mit der Welt keine Frage der Umsetzung einer strategischen Marketingaktion oder der Verschönerung des Evangeliums zur Erzielung des höchsten Maßes an Konsens, selbst auf das Risiko hin, die Botschaft zu kompromittieren. Im Gegenteil: Der Dialog mit der Welt ist eine Frage der Unterstützung des schrittweisen und organischen Wachstums der Kirche im Verständnis der göttlichen Offenbarung. Also hängt der Fortschritt in der Erkenntnis des göttlichen Geheimnisses von der Fähigkeit der kirchlichen Gemeinschaft ab, sich in die gegenwärtige Geschichte hineinzubegeben.

Das Bemühen um Dialog mit der Welt erfordert eine Erneuerung der Perspektive des Gläubigen, eine Schärfung der »Augen des Glaubens«[39] zur intelligenten Wahrnehmung der Wirklichkeit und zum Erfassen der gesellschaftlichen Veränderungen und Wandlungen, die sich in der Menschheit vollziehen. Ein solcher Dialog muss auch über deren tiefere Bedeutung nachdenken, um wahrzunehmen, ob sie als Kennzeichen des herannahenden Reiches Gottes dienen. Das versteht die Pastoralkonstitution unter der ständigen Pflicht der Kirche, »nach den Zeichen der Zeit zu forschen« (*GS* 4).

Der Ausdruck *Zeichen der Zeit* taucht als solcher in *Gaudium et Spes* nur drei Mal auf und weitere vier Mal in anderen Dokumenten des Konzils,[40] aber der Bedeutung nach ist er in verschiedenen Spielarten in ihnen oft präsent. *Zeichen der Zeit* kann eine zweifache Bedeutung haben: In einem breiten Verständnis verweist der Ausdruck auf die Phänomene, die eine bestimmte Epoche kennzeichnen (das ist die soziologische Perspektive); in einem engeren Sinn bezieht er sich auf die Ergebnisse des Unterscheidungsprozesses, durch den die Kirche die gegenwärtige Geschichte im Licht des Glaubens wahrnimmt (das ist die theologische Perspektive).[41]

Blickt man auf *Gaudium et Spes* insgesamt, lässt sich die Auffassung vertreten, die Konzilsväter hätten beide Bedeutungen im Blick gehabt, auch wenn die erste der zweiten immer untergeordnet wird. Das Konzil stellte als »ständige Pflicht« der Kirche die Deutung der gegenwärtigen Geschichte so sehr in den Vordergrund, dass die theologische Perspektive den phänomenologischen oder soziologischen Blickwinkel voraussetzt.

Marie-Dominique Chenu definierte diese Kombination von Perspektiven als *induktive Methode.* Diese Art des Vorgehens betont die Wahrnehmung der Fragen nach dem Sinn, die Männer und Frauen in einer bestimmten Zeit stellen, um dadurch der Offenbarung des Geheimnisses Gottes in der Geschichte größeres Gewicht zu geben.[42] Die Kategorie »Zeichen der Zeit« gewann so ihre eigene Bedeutung. Sie zielt darauf, Geschichte – nicht nur die vergangene, sondern vor allem die gegenwärtige – als wichtige Quelle für Theologie wahrzunehmen (*locus theologicus*).[43]

In der protestantischen Literatur verstand man den Ausdruck *Zeichen der Zeit* in einer vorrangig apokalyptischen Bedeutung. Im katholischen Bereich herrschte allerdings eine messianische Interpretation vor. In diesem Sinn sind die Zeichen der Zeit Zeichen für den, der kommt, und verweisen auf unsere Pflicht, die Spuren von Gottes Kommen unter uns durch die konkreten Erfahrungen der Völker in der gegenwärtigen Geschichte aufzuspüren.

Nach Aussage von Yves Congar vertrat *Gaudium et Spes* die Überzeugung, die Kirche solle zulassen, von den Entwicklungen und Problemen der Welt angefragt zu werden. Das würde sie dazu befähigen, ihren eigenen Glauben im besonderen Kontext und unter den Bedingungen der Ereignisse neu zu denken, durch die der Geist sie in der Welt von heute anruft.[44] Mit anderen Worten: Mit den Zeichen der Zeit wählt man eine Art des Lebens und Arbeitens (*modus operandi et vivendi*) – eine beständige Haltung der Kirche – als Weise des Blicks auf die Wirklichkeit, mit der es möglich ist, die sich entfaltende Geschichte der Gegenwart von der Weisheit des Evangeliums her zu beurteilen.

Das Volk Gottes: Durch den Glaubenssinn der Gläubigen die evangeliumsgemäße Unterscheidung praktizieren

Die in *Gaudium et Spes*, Nr. 4 vorgeschlagene induktive Methode kennt drei Phasen: Die *Wahrnehmung* der Zeichen der Zeit; ihre *Deutung* im Licht des Evangeliums; schließlich die *Beantwortung* der Sinnfragen. Es ist zu betonen, dass das Konzil diese Aufgabe der Unterscheidung dem ganzen Volk Gottes als Ausübung seines Glaubens an Jesus Christus zuschreibt.

> »Im Glauben daran, dass es vom Geist des Herrn geführt wird, der den Erdkreis erfüllt, bemüht sich das Volk Gottes, in den Ereignissen, Bedürfnissen und Wünschen, die es zusammen mit den übrigen Menschen unserer Zeit teilt, zu unterscheiden, was darin wahre Zeichen der Gegenwart oder der Absicht Gottes sind. Der Glaube erhellt nämlich alles mit einem neuen Licht, enthüllt den göttlichen Ratschluss hinsichtlich der integralen Berufung des Menschen und orientiert daher den Geist auf wirklich humane Lösungen hin.« (*GS* 11)

Indem es sich auf die Kirche als ganze bezieht, bekräftigt das Konzil, dass Unterscheidung in der Geschichte eine Aktivität darstellt, die als spezielle Form der Ausübung des Glaubenssinns der Gläubigen (*sensus fidei fidelium)* zu verstehen ist. Bei diesem Sinn handelt es sich um jenen übernatürlichen Instinkt für die Wahrheit[45], der in der Gesamtheit der Gläubigen zum Ausdruck kommt und ihnen erlaubt, in einer spontanen Weise die Authentizität von Lehre zu beurteilen, da sie vom Wesen her mit dem Objekt des Glaubens eins sind, und ihr oder einem Element christlicher

Praxis zustimmen.[46] Da diese Konvergenz oder dieser Konsens der Gläubigen *(consensus fidelium)* ein unverzichtbares Kriterium der Unterscheidung für das Leben der Kirche ausmacht, ist er genauso eine Hilfe für ihren Auftrag der Evangelisierung. Mit der Aussage, dass sich die Ausgießung des Geistes im Glaubenssinn *(sensus fidei)* der Gesamtheit der Gläubigen manifestiert (*LG* 12), wollte das Konzil erneut unterstreichen, dass Christus sein prophetisches Amt in der Kirche nicht nur durch die Hierarchie, sondern auch durch die Laien ausübt. Mit der Zuerkennung einer wirksamen Autonomie der Laien bei ihrem Engagement und ihren Tätigkeiten wurde ihnen eine große Verantwortung bei ihrer Aufgabe zugebilligt, »ihre menschlichen, beruflichen, wissenschaftlichen oder technischen Anstrengungen mit den religiösen Werten zu einer lebendigen Synthese« zu verbinden; »wenn diese Werte nämlich die letzte Sinngebung bestimmen, wird alles auf Gottes Ehre hingeordnet« (*GS* 43).

Außer dem Glaubenssinn der Gläubigen, der Betonung des *Subjekts,* also des ganzen Gottesvolkes mit der Vielfalt der Charismen, wird auch der *Glaube* betont. Der Glaube verleiht nicht nur die Fähigkeit, »Gottes Plan« inmitten der gegenwärtigen Ereignisse in der Welt zu identifizieren, sondern liefert auch den förmlichen Ausgangspunkt zur Wahrnehmung der Bedürfnisse und Bestrebungen jeder Generation.

Zur Praxis des Glaubens gehört das Erwerben einer entsprechenden Sensibilität und Intuition. Indem man die Bestrebungen der Menschheit im jeweiligen kulturellen Kontext aufnimmt, lässt sich in ihnen die Vorwegnahme oder Erwartung der Gnade erahnen, die ein wirkliches Zeichen für die Anwesenheit Gottes darstellt.

Gaudium et Spes bekräftigt dementsprechend, dass die Geschichte der Gegenwart nicht das Objekt kirchlichen Handelns ausmacht, und formuliert auch den Anspruch, dass diese fortschreitende Geschichte für die Kirche selber eine unerschöpfliche Quelle von Reichtümern bietet:

> »Wie es aber im Interesse der Welt liegt, die Kirche als gesellschaftliche Wirklichkeit der Geschichte und als deren Ferment anzuerkennen, so ist sich die Kirche auch darüber im Klaren, wie viel sie selbst der Geschichte und Entwicklung der Menschheit verdankt. Die Erfahrung der geschichtlichen Vergangenheit, der Fortschritt der Wissenschaften, die Reichtümer, die in den verschiedenen Formen der menschlichen Kultur liegen, durch die die Menschennatur immer klarer zur Erscheinung kommt und neue Wege zur Wahrheit aufgetan werden, gereichen auch der Kirche zum Vorteil.« (*GS* 44)

In besonderer Weise nahm das Konzil wahr, dass in der neueren Menschheitsgeschichte die wissenschaftliche Mentalität den Blick jedes Menschen auf die Welt verändert hatte, indem sie das Denken normaler Menschen grundlegend beeinflusste. Der Beitrag wissenschaftlicher Disziplinen hatte Kategorien und Bedeutungen geliefert, die beim Bemühen um eine glaubwürdige Verkündigung des Evangeliums nicht mehr zu ignorieren waren.

Deshalb konzentriert sich der Text mit der Versicherung, dass Glaube vom Lesen des Narrativs der Zeit beziehungsweise der gegenwärtigen Geschichte genährt wird, auf das, was die eigentliche Aufgabe von Kirche ausmacht.

> »Es ist jedoch Aufgabe des ganzen Gottesvolkes, vor allem auch der Seelsorger und Theologen, unter dem Bei-

> stand des Heiligen Geistes auf die verschiedenen Sprachen unserer Zeit zu hören, sie zu unterscheiden, zu deuten und im Licht des Gotteswortes zu beurteilen, damit die geoffenbarte Wahrheit immer tiefer erfasst, besser verstanden und passender verkündet werden kann.
>
> Da die Kirche eine sichtbare gesellschaftliche Struktur hat, das Zeichen ihrer Einheit in Christus, sind für sie auch Möglichkeit und Tatsache einer Bereicherung durch die Entwicklung des gesellschaftlichen Lebens gegeben, nicht als ob in ihrer von Christus gegebenen Verfassung etwas fehle, sondern weil sie so tiefer erkannt, besser zur Erscheinung gebracht und zeitgemäßer gestaltet werden kann«. (*GS* 44)

Die Konzilsväter machten deutlich, dass zur Unterscheidung immer das Bemühen gehört, den »Sprachen« der jeweiligen Zeit jene Ausdrucksformen menschlicher Werte zu entnehmen, die für die Verdeutlichung der Wahrheit der Offenbarung Christi hilfreich sein können. Daraus abgeleitet deuten manche diese Worte als Einladung zur »Reinigung« der kulturellen Ausdrucksformen der jeweiligen Gesellschaft. Diese Auslegung von *Gaudium et Spes,* Nr. 44 würde eine negative Lesart der kulturell-historischen Ausdrucksformen und die Überzeugung implizieren, nur die Kirche verfüge über den »richtigen« Maßstab zu ihrer Beurteilung. Unterscheidung würde ein Verhältnis der Autorität gegenüber jeder kulturellen Ausdrucksform beinhalten und für sich selber eine Aufsichtsfunktion beanspruchen.

Diese Interpretation der Pastoralkonstitution ist zwar möglich und nicht ganz ungerechtfertigt, steht aber im Widerspruch zu dem, was das Dokument selber anstrebt, das ja zur Möglichkeit des Dialogs mit der gegenwärtigen Welt auffordert.

Tatsächlich geschieht die Teilhabe der Kirche an den Ereignissen der Welt, wobei sie an ihnen »zusammen mit den übrigen Menschen unserer Zeit« teilnimmt, auf »synodale« Art und Weise. Die Kirche teilt die gegenwärtige Geschichte mit dem Rest der Menschheit, sie ist in zeitliche Ereignisse eingebunden und involviert und ihr unterscheidendes Tun zielt nicht auf eine Verurteilung der Welt, sondern darauf, die Begegnung der Welt mit Gott zu erleichtern. Es geht nicht um eine Kirche, die die Welt von außen beobachtet, sondern um eine, die bei ihrem ständigen Bemühen, den »Plan Gottes« für alle ausfindig zu machen, es zulässt, dass sie von dem, was in der Welt geschieht, bewegt wird.

Durch den Glauben kennen wir diesen Plan schon, nämlich Gottes universellen, Heil bringenden Willen für die Menschheit. Aber wir wissen nicht genau, wie er sich entfalten wird, wie er sich ereignet. Wir kennen das Ziel, die endgültige Wiederversöhnung in Christus, aber sein gegenwärtiger Pilgerstand zwischen dem *schon* und dem *noch nicht* verpflichtet das Volk Gottes, das die Kirche ist, zur Aufmerksamkeit auf die gegenwärtige Geschichte, auf die »Zeichen«, die im Lauf der Zeit sichtbar werden, als Spuren oder Fußabdrücke, die die Kirche zum Heil führen. Deshalb ist es unumgänglich, die starke eschatologische Konnotation der Aussage zu berücksichtigen, mit der das Konzil seine Bestimmung ausdrückt, die gegenwärtige Geschichte der Menschheit auf ihrem Weg zu der endgültigen Erfüllung wahrzunehmen.

2. Nach dem Konzil entwickeln sich zwei Zugangsweisen hinsichtlich sozialer Fragen

Ein kurzer Blick auf die historisch-theologischen Debatten, die sich in den letzten Jahrzehnten mit den Fragen und Problemen des Wegs befasst haben, den die katholische Kirche nach dem Zweiten Vatikanum eingeschlagen hat, zeigt deutlich, wie schwierig es ist, auf die Analyse komplexer Ereignisse, in diesem Fall bei einer umfassenden Bewertung der Aussagen eines Konzils, das Interpretationsschema der Kontinuität und/oder Diskontinuität anzuwenden. Es besteht immer die Gefahr der Verallgemeinerung und übertriebenen Vereinfachung.

Gleichzeitig bestand die ganze Geschichte der Kirche hindurch immer die Dialektik von Kontinuität und Reform. Der Blick auf die Geschichte kann ein wirkungsvoller Maßstab zum Verständnis der Wendepunkte und epochalen Veränderungen sein, die ihr Fortschreiten durch die Epochen hindurch geprägt haben.

Papst Franziskus hat sich zum Stil und zur Bedeutung seiner eigenen »Reform« geäußert. Er macht deutlich, dass für seinen Weg in die Richtung bestimmter Entscheidungen die Absicht leitend ist, den Wandel durch Treue zum Glaubensgut (*depositum fidei)* und zur Tradition abzustützen. Es bleibt allerdings die Frage nach dem Verständnis des Begriffs *Traditio* und seiner Funktion im Blick auf die gegenwärtigen Herausforderungen.

Nach den Worten von Franziskus ist die Wertschätzung der Geschichte eine unverzichtbare Voraussetzung für den Aufbau einer soliden Zukunft; dabei muss aber der Bezug auf die Vergangenheit kein Vorwand für Untätigkeit sein:

»Der Verweis auf die Geschichte ist nicht gleichbedeutend mit der Verankerung in Selbsterhaltung, sondern soll Leben und Vitalität in einem laufenden Prozess hervorrufen. Erinnerung ist nicht statisch, sondern dynamisch. Ihrem Wesen nach gehört zu ihr Bewegung. Auch Tradition ist nicht statisch, sondern dynamisch, wie ein großer Mann (Gustav Mahler, in Aufnahme eines Ausspruchs von Jean Jaurès) zu sagen pflegte: Tradition ist die Garantie für die Zukunft, kein Behälter für Asche.«[47]

Diesen Worten lässt sich eine gut temperierte Hermeneutik der Tradition entnehmen, die deutlich macht, wie sie auch mit Hilfe von Diskontinuität weitergegeben werden kann, ohne notwendigerweise einen Bruch mit der Vergangenheit herbeizuführen. Im Gegenteil: Erneuerung kann sich als der einzige Weg zum wahren Dienst an der Tradition und zur Bewahrung ihrer wesentlichen Inhalte erweisen.

In diesem Kapitel möchten wir zeigen, wie das Lehramt von Papst Franziskus durch seine Wiederaufnahme der vom Zweiten Vatikanum angewandten induktiven Methode in Kontinuität zur Lehre des Heiligen Johannes XXIII. und des Heiligen Pauls VI. charakterisiert ist, die diese Zugangsweise gefördert haben. Gleichzeitig zeigt sich die Kontinuität mit seinen unmittelbaren Vorgängern, dem Heiligen Johannes Paul II. und Benedikt XVI., nicht so sehr in methodischer Hinsicht als vielmehr in der Betonung bestimmter Themen und Perspektiven für die Orientierung der Zukunft der Kirche.

Johannes XXIII. und Paul VI.: Die Kirche ist in die »menschliche« Geschichte der Erlösung eingebettet

Die Haltung des Dialogs, durch die die Kirche zum »Wahrnehmen, Unterscheiden und Handeln« in der Welt aufgerufen wird, wurde als kirchliche Praxis vom Zweiten Vatikanischen Konzil definiert, hatte aber einen Vorläufer voller Autorität im Lehramt Johannes' XXIII.

Bei verschiedenen Gelegenheiten hat Papst Johannes dem nachdrücklichen Wunsch Ausdruck verliehen, die Kirche möge sich für das Bemühen um eine wirkungsvolle Erneuerung oder Verheutigung (*aggiornamento*) engagieren. Der Begriff zielte nicht darauf, einen Prozess zu beschreiben, durch den sich die Kirche den Herausforderungen der Gegenwart anpassen sollte, sondern wollte eine Veränderung der Mentalität anzeigen, mit der sie ihre Präsenz in der Welt neu denken konnte. *Pastoral* ist als notwendiger Ausdruck der Glaubenswahrheit beziehungsweise der Lehre zu verstehen, weil man nur durch das Eingehen auf Erwartungen und Hoffnungen der Menschen dabei Erfolg haben wird, die lebendige Substanz des Evangeliums in der Welt von heute zu vermitteln.

Deshalb verwarf Papst Johannes XXIII. das negative Bild der gegenwärtigen Geschichte, das für die moderne Apologetik kennzeichnend gewesen war: Sie hatte die fortschreitende Verschlechterung der Menschen durch die Jahrhunderte hindurch als Ergebnis der Sünde verstanden. Demgegenüber versuchte dieser Papst zu erreichen, dass die Kirche die positiven Ereignisse in der Gegenwartsgeschichte als »gute« Zeichen wahrnehmen und mit Freude begrüßen konnte.

In seiner Enzyklika *Mater et Magistra* nimmt Johannes XXIII. Bezug auf die herausragenden gesellschaftlichen und politischen

Veränderungen in der Geschichte der Gegenwart. Er erwähnt und begrüßt Abrüstung, die Förderung der Menschenrechte, den wirtschaftlichen Fortschritt und wissenschaftliche Neuerungen. Es wäre eine extreme Reduktion, das so zu deuten, als habe er der Kirche nur eine optimistische Sicht der Geschichte verordnet, um ihre defätistische Haltung und ihre Absage an den Fortschritt zu korrigieren. Er wollte vielmehr der Theologie eine neue Ausrichtung geben. Statt ihr eigenes Verständnis der Heilsökonomie aus abstrakten Voraussetzungen abzuleiten, sollte sich die Theologie aus einer kontinuierlichen Begegnung mit der Geschichte heraus entwickeln und ihre Fähigkeit unter Beweis stellen, der Welt zu zeigen, dass das Reich Gottes ein dynamisches Ereignis und eine ebensolche Wirklichkeit darstelle.

Es lässt sich zeigen, wie die Kategorie »Zeichen der Zeit« nicht nur gleichbedeutend mit der der Erneuerung oder des *aggiornamento* und der des »pastoralen Lebens« ist, sondern auch das gesamte Lehramt Johannes' XXIII. prägte. Die vier Kapitel von *Pacem in Terris* lassen sich als ausdrücklich vollzogene Unterscheidung und Anwendung der *induktiven Methode* lesen. Der ökonomische und soziale Aufstieg der arbeitenden Schichten, das Eintreten der Frauen in das öffentliche Leben, das Ende des Kolonialismus, die Gleichheit zwischen den Völkern und die Verpflichtung, einen dauerhaften Weltfrieden zu erreichen, das alles wird zu wichtigen Zeichen, die die Bereitschaft nähren, mit der die Kirche ihre Sendung und ihre Berufung zum Dienst an allen Menschen und nicht nur an den Christen versteht.[48]

Paul VI. erbte von Johannes XXIIII. und dem Zweiten Vatikanischen Konzil diese Aufmerksamkeit für die »Zeichen der Zeit«, aber er nahm gleichzeitig ihre Ambivalenz wahr. Sein Lehramt bemühte sich um eine Klärung der Kategorie, damit sie nicht auf eine bloße Aufzählung von »Fakten« reduziert werden konnte, sondern in ihr das überreiche »Mehr« wahrzunehmen war, das erkennen ließ, dass Gott am Werk war. Die Rede davon, dass das Volk Gottes in die Gegenwart verstrickt ist, bedeutet gleichzeitig die Bekräftigung, dass es an der gegenwärtigen, auf Erlösung ausgerichteten Geschichte der Menschheit teilhat.[49]

In diesem Sinn muss für Paul VI. das synchrone Wahrnehmen der epochalen Ereignisse der gegenwärtigen Geschichte um ein diachrones ergänzt werden. Zusammengenommen vermeiden diese beiden Zugangsweisen die Gefahr, in »charismatisches Prophetentum« oder in die Kurzsichtigkeit abzugleiten, die vom bloßen Registrieren von »Phänomenen« erzeugt wird. Nur wenn unsere Sicht auf die Gegenwart dazu fähig ist, auf die Zukunft auszugreifen, können die Zeichen der Zeit das Handeln der Kirche leiten und orientieren, damit »die Welt zu einem Buch für uns wird«. So muss der Christ Unterscheidung und Wachsamkeit üben, damit die Zeichen »Neuigkeiten einer immanenten Vorsehung« und »Schlüssel« für das verborgene Wachstum des Reiches Gottes werden.[50]

In seiner Enzyklika *Ecclesiam Suam* statuiert Paul VI., das Lesen der »Zeichen der Zeit« sei »ein Anstoß für die Kirche, ihre stets wachsende Vitalität zu steigern«, verbunden mit dem Bewusstsein, dass Vervollkommnung nicht »darin besteht, den von der Kirche in der Vergangenheit angewandten Methoden zu folgen und sich der Unterstützung durch die praktischen Maßnahmen zu verweigern, von denen normalerweise angenommen wird, dass sie sich in Übereinstimmung mit der Eigenart unserer Zeit befinden« (*ES* 50).

Die Kirche ist deswegen dazu berufen, in ihrer Dynamik und ihren Strukturen der Evangelisierung für den Wandel aufmerksam zu sein, der durch das Handeln des Geistes hervorgebracht wird, damit die Welt die gegenwärtige Relevanz der Erlösung durch Christus erkennen kann.

Papst Paul VI. sollte später in *Evangelii Nuntiandi* wieder die Rolle des Heiligen Geistes bei der Evangelisierung betonen, die der Aufmerksamkeit und Verpflichtung auf die gegenwärtige Geschichte entspringt: »Durch den Heiligen Geist dringt das Evangelium in das Herz der Welt ein, denn Er ist es, der die Völker dazu bringt, die Zeichen der Zeit zu unterscheiden – von Gott gewollte Zeichen –, die die Evangelisierung enthüllt und in der Geschichte in Gebrauch bringt« (*EN* 75). Der Geist hilft dabei, die Geschichte der Gegenwart mit dem Evangelium zu verbinden, indem er als Vermittler und Garant wirkt, die Kirche beim Lesen der »Zeichen« unterstützt und sie auf dieser Grundlage für ihre Sendung ausrichtet.

Aber in *Octogesima Adveniens* lässt Papst Paul VI. den Wunsch erkennen, der von *Gaudium et Spes* vorgeschlagenen induktiven Methode zu folgen und sie weiterzuentwickeln, indem er sorgfältig über die »Zeichen der Zeit« (*OA* 8–41) als ein Werkzeug zur Wahrnehmung gesellschaftlicher Wirklichkeiten nachdenkt.[51] Er hält fest:

> »Denn die christlichen Gemeinschaften selbst müssen darauf hinwirken, die Lage des eigenen Landes nach dem wahren Sachverhalt zu erforschen und im Licht der unveränderlichen Worte des Evangeliums zu erhellen, um Grundsätze, Beurteilungsnormen, Richtlinien für das Handeln aus der Soziallehre der Kirche zu gewinnen – wir meinen jene Lehre, die im Lauf der Zeit ausgebildet worden ist, vor allem aber in diesem Industriezeitalter, nämlich seit jenem denkwürdigen Tag, an dem Leo XIII. eine Botschaft ›über die Lage der Arbeiter‹ veröffentlicht hat,

> deren Jubiläum zu begehen Uns heute Ehre und Freude bereitet. Aufgabe solcher christlichen Gemeinschaften ist es also, unter dem Beistand des Heiligen Geistes – in Gemeinschaft mit den zuständigen Bischöfen, im Gespräch mit den anderen christlichen Brüdern und mit allen Menschen guten Willens – ausfindig zu machen, welche Wege beschritten und welche Leistungen erbracht werden müssen, um die notwendig erscheinenden und oft unaufschiebbaren Veränderungen auf sozialem, politischem und wirtschaftlichem Gebiet herbeizuführen.« (*OA* 4)

Das Apostolische Schreiben regt an, Probleme nicht innerhalb eines aus Lehrsätzen abgeleiteten deduktiven Rahmens anzugehen, sondern durch eine induktive Analyse der Ereignisse; wenn man wirklich auf den Beistand des Geistes vertraut, kann eine solche Analyse neue Weg und mutige Entscheidungen eröffnen. Es gibt also keine einzige, universal gültige Lösung für die Schwierigkeiten, die sich aus den heutigen sozialen Wirklichkeiten ergeben, sondern jede christliche Gemeinschaft muss die Aufgabe auf sich nehmen, adäquate Antworten auf die Komplexitäten ihres jeweils spezifischen Kontexts zu finden.

Das auf die zur Erneuerung des Antlitzes der Menschheit erforderlichen Veränderungen gerichtete Handeln der Kirche setzt voraus, dass die Glieder, die zusammen eine Kirche vor Ort bilden, Hauptakteure der kirchlichen Präsenz in der Gesellschaft sind.

Sie müssen Unterscheidungen vornehmen und dabei im Auge behalten, dass ihre Bezugsgrößen das Evangelium und die Soziallehre der Kirche sind und gleichzeitig für die Kreativität des Heiligen Geistes Raum lassen. So muss die von der Katholischen Aktion im Dreiklang »Sehen – Urteilen – Handeln« formulierte induktive Methode auch von der offiziellen Soziallehre aufgenommen werden, um der Aufgabe einer kreativen Umsetzung ihrer Grundsätze nachzukommen. Allerdings spielt bei diesem »dialogischen« Weg der Interaktion mit der Soziallehre der Kirche der gereifte Glaube der Menschen eine entscheidende Rolle, die an einem bestimmten Ort *(in loco)* und in einer bestimmten Zeit *(in contexto)* entscheiden und handeln müssen.

Johannes Paul II: Die Wahrheit der Erlösung erleuchtet die menschliche Geschichte

Während der geistlichen Exerzitien der Römischen Kurie im März 1976 brachte Kardinal Karol Wojtyla in Gegenwart Pauls VI. seine Freude über die von *Gaudium et Spes* erreichte Neubewertung der »Welt« zum Ausdruck, die an der Zeit gewesen sei:

> »Eine solche Definition von Welt war sehr notwendig! Nicht nur, um dem Text der großen Pastoralkonstitution seine Form zu geben, sondern auch als Schlüssel zum Verständnis der Zeichen der Zeit und gleichzeitig als Schlüssel für das im Konzil ausgedrückte Selbstverständnis der Kirche, dank der genauen Analyse aller dieser Zeichen, die unter den gemeinsamen Nenner der Zeitgenossenschaft gestellt werden: Die Kirche in der Welt von heute«.[52]

Der Gedanke, dass es die Analyse der »Zeichen der Zeit« der Kirche ermöglicht, in Kontakt mit der Gegenwart zu treten, wird Teil des Lehramts von Johannes Paul II. werden. Das bedeutet, dass die Geschichte der Gegenwart auf die Erfüllung der Erlösung offen ist und das Selbstverständnis der Kirche bereichert.

Schon in den ersten Worten seiner ersten Enzyklika *Redemptor Hominis* wird Geschichte als der Ort bezeichnet, an dem sich die Herrschaft Christi erweist: »Der Erlöser der Menschen, Jesus Christus, ist der Mittelpunkt von Universum und Geschichte« (*RH* 1).[53]

In der folgenden Enzyklika *Dives in Misericordia* hat es allerdings den Anschein, als falle es dem Papst schwer, eine übertrieben enthusiastische Sicht auf die Geschichte zu dämpfen. Ganz zu Anfang schreibt er:

> »Die Lage der Welt weist nicht nur Umwandlungen auf, die zur Hoffnung auf eine bessere Zukunft des Menschen auf dieser Erde berechtigen, sondern auch vielfache Bedrohungen, welche über die bisher bekannten weit hinausgehen. Die Kirche muss auf diese Bedrohungen bei entsprechenden Gelegenheiten weiterhin aufmerksam machen (wie in den Ansprachen vor der UNO, der UNESCO, der FAO und anderswo), sie aber auch im Lichte der von Gott empfangenen Wahrheit durchdenken.« (*DiM* 2)

In dieser kurzen Passage scheint sich eine zweifache Klarstellung bemerkbar zu machen: Vor allem weist die Geschichte eine gewisse Ambiguität auf, wie Paul VI. festgehalten hatte. Die »Zeichen der Zeit« sind nicht unmittelbar erkennbar. Deshalb könnte das, was heute als eine verheißungsvolle Veränderung zur Verbesserung des Lebens der Menschen betrachtet wird, morgen eine Bedrohung darstellen. Zum Zweiten muss sich die Kirche angesichts dieser Ambivalenz im Licht der von Gott geoffenbarten Wahrheit ständig prüfen und ihre eigene Unterscheidung vornehmen.

Diese Betonung der Wahrheit, die die Kirche von Gott empfangen hat und die deshalb die Geschichte immer übersteigt, scheint eine Aufforderung zu einer Umkehr des theologischen Nachdenkens auf den sichereren Weg der deduktiven Methode zu sein.

Das bestätigt sich anscheinend in der Enzyklika *Laborem exercens*, in der der Papst seine Option rechtfertigt. Für Johannes Paul II. darf die Kirche, um die Wirklichkeit der menschlichen Arbeit zu beleuchten, nicht die je aktuelle Krisensituation als Ausgangspunkt betrachten und ihre Untersuchung auch nicht bei Phänomenen wie Arbeitslosigkeit oder Ausbeutung beginnen. Wo sie ihre Einschätzung vornimmt, ist die Kirche vielmehr an die Notwendigkeit gebunden, die göttliche Offenbarung zu explizieren, und muss sich auf das natürliche Sittengesetz beziehen.

Um alle Zweifel zu zerstreuen, hält die Enzyklika fest, die Kirche solle sich nicht durch den Rückgriff auf historische Analysen an die Menschheit wenden, sondern auf der Grundlage des Wortes Gottes:

> »Die Kirche ist überzeugt, dass die Arbeit eine fundamentale Dimension der Existenz des Menschen auf Erden darstellt. Diese Überzeugung wird ihr auch vom Blick auf den Erkenntnisschatz der zahlreichen Wissenschaften bestätigt, deren Objekt der Mensch ist: Anthropologie, Paläontologie, Geschichte, Psychologie usw.: alle scheinen diese Tatsache unwiderlegbar zu beweisen. Vor allem aber schöpft die Kirche diese ihre Überzeu-

> gung aus dem geoffenbarten Wort Gottes, wodurch ihr die Überzeugung des Verstandes zugleich zur Überzeugung des Glaubens wird. Der Grund dafür ist – und es lohnt sich, das von allem Anfang an zu beachten –, dass die Kirche an den Menschen glaubt: Nicht nur im Licht der geschichtlichen Erfahrung, nicht nur mit Hilfe der verschiedenen Methoden wissenschaftlicher Erkenntnis denkt sie an den Menschen und wendet sich ihm zu, sondern in erster Linie im Licht des geoffenbarten Wortes des lebendigen Gottes. In ihrem Sprechen vom Menschen sucht sie jene ewigen Absichten und jene transzendente Bestimmung zum Ausdruck zu bringen, unter die ihn der lebendige Gott, sein Schöpfer und Erlöser, gestellt hat.« (*LE* 4)

In ähnlicher Weise bekräftigt Johannes Paul II. in der Apostolischen Adhortation *Familiaris Consortio,* Geschichte sei nicht nur »ein festgelegter Fortschritt zum Besseren«, da sie »positive und negative Aspekte aufweist: Erstere sind Zeichen der in der Welt wirksamen Erlösung durch Christus; letztere Zeichen für die Ablehnung, die der Mensch der Liebe Gottes entgegenbringt« (*FC* 5). Um die Werkzeuge der Sozialwissenschaften zu relativieren, hält er fest, »die Kirche schätzt soziologische und statistische Forschungen, wo sie sich zum Verstehen des historischen Kontexts hilfreich erweisen«. Vor allem aber »sucht die Kirche die Wahrheit, indem sie Christus folgt«. Die in dieser Reflexion erreichte Schlussfolgerung bestätigt, das Lehramt sei »normativ« für das Volk Gottes: »Es ist Aufgabe des apostolischen Amtes, sicherzustellen, dass die Kirche in der Wahrheit Christi bleibt und sie immer tiefer in jene Wahrheit einführt« (*FC* 6).

In der Enzyklika *Sollicitudo Rei Socialis*, die sich mit dem Thema der technologischen und wirtschaftlichen Entwicklung befasst, besteht Johannes Paul II. darauf, soziale Fragen mittels eines »korrekten Zugangs« anzugehen, also von der Lehrauffassung der Kirche aus. Er verdeutlicht, nur auf diesem Weg – in Anwendung einer deduktiven Methode – sei es möglich, zu verstehen, wie die Sünde des Menschen die Wurzel sozialer Probleme sei.

> »Um in der heutigen schwierigen Lage eine richtige Problemstellung wie auch die beste Lösung der Fragen zu fördern, kann es eine große Hilfe sein, die ›Summe von Leitprinzipien, von Urteilskriterien und von Richtlinien für das konkrete Handeln‹, die die kirchliche Lehre vorlegt, genauer zu kennen und mehr zu verbreiten. Man wird so unmittelbar bemerken, dass die Fragen, vor denen wir stehen, vor allem moralischer Natur sind und dass weder die Analyse des Entwicklungsproblems an sich noch die Mittel zur Überwindung der gegenwärtigen Schwierigkeiten von einer solchen wesentlichen Dimension absehen dürfen.« (*SrS* 41)

Eine Ausnahme bilden einige Texte, die sich durch das Lehramt dieses ungewöhnlichen Pontifikats hindurchziehen[54], das durch die Vielfalt der Gegenstände herausragt, mit denen sich Johannes Paul II. in seinen unzähligen öffentlichen Stellungnahmen befasst hat.

So wird zum Beispiel in *Pastores Dabo Vobis* die induktive Methode als das Mittel wiederbelebt, mit dem die Kirche dazu aufgerufen wird, Priester auszubilden »die wirklich dazu geeignet sind, den Anforderungen unserer Zeit zu entsprechen.«

Johannes Paul II. verwendet immerhin eine Neuformulierung, die jedenfalls der Absicht nach ein spezifisches Korrektiv zu bieten beabsichtigt. Auf der einen Seite bekräftigt er den Vorrang des Wissens um die mit dem historischen und kulturellen Kontext verbundenen Schwierigkeiten, im Bewusstsein der Probleme, mit denen Seminaristen zu kämpfen haben. Gleichzeitig verdeutlicht er, diese Wissensbemühungen dürfe man nicht auf »ein simples Sammeln von Daten« beschränken. Wissen impliziere nämlich immer »ein interpretierendes Kenntnisnehmen« der Wirklichkeit. Untersuchen bedeute immer schon Unterscheiden, da das Ergebnis des Nachdenkens von dem Weg bedingt werde, auf dem man sich die zu untersuchenden Elemente aneigne. *Wissen* setze ein asymmetrisches Verhältnis zwischen theologischen und wissenschaftlichen Daten voraus. Anders wäre es unmöglich, über das hinauszugehen, was Wissenschaft sagen könne. So gibt es keinen Zweifel hinsichtlich der Bedeutung des »Sehens« der Wirklichkeit. Es wird aber insistiert, dass die Wirklichkeit mit den Augen des Glaubens zu »sehen« sei. Im Blick auf die Bewertung der Ausbildung von Seminaristen solle man nicht nur »positive Faktoren« berücksichtigen, sondern auch »die positiven Faktoren einer sorgfältigen Unterscheidung unterziehen« (*PdV* 10); schließlich werde die gegenwärtige Situation von »Ambivalenz und zeitweise von Widersprüchen« geprägt und weise sowohl »negative Elemente wie Gründe für Hoffnung« auf.

Papst Johannes Paul II. setzte den Schwerpunkt auf den Erwerb von *Wissen*, das in einer analogen Beziehung zum *Lesen* der Gegenwart steht und eine genaue Richtung angibt. Es reicht nicht aus, zwischen Gut und Böse zu unterscheiden, man muss vielmehr zwischen dem Guten und dem Besseren unterscheiden. Die induktive Methode ist dann unzulänglich, wenn sie nicht in das Gefüge von Werten integriert wird, die die Tradition durch ihr moralisches Nachdenken festgelegt hat.

Ein weiterer aufschlussreicher Text findet sich in *Novo Millennio Ineunte*; in ihm bezieht sich der Papst ausdrücklich auf *Gaudium et Spes*, Nr. 4 und 44:

> »Denn nicht selten erweckt der Geist Gottes, der ›weht, wo er will‹ (Joh 3,8), in der allgemeinen menschlichen Erfahrung trotz ihrer vielen Widersprüchlichkeiten Zeichen seiner Gegenwart, die selbst den Jüngern Christi helfen, die Botschaft, deren Überbringer sie sind, vollkommener zu verstehen. War das Zweite Vatikanische Konzil nicht vielleicht mit dieser demütigen und vertrauensvollen Öffnung darum bemüht, die ›Zeichen der Zeit‹ zu deuten? Auch wenn sie eine sorgfältige und wachsame Unterscheidung vornimmt, um die ›wahren Zeichen der Gegenwart oder der Absicht Gottes‹ zu erfassen, erkennt die Kirche nicht nur, dass sie etwas gegeben hat, sondern wie viel sie auch ›der Geschichte und Entwicklung der Menschheit verdankt‹. Diese Haltung der Öffnung und zugleich sorgfältiger Unterscheidung hat das Konzil auch gegenüber den anderen Religionen eingeführt. Wir müssen seiner Lehre und Spur mit großer Treue folgen.« (*NmI* 56)

Man könnte die Verwendung des Ausdrucks »die Zeichen der Zeit« und das Lob der von der Kirche infolge von *Gaudium et Spes* unternommenen Schritte, nicht zuletzt auf dem Feld des interreligiösen Dialogs, als beiläufigen Beleg für den Wunsch Johannes Pauls II. nach Vertiefung der vom Zweiten Vatikanischen Konzil eingenommenen Perspektive deuten. Gleichzeitig ist er fest davon überzeugt, es sei notwendig, eine Linse zur Interpretation des Konzils als solchem einzubauen, um seine Neuheit im Licht der schon in der Tradition der Kirche enthaltenen Lehre zu entziffern.

Benedikt XVI.: Das Wort Gottes enthüllt gesellschaftliche Missstände

Benedikt XVI., der Nachfolger von Johannes Paul II., ging in die gleiche Richtung. Für ihn ist es zur Einführung einer korrekten »Hermeneutik der Reform, der Erneuerung in Kontinuität«[55] unumgänglich, das Verhältnis von Vernunft, Glaube und Geschichte vertieft zu betrachten. Auch die Theologie der »Zeichen der Zeit« brauchte eine angemessene Kontextualisierung und musste von einer fest in der Tradition der Kirche verankerten theoretischen Basis unterfüttert werden.

Dieser Rahmen spiegelt die Bemerkungen wider, die der junge Ratzinger schon während des Konzils im Blick auf seine Reserviertheit gegenüber der Konzeption der »Zeichen der Zeit« formulierte. Er schlug vor, den Ausdruck aus dem Text von *Gaudium et Spes*, Nr. 4 zu streichen.[56] Seine Stellungnahme beklagte einen exzessiv soziologischen Ton und das Fehlen von Kriterien, mit denen dessen Bedeutung im biblisch-theologischen Kontext geklärt werden könnte. Er kritisierte gleichermaßen das Fehlen einer angemessenen Definition des Begriffs von »Welt« als Bezugsgröße der »Zeichen der Zeit« und ein zu naives Bild von Geschichte, das der Ambivalenz des menschlichen Fortschritts nicht genug Rechnung trage. Vor allem missfiel ihm das Fehlen einer *Theologie des Kreuzes*, die die Bedeutung der »Zeichen der Zeit« mit der das Drama der menschlichen Geschichte prägenden Wirklichkeit der Sünde verbinden könnte.[57]

Trotz seiner Probleme mit der Kategorie nahm Benedikt XVI. bei verschiedenen Gelegenheiten während seines Pontifikats Bezug auf die »Zeichen der Zeit«; die Verwendung in seinem Lehramt neigt allerdings zum Oszillieren zwischen dem soziologischen und theologischen Bereich, sodass sich daraus keine eindeutige Bedeutung ableiten lässt.

So bleibt zum Beispiel in *Caritas in Veritate* die Bedeutung unbestimmt und bezieht sich der Ausdruck »Zeichen der Zeit« auf alles, was eine günstige Gelegenheit für die Kirche darstellen kann, das zu deuten und anzubieten, »was sie als charakteristisches Attribut ihr zu eigen nennt: eine globale Sicht des Menschen und des Menschengeschlechts« (*CiV* 18).

In *Verbum Domini* wird der Ausdruck andererseits so verwendet, dass er der prophetischen Sprache der Anklage nahekommt. Es bleibt bei einer breit angelegten Bedeutung, wobei die »Zeichen der Zeit« dazu dienen, jede Erscheinungsform des Bösen einzuschließen, die in der gesellschaftlichen Wirklichkeit Situationen von Manipulation und Unterdrückung entstehen lässt:

> »Ohne Umschweife klagt das Wort Gottes selber Ungerechtigkeiten an und fördert Solidarität und Gleichheit. Im Licht der Worte des Herrn erkennen wir also die ›Zeichen der Zeit‹ in der Geschichte und scheuen nicht den Einsatz zugunsten der Leidenden und der Opfer des Egoismus.« (*VD* 100)

In beiden Fällen legt Benedikt XVI. Wert auf die Feststellung, dass diese Fähigkeit zur Entdeckung der Möglichkeiten und

Ungerechtigkeiten in der Gesellschaft ausschließlich auf der Grundlage unserer Beziehung zum Wort Gottes entsteht.

In anderen öffentlichen Ansprachen charakterisiert Benedikt XVI. die »Zeichen der Zeit« so, dass sie alle jene Erscheinungen beinhalten, die die heutige Rastlosigkeit und das Suchen des Menschen widerspiegeln. Dieses Merkmal der heutigen Kultur kann für die Kirche Anstoß sein, ihren eigenen theologischen Diskurs zu bekräftigen, da die Suche nach Sinn die Analyse jener Bedingungen für die Glaubwürdigkeit des Glaubens anregt, die eine Verkündigung des Evangeliums mit wirksamem »Realismus« möglich machen.

> »Unser Weg, in Glauben und Nächstenliebe zu leben, wird zum Weg, heute von Gott zu sprechen, weil er durch ein in Christus gelebtes Leben die Glaubwürdigkeit und den Realismus dessen erweist, was wir mit Worten zum Ausdruck bringen, die nicht bloß Worte sind, sondern die Wirklichkeit, die wahre Wirklichkeit sichtbar machen. Und dabei müssen wir versuchen, die Zeichen der Zeit in unserer Epoche wahrzunehmen, nämlich die Potenziale, Bestrebungen und Hindernisse, auf die wir in der heutigen Kultur stoßen, besonders das Verlangen nach Authentizität, die Sehnsucht nach Transzendenz und die Sorge um die Bewahrung der Schöpfung, und furchtlos die Antwort weitergeben, die der Glaube an Gott bereithält.«[58]

Im vierten Kapitel des Interviewbuchs *Licht der Welt*[59] werden die »Zeichen der Zeit« zu den Erscheinungsformen des Verfalls gezählt, die in der Welt von heute klar zu erkennen seien. Sie beinhalten viele Herausforderungen für das Evangelium und für die Sendung der Kirche: Säkularisierung, die Umweltkatastrophe, Individualismus und die Tyrannei des Relativismus. Neben diesen verhängnisvollen Ergebnissen der Moderne gibt es auch die Zunahme der Migrationsströme als ein »Zeichen der Zeit« unserer Epoche:

> »Zu den heute wahrnehmbaren *Zeichen der Zeit* gehört zweifellos die Migration, ein Phänomen, von dem gesagt werden kann, dass es im eben zu Ende gegangenen Jahrhundert strukturelle Züge angenommen hat; es ist zum wichtigen Faktor für den weltweiten Arbeitsmarkt geworden, als eine Folge des enormen Drucks der Globalisierung unter anderen. Natürlich spielen bei diesem ›Zeichen der Zeit‹ verschiedene Faktoren eine Rolle. Dazu gehören nationale wie auch internationale Migration, erzwungene und freiwillige Migration, legale und illegale Migration, auch die Geißel des Menschenhandels. Auch die Kategorie der ausländischen Studenten, deren Zahl Jahr für Jahr auf der Welt zunimmt, sollte nicht vergessen werden.«[60]

In diesem Fall bezieht sich die Rede von den »Zeichen der Zeit« auf ein spezifisches Menschheitsphänomen, wobei dessen Verbreitung und Komplexität betont werden. Sie ist nicht leicht für eine genaue Beschreibung zu verwenden, weil sie viele unterschiedliche Facetten und Dynamiken beinhaltet. Auf den ersten Blick verweist der Gebrauch von »Zeichen der Zeit« auf einen rein soziologischen Gesichtspunkt oder ein entsprechendes Verständnis. Benedikt XVI. scheint ihn aber auf eine weitere Ebene zu heben, nämlich die der theologischen Interpretation. Migrationen stellen einen *kairos* für die Kirche dar, weil sie den

Glauben herausfordern und die Gläubigen zu der Frage nach dem rechten Verhalten in sozialen Beziehungen hinführen.

Auffallend ist der hermeneutische Rahmen, in den Benedikt XVI. das Konzept der »Zeichen der Zeit« einfügt. Er verwendet den Ausdruck als negative Bewertung der gegenwärtigen Welt. Die Kategorie verweist also auf die Vielzahl gesellschaftlicher Missstände, die wir heute erfahren, und fordert dazu auf, den Bezug auf das Wort Gottes und das Lehramt der Kirche wiederzuentdecken, die für Ordnung und Klarheit in einer von den chaotischen Auswirkungen der Sünde des Menschen geprägten Gegenwartssituation sorgen. Durch dieses Vorgehen verwendet Benedikt XVI. den Ausdruck »Zeichen der Zeit« öfters in einer Art und Weise, die sich von der ursprünglichen Absicht der Konzilsväter entfernt.

Eine solche Dämonisierung von Geschichte steht in gewisser Weise in Kontinuität zu dem apologetischen Zug, den die Soziallehre der Kirche in den vorkonziliaren Enzykliken angenommen hatte. Aber sie weicht sehr von dem induktiven Zugang ab, wie ihn *Octogesima Adveniens* vorschlug: Um den Problemen der gegenwärtigen Wirklichkeit zu begegnen, müssen die Gläubigen zu den Aussagen des Lehramts zurückkehren und sich an den von der kirchlichen Soziallehre vertretenen Grundsätzen orientieren. In keinem Fall sollten die Gläubigen zu Lösungen greifen, die nicht diese wesentlichen Bezüge zum Ausgangspunkt nehmen, und sich genauso wenig auf ihr eigenes, im Glauben begründetes Nachdenken auf der Basis der Umstände und Erfahrungen der jeweiligen Gemeinschaft stützen.

Kurz gesagt endet das breite Bedeutungsspektrum, das Benedikt XVI. dem Ausdruck »die Zeichen der Zeit« gibt, in einer Abschwächung seiner Wirksamkeit und einer Relativierung seines großen Gewichts als unterscheidendem Merkmal von

Gaudium et Spes. Es hat fast den Anschein, Benedikt verunklare die Umrisse des Ausdrucks, um eine genaue Definition zu umgehen. Sein Lehramt zog offenbar die Verwendung des Ausdrucks in einem vor allem soziologischen Sinn vor, lenkte damit die Interpretation des Konzils in eine andere Richtung und zielte auf eine Konsolidierung der deduktiven Methode.

Papst Franziskus: Die Wiederbelebung der konziliaren Perspektive von Gaudium et Spes

Wie schon erwähnt, stellte das Zweite Vatikanum die Konzeption in Frage, die Pastoral habe ihre einzige Wurzel oder Begründung in der Lehre, indem es die Einladung Johannes XXIII. annahm, bei der Arbeit des Konzils dem »pastoralen Leben« den Vorrang einzuräumen.

Treue zur durch Lehre festgeschriebenen Wahrheit reicht nicht aus, um die pastorale Gestalt von Kirche zu bestimmen. Vielmehr muss es eine gegenseitige Entsprechung zwischen der Wahrheit des Glaubens und dem geschichtlichen Kontext der Gegenwart geben. Auf diese Weise wird die Pastoral zur geschichtlichen Hermeneutik der christlichen Wahrheit. Das bedeutet, dass das Verhältnis von Lehre und geschichtlicher Situation nicht als einseitig verstanden werden kann. Auch die Deutung der geschichtlichen Situation ist entscheidend für das lehrmäßige Verständnis und die Ausarbeitung des Glaubensinhalts.[61] Indem die Konzilsväter in *Gaudium et Spes* eine Theologie der »Zeichen der Zeit« entwickelten, wollten sie die Entsprechung zwischen diesen beiden Aspekten ausdrücklich hervorheben. Es ging um eine Theologie der gegenwärtigen Geschichte, die nicht randständig, sondern strukturell auf die

Sendung der Kirche ausgerichtet war, sowie darauf, praktische Wege und Mittel zur Umsetzung der Verkündigung des Evangeliums zu entwerfen.

Papst Franziskus bekräftigt diese Ausrichtung und vermeidet eine Reduktion der »Zeichen der Zeit« auf rein gesellschaftliche Indikatoren, auf bloße Phänomene, die keinen prophetischen Appell zum Ausdruck bringen oder nicht von innen her mit der christlichen Offenbarung verbunden sind. In *Evangelii Gaudium* findet sich eine praktisch ausgerichtete programmatische Verdeutlichung dessen, wie der Papst die »Zeichen der Zeit« versteht:

> »Es ist nicht Aufgabe des Papstes, eine detaillierte und vollkommene Analyse der gegenwärtigen Wirklichkeit zu bieten, aber ich fordere alle Gemeinschaften auf, sich um ›eine immer wachsame Fähigkeit, die Zeichen der Zeit zu erforschen‹ zu bemühen. Wir stehen hier vor einer großen Verantwortung, weil einige gegenwärtige Situationen, falls sie keine guten Lösungen finden, Prozesse einer Entmenschlichung auslösen können, die dann nur schwer rückgängig zu machen sind. Es ist angebracht zu klären, was eine Frucht des Gottesreiches sein kann, und auch, was dem Plan Gottes schadet. Das schließt nicht nur ein, die Eingebungen des guten und des bösen Geistes zu erkennen und zu interpretieren, sondern – und hier liegt das Entscheidende – die des guten Geistes zu wählen und die des bösen Geistes zurückzuweisen. Ich setze die verschiedenen Analysen voraus, welche die anderen Dokumente des universalen Lehramtes dargeboten haben, wie auch die, welche die regionalen und nationalen Bischofskonferenzen vorge-

> stellt haben. In diesem Schreiben will ich nur kurz und unter pastoralem Gesichtspunkt auf einige Aspekte der Wirklichkeit eingehen, welche die Dynamiken der missionarischen Erneuerung der Kirche anhalten oder schwächen können, sei es, weil sie das Leben und die Würde des Gottesvolkes betreffen, sei es, weil sie sich auch auf die Personen auswirken, die unmittelbarer zu den kirchlichen Institutionen gehören und Evangelisierungsaufgaben erfüllen.« (*EG* 51)

Traditionsgemäß verweist Franziskus wie seine Vorgänger auf die Ambivalenz der »Zeichen der Zeit« (*ES* 54; *DiM* 2) und ebenso auf die Gefahr einer reduktionistischen Vorgehensweise bei der Unterscheidung zwischen Gut und Böse (*PdV* 10). Gleichzeitig erklärt er seine Absicht, gesellschaftliche Themen mit einem »pastoralen Zugriff« anzugehen. Seine Art des Vorgehens beachtet deshalb die Aussagen von *Gaudium et Spes* und ist induktiv ausgerichtet, also offen für Beiträge anderer Disziplinen mit spezifischen Kompetenzen. Franziskus unterstreicht, es sei nicht Rolle des Papstes, über »das Monopol für die Interpretation der sozialen Wirklichkeit oder für einen Vorschlag zur Lösung der gegenwärtigen Probleme« zu verfügen (*EG* 184). Er bittet die Kirche stattdessen demütig, auf die Welt zu hören, und vermeidet eine Haltung von oben herab.

Auch in *Laudato Si'* urteilt Papst Franziskus, der theologische Diskurs könne nur auf den Weg zur Bedeutungslosigkeit geraten, wenn er in einer selbstbezogenen Haltung und in unfruchtbaren Wiederholungen verbleibe:

> »Die theologischen und philosophische Reflexionen über die Situation der Menschheit und der Welt kön-

> nen wie eine repetitive und abstrakte Botschaft klingen, wenn sie nicht von einer Gegenüberstellung mit dem aktuellen Kontext her neu vorgebracht werden, im Blick auf das, was dieser an noch nie Dagewesenem für die Geschichte der Menschheit enthält. Darum schlage ich vor, dass wir, bevor wir erkennen, wie der Glaube angesichts der Welt, zu der wir gehören, neue Beweggründe und Erfordernisse beisteuert, kurz bei einer Betrachtung dessen verweilen, was unserem gemeinsamen Haus widerfährt.« (*LS* 17)

Der Einsatz ist hoch. Die Wiederholung einer Botschaft, die die gegenwärtige Geschichte nicht erreicht und nicht in Dialog mit der Menschheit von heute tritt, steht in Gefahr, marginalisiert zu werden. Papst Franziskus schlägt vor, angesichts des Risikos einer Bewertung, die abstrakt werden könnte, die Fakten zu analysieren und auf Augenhöhe mit der konkreten Wirklichkeit der Situation zu kommen, nicht als Versuch, »Informationen zu sammeln oder unsere Neugier zu befriedigen, sondern das, was der Welt widerfährt, schmerzlich zur Kenntnis zu nehmen, zu wagen, es in persönliches Leiden zu verwandeln, und so zu erkennen, welches der Beitrag ist, den jeder Einzelne leisten kann« (*LS* 19). Bei dieser Bewertung sollten persönliche Gefühle eine Rolle spielen und als Teil des kirchlichen Prozesses der dem Evangelium gemäßen Unterscheidung wertgeschätzt werden.

So kann sich der Papst an jeden Menschen wenden, indem er seinem Diskurs einen existenziellen Ton verleiht, der über die Zustimmung zum Glauben hinausgeht. Diese Haltung erlaubt das Zugeständnis, dass die Kirche nicht über einen exklusiven Zugang zur Wahrheit verfügt. Papst Franziskus setzt beim Thema Ökologie beispielsweise bei der Beschreibung des gegenwärtigen Zustands des Planeten an und wagt einen Blick auf die Ursachen für dessen kritische Situation. Er prangert den verhängnisvollen Trend zu einer auf der Vorstellung eines unverantwortlichen Fortschritts aufgebauten wissenschaftlichen Forschung an, den Individualismus, der der »Wegwerfkultur« (*LS* 22) zugrunde liege, und den fragmentierten Blick auf die ökologische Krise (*LS* 111). Erst nachdem Papst Franziskus eine gemeinsame Grundlage für seine Einsichten geschaffen hat, skizziert er den spezifischen Beitrag, den der Glaube in der gegenwärtigen Krise leisten kann (*LS* 62), indem er im Licht, das vom Evangelium ausgeht, den Ursprung der unermesslichen Reichtümer verortet, die ihm zu eigen sind.

Diese auf dem Glauben gegründete Sicht ermöglicht ein besseres Verständnis der Ursachen der ökologischen Krise und eine wirksamere Bestimmung der Richtung, die zur Umsetzung einer ganzheitlichen Ökologie einzuschlagen ist. Indem man Probleme mit diesem existenziellen Schlüssel untersucht, lassen sich nützliche Strategien für ein entsprechendes Handeln festlegen.

Es lohnt sich, darauf hinzuweisen, dass sich das Handeln nicht einfach vom Urteilen oder aus der Bewertung ableiten lässt, sondern es immer einen Spielraum für die Kreativität und Freiheit der Menschen erfordert. Deshalb ist weder allein Induktion noch Deduktion möglich, um von der Wirklichkeit zum Handeln (im Fall von Induktion) oder von Werten zum Handeln (im Fall der Deduktion) zu kommen.

Zu den Optionen, um voranzukommen, zählt Franziskus den ehrlichen, transparenten und gemeinschaftlichen Dialog. Durch Dialog wird es möglich, zu einer übereinstimmenden Sicht in Bezug auf das zu übernehmende Modell nachhaltiger

Entwicklung (*LS* 166), auf die Notwendigkeit der Erziehung von allen Generationen zum Sorgetragen (*LS* 230–231) und auf das christliche Zeugnis (*LS* 227) zu finden.

Es gibt etwas Unbegreifliches und Freiheit Verheißendes, das sich nur aus der Unterscheidung gemäß dem Heiligen Geist ergeben kann. Schließlich entstanden auch die großen wissenschaftlichen Entdeckungen der modernen Ära nicht aus Deduktionen, die am Schreibtisch vorgenommen wurden, sondern aus Intuitionen, die über empirische Daten hinausgingen. Während »Sehen – Urteilen – Handeln« eine begrenzte induktive Methode darstellt, die annimmt, sie könne »wissenschaftlich« von sozialen Daten zum pastoralen Handeln führen, riskiert im Gegensatz dazu die deduktive Methode mit ihrer Überzeugung, sie könne ausgehend von überall geltenden Prinzipien festlegen, wie zu handeln sei, unfähig zu sein, die Komplexität der Wirklichkeit wahrzunehmen.

Auf jeden Fall droht sowohl in der Wissenschaft wie im Pastoralen ein verhängnisvoller Zirkelschluss zwischen Theorie und Praxis, weil es unmöglich ist, auf strenge und überzeugende Art und Weise einlinig vom einen zum anderen überzugehen.

Hier liegt der Schluss nahe, dass ein Faktum oder ein Ereignis dann zum »Zeichen der Zeit« wird, wenn es sich als geeignet erweist, dauerhaft Mentalität und Verhalten von Gläubigen zu verändern, wenn es also das gemeinsame Bewusstsein hervorruft, das in einer bestimmten Zeit oder Ära dem Gleichgewicht in den menschlichen Beziehungen eine messianische oder erlösende Ausrichtung geben kann.

3. Kriterien für die Unterscheidung: Die »Zeichen der Zeit« lesen

Indem Papst Franziskus die ekklesiologische Perspektive des Zweiten Vatikanums integriert und der Lehre von *Gaudium et Spes* folgt, bekräftigt er, es sei »genau der Weg der Synodalität, den Gott von der Kirche im dritten Jahrtausend erwartet.«[62] Gleichzeitig unterstreicht er, Synodalität biete »den am besten geeigneten Rahmen zum Verständnis des hierarchischen Amtes als solchem«. Er entwirft das Bild einer Kirche, die – wie eine »umgedrehte Pyramide«, in der die Spitze unter der Basis liegt«[63] – alle Beteiligten in Harmonie zusammenführt: das Volk Gottes, das Bischofskollegium und in ihm, als Bischof unter Bischöfen, den Nachfolger Petri.

In *Evangelii Gaudium* gab Franziskus der Lehre vom Glaubenssinn der Gläubigen (*sensus fidei fidelium)* (*EG* 119) einen neuen Impuls, indem er argumentierte, der Weg der Synodalität sei eine unerlässliche Voraussetzung dafür, der Kirche einen erneuerten missionarischen Eifer zu vermitteln: Alle Glieder der Kirche sind aktive Subjekte der Evangelisierung und »missionarische Jünger« (*EG* 120).

Die Laien bilden die große Mehrheit des Gottesvolkes, und man kann viel von ihrer Teilhabe an den unterschiedlichen Ausdrucksformen des Lebens und der Sendung der kirchlichen Gemeinschaften lernen: von ihrer Frömmigkeit, wie sie sich in der Volksfrömmigkeit ausdrückt, von ihrem Mittun in der Pastoral und von ihrer spezifischen Kompetenz in den verschiedenen Bereichen des kulturellen und gesellschaftlichen Lebens (*EG* 126).

Deshalb müssen die Hindernisse überwunden werden, die durch den Mangel an Bildung und an anerkannten Bereichen entstanden sind, in denen gläubige Laien sich ausdrücken und einen aktiven Teil übernehmen können, genauso wie durch eine klerikale Mentalität, durch die gläubige Laien Gefahr laufen, in Randbezirke des kirchlichen Lebens abgeschoben zu werden (*EG* 202).

Die Mitverantwortung des gesamten Gottesvolkes für die Sendung der Kirche erfordert auch die Schaffung von Konsultationsprozessen, durch die die gläubigen Laien besser partizipieren können. Dabei geht es nicht darum, eine Art von »Laienparlamentarismus« entstehen zu lassen, da die Autorität des Bischofskollegiums nicht von einem Mehrheitsvotum der Gläubigen abhängt. Vielmehr stellen Mitverantwortlichkeit und Teilhabe der Laien ein wertvolles Charisma dar – es zielt auf den Aufbau des Leibes und auf die Sorge für die Einheit –, mit dem der Geist den Leib der Kirche ausgestattet hat.

In dieser Perspektive schuf die Apostolische Konstitution über die Bischofssynode vom 18. September 2018 (*Episcopalis Communio)* Normen für die verschiedenen Schritte auf dem Weg zu einer Kirche, die »konstitutiv« synodal verfasst ist. Jeder synodale Prozess »beginnt mit dem Hören auf das Volk Gottes«, »setzt sich mit dem Hören auf die Hirten fort« und kulminiert im Hören auf den Bischof von Rom, der den Auftrag hat, als »Hirt und Lehrer aller Christen« zu sprechen.[64]

»Die Bischofssynode«, so Papst Franziskus in *Episcopalis Communio*, »muss zunehmend ein privilegiertes Werkzeug zum Hören auf das Volk Gottes« werden (*EC* 6). Und »obwohl sie ihrer Struktur nach wesentlich als ein bischöfliches Gremium konstituiert ist, bedeutet das nicht, dass die Synode getrennt von den übrigen Gläubigen besteht«. »Sie ist vielmehr ein geeignetes Werkzeug, um dem gesamten Volk Gottes eine Stimme zu verleihen« (*EC* 6). Deshalb ist es »von großer Bedeutung« bei der

Vorbereitung von Synoden, »dass der Konsultation aller Partikularkirchen besondere Aufmerksamkeit geschenkt wird« (*EC* 7).

Der Weg der Synodalität stellt für das Leben der Kirche die grundlegende Frage nach einem erneuerten Verständnis von Gemeinschaft in Form der Inklusion: Es geht darum, alle Teile des Volkes Gottes zu beteiligen, unter der Autorität derer, die der Heilige Geist als Hirten der Kirche eingesetzt hat, damit sich jeder für Leben und Sendung der Kirche mitverantwortlich fühlen kann.

Wir schließen diesen ersten Teil unseres Buchs ab, indem wir fünf Kriterien skizzieren, die Franziskus zur Ermutigung der weltweiten Kirche aufstellt und dazu, dass »jede Partikularkirche einen entschlossenen Prozess der Unterscheidung, der Reinigung und der Reform unternimmt« (*EG* 30). Es handelt sich um fünf auf Synodalität hin orientierte Grundsätze, damit alle Getauften eine Spiritualität annehmen und sich zu eigen machen können, die nicht individualistisch, sondern für Gemeinschaft offen ist. Ohne eine wirkliche Bekehrung bezüglich unserer Art des Denkens und Handelns, ohne ein beständiges Wachsen im gegenseitigen Annehmen können sich die äußerlichen Werkzeuge der Gemeinschaft – die vom Konzil verwirklichten kirchlichen Strukturen – als ungenügend für das Ziel erweisen, für das sie geschaffen wurden.[65]

Erstes Kriterium: Ein Glaube, der »Lebensstile« unterscheidet

Bei der Bischofssynode von 2012 entschieden sich die Synodenväter dafür, das dringliche Thema der neuen Evangelisierung anzugehen. Sie waren besonders aufmerksam für das Phänomen der Säkularisierung im Westen und betonten, die zur Verkündigung des Evangeliums beauftragte Gemeinschaft benötige eine genaue Untersuchung von Geschichte und Kultur.

Als Echo der vom Zweiten Vatikanum aufgestellten Forderungen bekräftigte die Synode, die Weitergabe des Glaubens brauche eine sorgfältige Betrachtung der Kreisbewegung zwischen Glaubensgemeinschaft und Welt. Zur Ausrichtung der Evangelisierung auf die Pastoral wird die Aufgabe der Unterscheidung der »Zeichen der Zeit« prioritär; sie soll der Entzifferung »neuer Sektoren« dienen, »die in der letzten Dekade in der Menschheitsgeschichte entstanden sind, damit sie in Entsprechung dazu zu Orten für die Verkündigung des Evangeliums und der Erfahrung von Kirche werden können.«[66]

Wird die Unterscheidung der »Zeichen der Zeit« zu einem intrinsischen und notwendigen Erfordernis für die Evangelisierung, müssen wir uns fragen, welches die Kriterien für ein vertieftes Wahrnehmen der Ereignisse in unserem Umfeld sind.

Wie oben erwähnt, nennt *Gaudium et Spes* das Kriterium *Glauben*, nicht in rein individualistischem Sinn verstanden, sondern als Ausdruck der gelebten Erfahrung des Volkes Gottes. Diese Aussage stimmt mit *Dei Verbum* überein, wo ein sehr breit angelegtes Konzept der Glaubensweitergabe ausdrücklich entfaltet wird (*Traditio Fidei)*. Glaube entsteht aus einem neuen Verständnis der Offenbarung als Selbstmitteilung Gottes an die Menschheit. Glaube wird demnach als kreativer Dynamismus beschrieben, als lebendige Wirklichkeit, die sich mit der Zeit fortentwickeln kann[67] und auf die eine schöpferische Beziehung des Evangeliums zur gegenwärtigen Geschichte der Völker folgt.

Papst Franziskus verwendet das Kriterium Glauben konkret für die Wahrnehmung der Gegenwart, indem er jeden Menschen dazu ermahnt, »Lebensstile« zu unterscheiden, da eine intime Beziehung zwischen der Art, in der Völker ihr Leben führen, und ihrem Sinnhorizont besteht. Die Deutung von Glauben unter existenziellem Vorzeichen ist bei Franziskus eine Einladung zu einem neuen Verständnis des Menschen als eines Wesens, das von innen her für die Beziehung zu Gott, zu den anderen, zur Schöpfung und zu sich selbst offen ist (*LS* 104–110; 115; 122).

In diesem Sinn übernimmt das Lehramt von Franziskus die Aussagen, mit denen schon seine Vorgänger die innere Beziehung von Lebensstil und Lebenssinn herausgestellt hatten. Erinnern wir uns beispielsweise an das Insistieren Johannes Pauls II. auf der Notwendigkeit, der systematischen Entfremdung entgegenzuwirken, die das technologische Paradigma auf dem Feld der menschlichen Beziehungen bewirkt hat, oder auch an die Einladung Benedikts XVI., neues Licht auf die Vernunft des Menschen in einem breiteren Rahmen zu werfen, also ihre Fähigkeiten in dem Kontext der größeren Weisheit des göttlichen *Logos* neu zu berücksichtigen.

Wie seine Vorgänger prangert Franziskus an, dass Technologie immer dann in die Gefahr gerate, ein eindimensionales Modell zu verfolgen, wenn sie die grundlegend auf Beziehung angelegte Struktur des Menschseins missachte (*EG* 115).[68] Das Kriterium Glauben lässt uns zwischen einem »Lebensstil des Evangeliums« (*EG* 168) und einem »Lebensstil, der andere ausschließt« (*EG* 67), unterscheiden. Der Glaube motiviert diejenigen, die »Sklaven einer individualistischen Mentalität« sind, sich für eine Art zu leben und zu denken zu entscheiden, »die menschlicher, edler und fruchtbarer ist und ihrer Erdenwanderung Würde verleiht« (*EG* 208).

Die Enzyklika *Laudato Si'* greift diese Unterscheidung in einer noch radikaleren Weise auf. Sie kontrastiert einen »konsumorientierten Lebensstil« (*LS* 204), in dem sich »verschiedene Formen einer kollektiven Selbstbezogenheit« widerspiegeln, mit einem »neuen Lebensstil« (*LS* 16), der quer zum Trend der vorherrschenden Kultur liegt.

Letztlich liegt »die menschliche Wurzel der ökologischen Krise« in einem bestimmten Umgang mit der Technologie, der diesen individualistischen Stil widerspiegelt (*LS* 106). Franziskus weist auf die unverantwortlichen Entscheidungen hin, die die Politik dadurch getroffen hat, dass sie sich für die Interessen von Technologie und Finanzsystem einspannen ließ (*LS* 109). Dabei bezieht sich Franziskus auf die Aussagen der Enzyklika *Quadragesimo Anno* von Pius XI., der schon 1931 vor den Tendenzen zu einer »individualistischen ökonomischen Wissenschaft« (*QAn* 89) und vor einer »despotischen Auslieferung der Wirtschaft in die Hände weniger« (*QAn* 105) gewarnt hatte.

Zweites Kriterium: Das Gemeinwohl hat den Vorrang gegenüber der Logik der Privatinteressen

An seiner Unterscheidung zwischen verschiedenen Lebensstilen lässt sich ablesen, wie das Lehramt von Franziskus dem »gemeinschaftlichen Pol« größere Aufmerksamkeit schenkt als den »individuellen Interessen«. Dieser Inhalt ist in der Soziallehre der Kirche nicht neu, wohl aber handelt es sich um eine besondere Aufmerksamkeit für die Art und Weise, in der die Kirche ihre traditionelle Lehre in sozialen Fragen neu versteht.

Tatsächlich hat die Soziallehre der Kirche immer bekräftigt, dass wirtschaftliches Handeln auf das Gemeinwohl hingeordnet ist, da alle Güter der Erde Gaben Gottes an die Menschheit darstellen.[69] Die universale Bestimmung der Güter widerspricht nicht dem Grundsatz des Privateigentums, den die Soziallehre der Kirche ebenfalls als gerechtfertigt anerkannt hat und schon gar nicht ablehnt. Aber sie hält fest, dass das Privateigentum nicht absolut ist, indem sie seine Grenzen definiert.

In dieser Hinsicht spricht Johannes Paul II. in *Sollicitudo Rei Socialis* von einer »sozialen Hypothek« des Privateigentums:

> »Man muss sich noch einmal das kennzeichnende Prinzip der christlichen Soziallehre vergegenwärtigen: Die Güter der Welt sind ursprünglich für alle bestimmt. Das Recht auf Privateigentum ist gültig und notwendig; es entwertet aber dieses Prinzip nicht: Auf ihm liegt in der Tat eine ›soziale Hypothek‹, das heißt, darin erkennt man eine soziale Funktion als innere Qualität, die genau auf das Prinzip der allgemeinen Bestimmung der Güter gründet und von dorther gerechtfertigt ist.« (*SrS* 42)

In *Laudato Si'* bezieht sich Franziskus ausdrücklich auf seinen Vorgänger, indem er bekräftigt, dass das Recht auf Privateigentum nicht ohne Bedingungen auskommt:

> »Die christliche Tradition hat das Recht auf Privatbesitz niemals als absolut und unveräußerlich anerkannt und die soziale Funktion jeder Art von Privatbesitz betont. Der heilige Johannes Paul II. hat mit großem Nachdruck an diese Lehre erinnert und gesagt: ›Gott hat die Erde dem gesamten Menschengeschlecht geschenkt, ohne jemanden auszuzuschließen oder zu bevorzugen, auf dass sie alle seine Mitglieder ernähre.‹ Das sind inhaltsschwere und starke Worte. Er hob hervor, dass ›ein Entwicklungstyp nicht wirklich des Menschen würdig wäre, der nicht auch

die persönlichen und gesellschaftlichen, wirtschaftlichen und politischen Menschenrechte, die Rechte der Nationen und Völker eingeschlossen, achten und fördern würde.‹ In aller Deutlichkeit erklärt er: ›Die Kirche verteidigt zwar den berechtigten Anspruch auf Privateigentum, lehrt jedoch ebenso unmissverständlich, dass jedes Privateigentum immer mit einer »sozialen Hypothek« belastet ist, damit alle Güter der allgemeinen Bestimmung dienen, die Gott ihnen zugeteilt hat.‹ Und er bekräftigte: Es ist also ›nicht der Absicht Gottes entsprechend, diese Gabe in einer Weise zu verwalten, dass ihre Wohltaten nur einigen zugutekommen.‹ Das stellt die ungerechten Gewohnheiten eines Teils der Menschheit ernsthaft in Frage.« (*LS* 93)

Unterscheidendes Merkmal des Zugangs von Franziskus zum Thema Privateigentum ist die Art und Weise, wie er die Perspektive der Letzten und der Geringsten einnimmt und sich auf die Seite der Armen stellt (*ex parte pauperum*), nicht andersherum. Das lässt ihn gegen einen reduktionistischen Zugang zur Wirtschaft argumentieren, der auf der Vorstellung beruht, die soziale Verantwortung der Eigentümer von Unternehmen bestehe in der Profitmaximierung bis hin zur Legitimation eines instrumentellen Umgangs mit Umwelt und Menschen, auch um den Preis, sie den finanziellen Zielen der Kapitalvermehrung dienstbar zu machen.

Für Franziskus berücksichtigt diese »Verzerrung des Wirtschaftsbegriffs« (*LS* 195) die Interessen nur eines Teils der Anteilseigner und nicht »den realen Wert der Dinge, ihre Bedeutung für die Menschen und die Kulturen, die Interessen und Bedürfnisse der Armen« (*LS* 190). Allerdings bedeutet die Hervorhebung der sozialen Verantwortung der Unternehmen in einem Rahmen, der das Wohlergehen aller ernst nimmt, nicht, den Unternehmen das Recht abzusprechen, den involvierten Anteilseignern eine angemessene Rendite zu bezahlen. Schließlich gehen sie mit ihren Investitionen Risiken ein.[70]

Kapital können Unternehmen nicht nur schaffen, indem sie den Weg des Wettbewerbs einschlagen, der oft zur Missachtung der Rechte der Erde und der Armen führt, sondern auch durch die Entscheidung für Zusammenarbeit und Solidarität. In diesem Sinn erinnert *Laudato Si'* an die Lehre vom »sozialen Kapital« (*LS* 128), wie sie Benedikt XVI. in *Caritas in Veritate* ausführlich darlegt:

> »Die Soziallehre der Kirche ist der Ansicht, dass wahrhaft menschliche Beziehungen in Freundschaft und Gemeinschaft, Solidarität und Gegenseitigkeit auch innerhalb der Wirtschaftstätigkeit und nicht nur außerhalb oder ›nach‹ dieser gelebt werden können. Der Bereich der Wirtschaft ist weder moralisch neutral noch von seinem Wesen her unmenschlich und asozial. Er gehört zum Tun des Menschen und muss, gerade weil er menschlich ist, nach moralischen Gesichtspunkten strukturiert und institutionalisiert werden. Vor uns liegt eine große Herausforderung, die von den Problemen der Entwicklung in unserer Zeit der Globalisierung hervorgebracht und noch weiter erschwert wurde: Wir müssen in unserem Denken und Handeln nicht nur zeigen, dass die traditionellen sozialethischen Prinzipien wie die Transparenz, die Ehrlichkeit und die Verantwortung nicht vernachlässigt oder geschwächt werden dürfen, sondern auch, dass in den geschäftlichen Beziehungen das Prinzip der Unentgeltlichkeit und die Logik des Geschenks als Aus-

> druck der Brüderlichkeit im normalen wirtschaftlichen Leben Platz haben können und müssen.« (*CiV* 36)

Papst Franziskus kann also den Anspruch erheben, Solidarität sei sowohl ein moralischer wie wirtschaftlicher Imperativ.[71] Profit kann nur dann ethisch gerechtfertigt sein, wenn die Kosten, die aus dem Verbrauch von Umweltressourcen durch diejenigen, die von ihnen profitieren, entstehen, nicht andere Völker schädigen oder die Zukunft künftiger Generationen aufs Spiel setzen. (*LS* 195)

Das Prinzip der Solidarität führt dazu, dass Unternehmen ihre soziale Verantwortung in den Blick nehmen, indem sie die Auswirkungen ihrer Entscheidungen in anderen Variablen und nicht nur nach dem Parameter des Marktwerts beurteilen. Ebenso wird die Berücksichtigung der Subsidiarität die Achtung der Würde der Person und den klaren Entschluss beinhalten, die Förderung der persönlichen Initiative voranzubringen, damit jeder Mensch persönlich von Bedingungen profitieren kann, die zur Ausbildung seiner Fähigkeiten erforderlich sind. Subsidiarität erweist sich als »ein großherziges und von Zärtlichkeit erfülltes Umweltengagement« (*LS* 220) und zielt darauf, persönliche Qualitäten und die Bereitschaft zu stärken, »uns gegenseitig zu kontrollieren und zu erziehen«. (*LS* 214)

Drittes Kriterium: Der Realismus der wirksamen Nächstenliebe

Johannes Paul II. erinnert daran, dass die Soziallehre der Kirche kein Mittelweg zwischen liberalistischem Kapitalismus und marxistischem Kollektivismus ist, sondern durch ihre Verankerung im Wort Gottes und ihren beständigen Bezug darauf eine davon grundsätzlich verschiedene Option darstellt. Das hat damit zu tun, dass die katholische Soziallehre das Evangelium auf das menschliche Leben des Einzelnen und in der Gesellschaft anwendet (*SrS* 41).

Benedikt XVI. vervollständigt die Bedeutung dieser Aussagen, indem er die Beziehung zwischen Evangelium und Handeln vertieft: Soziallehre meint für ihn Verkündigung der Liebe Christi in der Gesellschaft, Nächstenliebe in Wahrheit in gesellschaftlichen Angelegenheiten, *caritas in veritate in re sociali* (*CiV* 5) in dem Sinn, dass Christen ihre Identität ausdrücken, indem sie »Subjekt der Nächstenliebe« sind. Benedikt lehrt, dass Getaufte ihr Leben auf das Zeugnis ausrichten können, indem sie sich auf die Liebe Gottes ausrichten und nach seiner Liebe als der wahren Substanz jeder anderen Beziehung hungern – sowohl einzeln wie gesellschaftlich. Durch Werke der Nächstenliebe machen Getaufte die Wahrheit dessen sichtbar, was sie dank der Gabe Christi geworden sind.

Die Ausrichtung der Soziallehre der Kirche, so wie sie im Lehramt von Johannes Paul II. und Benedikt XVI. umrissen wird, zielt auf eine substanzielle, beständige und dringliche Integration der Nächstenliebe in die Dynamik der Gerechtigkeit, sowohl als Frucht einer reiferen Reflexion und Bewusstheit von Gottes Aufruf zur Liebe als auch als Heilmittel für die vielen ungerechten Handlungen, die das Antlitz der Schöpfung und der Menschheit entstellen.[72]

Das Lehramt von Franziskus entfaltet alle Implikationen der Schwerpunktsetzungen seiner Vorgänger, um die Verbindung zwischen gesellschaftlichem Einsatz und Nächstenliebe im Sinn des Evangeliums zu unterstreichen. Franziskus erkennt besonders den Aufruf Benedikts XVI. zur Konkretheit der Nächstenliebe als einen Weg an, die Verkündigung des Evangeliums glaubwürdig zu machen.

Tatsächlich betont Papst Benedikt XVI. in *Deus Caritas est*, dass Glaube keine abstrakte Vorstellung ist, sondern eine Erfahrung, die alle Dimensionen des Menschen umfasst und »unseren Verstand, Willen und Gefühle in dem allumfassenden Akt der Liebe vereinigt« (*DCE* 17).

Für Franziskus gehört zu einem Leben im Dienst an der Nächstenliebe die Konkretheit von Liebe, bedeutet sie doch die persönliche Begegnung mit den Armen, den Kontakt mit ihrem »Fleisch«, einem »Leib« Liebe zu schenken, die Begegnung mit den »Leibern« der schwächeren Geschwister. Gemäß der beunruhigenden Logik der Inkarnation des Wortes ist die Kirche dazu berufen, eine präferenzielle Option für die Armen zu praktizieren (*EG* 48) und diesen Vorrang als die grundlegende Verpflichtung zur dienenden Nächstenliebe zu betrachten.[73] Der Papst betont, es handle sich dabei nicht einfach nur um eine soziologische Präferenz, sondern vor allem um eine theologische, weil sie die Verbindung mit dem erlösenden Handeln Gottes in der Heilsgeschichte herstelle: »Ohne die Sonderoption für die Armen ›läuft die Verkündigung, die auch die erste Liebestat ist, Gefahr, nicht verstanden zu werden oder in jenem Meer von Worten zu ertrinken, dem die heutige Kommunikationsgesellschaft uns täglich aussetzt‹« (*EG* 199).

Die kenotische oder sich selbst entleerende Ausrichtung, die Gott der Liebe aufgeprägt hat, ist ein Faktum; sie ist sogar *das* Faktum, die wahre Offenbarung des göttlichen Angesichts. Das verbindet den Glauben an Gott untrennbar mit der bereitwilligen Entscheidung, jede Form menschlicher Schwäche, jede persönliche wie kollektive Erfahrung und Ausdrucksform von Armut anzunehmen. Wenn wir von Nächstenliebe sprechen, dürfen wir nicht ein allgemeines Bild von Armen oder eine abstrakte Idee von Armut vor Augen haben, sondern müssen uns vielmehr auf jemanden »aus Fleisch und Knochen« beziehen.

Dieser Dienst der »inkarnierten Nächstenliebe« führt zum *Realismus des Glaubens* und erweist die sozialen Dimensionen des Evangeliums. Zusammen mit physischer Präsenz, mit Schmerzen, mit Nöten, aber auch mit Freude, verankern die Herausforderungen für unseren Glauben ihn in der Wirklichkeit und führen ihn zur Ehrfurcht und zum Staunen.

Viertes Kriterium: Die vorrangige Option für die Armen

Für Franziskus ist die vorrangige Option für die Armen kein Ausdruck von naivem »Gutes tun«. Sie meint die Fortsetzung des Prozesses der kirchlichen Veränderung, den das Zweite Vatikanum gewünscht und angestoßen hatte. Die Konzilsväter sahen in den Letzten und Schwächsten der Gegenwart wirklich ein »Zeichen der Zeit«. Es war ihre Überzeugung, die Kirche sei dazu aufgerufen, von einer beistehenden und wohlfahrtsmäßigen Praxis der Nächstenliebe – bei der die Armen zum bloßen »Objekt« der Zuwendung werden – zu einer gegenseitigen Anerkennung als »Subjekte« und als »Glieder« des Volkes Gottes überzugehen.

Die Worte von Franziskus führen uns schlicht und einfach zum Bewusstwerden des Zweiten Vatikanums zurück, es sei notwendig, die Armen als Anruf des Heiligen Geistes zur Veränderung der Binnenstrukturen der Kirche wie ihrer Beziehung zum Evangelium zu privilegieren. Einige Texte seien als Belege für diese Kontinuität angeführt:

> »Christus wurde vom Vater gesandt, ›den Armen frohe Botschaft zu bringen, zu heilen, die bedrückten Herzens sind‹ (Lk 4,18), ›zu suchen und zu retten, was verloren war‹ (Lk 19,10). In ähnlicher Weise umgibt die Kirche alle mit ihrer Liebe, die von menschlicher Schwachheit angefochten sind, ja in den Armen und Leidenden erkennt sie das Bild dessen, der sie gegründet hat und selbst ein Armer und Leidender war. Sie müht sich, deren Not zu erleichtern, und sucht Christus in ihnen zu dienen.« (*LG* 8)

Wirklich wichtig sind auch die Worte, mit denen uns der Prolog von *Gaudium et Spes* entschieden in diese Richtung weist, indem er »besonders« auf die Armen als die entscheidende Bezugsgröße für ihren Wunsch verweist, sich in der Welt der Gegenwart zu engagieren:

> »Freude und Hoffnung, Trauer und Angst der Menschen von heute, besonders der Armen und Bedrängten, sind auch Freude und Hoffnung, Trauer und Angst der Jünger Christi. Und es gibt nichts wahrhaft Menschliches, das nicht in ihren Herzen seinen Widerhall fände.« (*GS* 1)

Im gleichen Geist bekräftigt das Apostolische Schreiben *Evangelii Nuntiandi* Pauls VI., dass die Sendung der Kirche vorrangig in der Verkündigung der Frohen Botschaft an die Armen besteht:

> »Von Stadt zu Stadt, vor allem den ärmsten, zur Aufnahme oft bereitesten Menschen die Frohbotschaft von der Erfüllung der Verheißungen und des Bundes zu bringen, der von Gott angeboten wird, das ist die Aufgabe, für die

> Jesus nach seinen eigenen Worten vom Vater gesandt worden ist.« (*EN* 6)

Indem Franziskus den Armen einen vorrangigen Platz unter den Gliedern des Volkes Gottes gibt (*EG* 187–196), erkennt er sie nicht nur als bevorzugte Adressaten der Evangelisierung an, sondern auch als Akteure der Evangelisierung. Alle Getauften werden tatsächlich dazu ermutigt, die Begegnung mit den Armen als bevorzugte Gelegenheit dafür zu betrachten, selber von Christus evangelisiert zu werden, indem sie die Gegenwart Christi in ihnen wahrnehmen (*EG* 121; 178) und die Gelegenheit nutzen, sowohl in menschlicher Hinsicht wie als Gläubige einen fruchtbaren Austausch zu beginnen.

In *Lumen Gentium* gab das Konzil dem Grundsatz der *Katholizität* in zweifacher Hinsicht Ausdruck. Zum einen handelt es sich um das theologische Prinzip, wonach Gott die Menschheit beruft. Zum anderen geht es um ein anthropologisches Prinzip, demzufolge jedermann dazu »aufgerufen ist, Teil des Volkes Gottes zu sein« (*LG* 13). Franziskus übersetzt diese Lehre des Zweiten Vatikanums durch das doppelte Prisma von Recht und Pflicht in ethische Kategorien. Alle Menschen haben das Recht, das Evangelium zu empfangen. Alle Christen haben die Pflicht, es zu verkünden, ohne irgendjemanden auszuschließen (*EG* 14). Das Insistieren von Franziskus auf der Notwendigkeit, zu dem sich selbst entleerenden *kerygma* zurückzufinden – der Kernbotschaft des Evangeliums –, scheint die Unterscheidung zwischen der lehrenden Hierarchie und den hörenden Laien zu überwinden, da jeder an der Sendung der Kirche beteiligt ist, das Evangelium zu verkünden; auch die zwischen Evangelisierenden und Evangelisierten, da sich auch unter den Getauften viele finden, zu denen das Evangelium nicht gelangt ist. Franziskus kommt zu dem Schluss, dass »wir uns alle gefallen lassen, dass die anderen uns ständig evangelisieren« (*EG* 121; 174).

Die vier von Franziskus eingebrachten Kriterien der Unterscheidung (*EG* 222–237) markieren das Ideal der Katholizität als eine spannungsreiche Wirklichkeit, in der einander widerstrebende Pole die dynamische Aufforderung an die Kirche unterstreichen, jeden in ihre Sendung der Wahrheitssuche einzubeziehen: Raum–Zeit, Einheit–Konflikt, Realität–Idee, Ganzes–Teile. Deshalb darf Evangelisierung nicht als etwas verstanden werden, das vorrangig am Individuum hängt, sondern als Aufgabe der Kirche als ganzer. Subjekt der Evangelisierung ist das gesamte Volk Gottes, und deshalb muss jede pastorale Initiative »in einen breiten Prozess des Wachstums eingebunden sein und verlangt die Integration aller Dimensionen der Person auf einem gemeinsamen Weg des Hörens und des Antwortens« (*EG* 166). Auch die Armen evangelisieren, weil sie als Glieder des Volkes Gottes viel zu geben und zu vermitteln haben und deshalb nie aus den Augen geraten dürfen (*EG* 48).

Unter Aufnahme der Lehre des Heiligen Johannes Pauls II. wird Armut nicht nur materiell als Bedürftigkeit beschrieben, sondern erstreckt sich auf jede Art der Verarmung eines Menschen, auf jede Begrenzung oder jedes Unrecht im Blick auf die Würde und die grundlegenden Menschenrechte (*SrS* 15).

Seit seiner Wahl zum Bischof von Rom hat Franziskus die Gläubigen dazu gedrängt, an der Peripherie zu beginnen – nicht nur der geographischen, sondern auch der existenziellen – und damit der Aufforderung des Herrn Folge zu leisten, der von innen heraus an die Türen unserer Herzen klopft und uns bittet, hinauszugehen und Menschen zu begegnen.

In diesem Licht wird klar, warum es notwendig ist, »alles unter einen missionarischen Gesichtspunkt zu stellen« (*EG* 34). Die

Aufmerksamkeit für die soziale Gerechtigkeit und für die persönlichen Geschichten derer, die unter verzweifelten Bedingungen leben – Erfahrungen von Schmerz, Armut und Elend –, übersetzt Franziskus in die aktive Aufgabe einer Dezentralisierung der Kirche und der Hinwendung zu einer neuen, vorausschauenden Vision der Pastoral (*EG* 30). Die Entwicklung eines vielgesichtigen oder polyedrischen Modells kirchlicher und gesellschaftlicher Einheit (*EG* 234–237) ist so Ausdruck einer erneuerten ökumenischen und interreligiösen Sensibilität und ermöglicht uns ein anderes Vorgehen in Bezug auf Wirtschaft und Umwelt.

Die wirkliche Herausforderung für die Kirche der Gegenwart besteht in der Antwort auf den »Durst nach Gott« (*EG* 89; 165) heutiger Menschen. Es geht nicht mehr um Atheismus, wie in *Gaudium et Spes,* wo dieser als »keine ursprüngliche und eigenständige Erscheinung« bezeichnet wird (*GS* 16), vielmehr geht es um das, was dem Menschen eigentümlich (*proprium)* und wesentlich ist. Die Frage ist nicht mehr, wie man gegenüber dem Nichtglaubenden von Gott sprechen kann, sondern wie sich Gott angesichts des Unmenschlichen in der Welt überhaupt noch vermitteln lässt. Hier verschiebt sich der Schwerpunkt der Aufmerksamkeit von der westlichen Kultur zu den Peripherien der Welt, wo das Problem für Millionen von Menschen darin besteht, dass sie ein unmenschliches Leben führen. Wie lässt sich ihnen verkünden, dass Gott Vater ist?

Die Anthropologie von Franziskus ist ganz und gar eine christliche Anthropologie. Sie folgt der von Paul VI. gewiesenen Richtung im Blick auf eine wirkliche Entwicklung für »jeden Menschen und für alle Menschen« (*PP* 14; *EG* 181). Dadurch wird das Bild des Menschen als eines aufstrebenden Subjekts wiederbelebt, als einer Kreatur, die dazu berufen ist, Person zu werden und ihre eigene Identität zu erlangen. Die von religiöser Indifferenz durchtränkte westliche Kultur macht es nicht leicht, dieses Ziel zu erreichen, und muss ihr Augenmerk auf die Heranbildung persönlicher Identität richten, ohne die es nicht möglich ist, die Erfahrung als Christ zu machen. Deshalb ermahnt der Papst die Hirten wie die Laienchristen, »die möglichen Wachstumsstufen der Menschen, die Tag für Tag aufgebaut werden, mit Barmherzigkeit und Geduld zu begleiten« (*EG* 44).

Fünftes Kriterium: Sorge für die Schöpfung

Wenn Franziskus »jeden Christen« (*EG* 3) und »jeden Menschen« (*LS* 3) an seine Verantwortung erinnert,[74] besonders daran, »Sorge für die Verwundbaren« (*EG* 209–216) zu tragen, richtet er seine Aufmerksamkeit nicht nur auf die *Armen*, sondern auch auf die *Erde*.

In dieser Perspektive bringt uns die Sorge um den »Schrei der Armen« dazu, auf den Schrei unserer Schwester, der Erde, zu hören, die »aufschreit wegen des Schadens, den wir ihr aufgrund des unverantwortlichen Schadens und des Missbrauchs der Güter zufügen, die Gott in sie hineingelegt hat« (*LS* 2). Franziskus insistiert auf der intimen Beziehung zwischen der Sorge für die Umwelt und der für die Armen:

> »Wir kommen jedoch heute nicht umhin, anzuerkennen, dass ein wirklicher ökologischer Ansatz sich immer in einen sozialen Ansatz verwandelt, der die Gerechtigkeit in die Umweltdiskussionen aufnehmen muss, um die Klage der Armen ebenso zu hören wie die Klage der Erde.« (*LS* 49)

Franziskus insistiert auf diesem Punkt mit noch größerer Deutlichkeit in dem postsynodalen Apostolischen Schreiben *Querida Amzonia:*

> »Wenn uns Gott dazu aufruft, gleichermaßen auf den Schrei der Armen und auf den der Erde zu hören, dann ist für uns der Schrei der Amazonasregion zum Schöpfer mit dem Schrei des Volkes Gottes in Ägypten zu vergleichen (vgl. Ex 3,7). Es ist ein Schrei aus der Sklaverei und der Verlassenheit, der nach Freiheit ruft.« (*QA* 52)

Die Verbindung zwischen den Armen und der Umwelt ermöglicht die Fokussierung darauf, wie die Zukunft der ganzen Menschheit aufs engste mit der der Umwelt verbunden ist, sodass die Interessen der Schwächeren sehr häufig mit der Bewahrung der Schöpfung in eins fallen. Das verlangt zuerst und vor allem Aufmerksamkeit für die ungehörte Stimme der Ausgeschlossenen, all derer, die ungehört bleiben, obwohl sie in internationalen politischen und wirtschaftlichen Debatten vorkommen. Ihre Probleme »werden gleichsam als ein Anhängsel angegangen, wie eine Frage, die man fast pflichtgemäß oder ganz am Rande anfügt, wenn man sie nicht als bloßen Kollateralschaden betrachtet« (*LS* 49).

Indem er den Schwerpunkt auf jene Teile der Bevölkerung legt, die dem Klimawandel am meisten ausgesetzt sind, wendet sich Franziskus gegen eine anthropozentrische Interpretation – viele meinen, sie stamme aus dem Christentum[75] –, die oft zur Legitimierung der unverantwortlichen Ausbeutung der Umweltressourcen führte und verschiedene Formen der Missachtung gegenüber den anderen Lebewesen hervorbrachte, die die Erde bevölkern. Das Problem verschiebt sich dann wieder zum Verständnis des Menschen und zu der Art und Weise, wie wir unseren zentralen Platz in der Schöpfung wahrnehmen.[76]

Evangelii Gaudium stellt ebenfalls vier Prinzipien heraus, die einen Ausgangspunkt bilden, von dem aus sich die Frage nach dem Gemeinwohl und dem sozialen Frieden angehen lässt. Wir führen sie hier kurz an:

- Die Zeit ist mehr wert als der Raum;
- Die Einheit wiegt mehr als der Konflikt;
- Die Wirklichkeit ist wichtiger als die Idee;
- Das Ganze ist dem Teil übergeordnet. (*EG 222–237*)

Das dritte Prinzip gewinnt besondere Bedeutung, indem Franziskus verdeutlicht, dass der »Mythos des Fortschritts« (*LS* 60; 78) das omnipräsente technokratische Paradigma antreibt. Die dem technisch-wissenschaftlichen Fortschritt zugrunde liegende Ideologie wird von einer anthropozentrischen Perspektive unterstützt, die der Papst im Licht der jüngsten historischen Entwicklungen und der Erklärungen des Zweiten Vatikanums zu kontextualisieren und neu zu definieren sucht.

Während es in *Gaudium et Spes* heißt, »dass alles auf Erden auf den Menschen als seinen Mittel- und Höhepunkt zuzuordnen ist« (*GS* 12), verurteilt Franziskus die Auswüchse, die sich aus einem »verirrten« oder »despotischen Anthropozentrismus« (*LS* 69; 118–119; 122) ergeben, und hält stattdessen fest, »dass die Erde im Wesentlichen ein gemeinsames Erbe ist, dessen Früchte allen zugutekommen müssen« (*LS* 93),

Die Erde ist ein Gut, das die menschlichen Wesen mit allem Lebendigen teilen müssen. Indem wir sie nutzen, müssen wir nicht nur unseren eigenen Vorteil, sondern das Wohl aller im Auge haben.[77] Benedikt XVI. bewegte sich in seiner Enzyklika *Caritas in Veritate* auf derselben Wellenlänge, indem er die Wechselbeziehung zwischen dem gesellschaftlichen Leben und der Umwelt hervorhob:

> »Die Verhaltensmuster, nach denen der Mensch die Umwelt behandelt, beeinflussen die Verhaltensmuster, nach denen er sich selbst behandelt, und umgekehrt. Das fordert die heutige Gesellschaf dazu heraus, ernsthaft ihren Lebensstil zu überprüfen, der in vielen Teilen der Welt zum Hedonismus und Konsumismus neigt und gegenüber den daraus entstehenden Schäden gleichgültig bleibt. Notwendig ist ein tatsächlicher Gesinnungswandel, der uns dazu anhält, neue Lebensweisen anzunehmen, ›in denen die Suche nach dem Wahren, Schönen und Guten und die Gemeinschaft mit den anderen Menschen für ein gemeinsames Wachstum die Elemente sein sollen, die die Entscheidungen für Konsum, Sparen und Investitionen bestimmen‹. Jede Verletzung der bürgerlichen Solidarität und Freundschaft ruft Umweltschäden hervor, so wie die Umweltschäden ihrerseits Unzufriedenheit in den sozialen Beziehungen auslösen. Die Natur ist besonders in unserer Zeit so sehr in die Dynamik der sozialen und kulturellen Abläufe integriert, dass sie fast keine unabhängige Variable mehr darstellt.« (*CiV* 51)

In der Realität gegen jeden Idealismus und jede Mystifikation verwurzelt zu sein, dient der Vermeidung der Extreme, sowohl des Anthropozentrismus wie des Biozentrismus (*LS* 118), und zielt auf das, was Paul VI. einen »vollständig verkörperten Humanismus« (*PP* 42) nannte. So wird die legitime Autonomie der irdischen Wirklichkeiten (*GS* 36) bekräftigt und gleichzeitig im Rahmen einer reiferen und ausgewogeneren Theologie der Schöpfung eingeordnet (*LS* 80; 99).

Der sozio-ökologische Bereich möchte die Übel eines ökonomisch-finanziellen Systems überwinden, das globale Ungleichheiten hervorbringt. Es braucht dagegen die Schaffung einer auf der integralen Ökologie aufbauenden nachhaltigen Zukunft. Wir können realistischerweise behaupten, Friede sei möglich, wenn wir die planetarische Dimension unserer Existenz wiederentdecken.[78]

Franziskus nennt das Bemühen des Menschen um die Umwelt eine Form des Dienens. Er knüpft damit an das Lehramt Pauls VI. an, der dafür Anerkennung verdient, dass er die Beziehung zwischen Mensch und Schöpfung aus einer anderen Perspektive betrachtet hat. Er interpretierte die von menschlichen Wesen ausgeübte »Herrschaft oder Souveränität« als Ausdruck von Dienst und Sorge. Diese Umorientierung wurde durch eine Deutung der Schrift in einem neuen Licht möglich, wobei das göttliche Gebot *subicite eam* in Genesis 1,28 (oft übersetzt als »unterwerft die Erde«) nicht als göttliche Erlaubnis zur Unterdrückung oder Ausbeutung der Schöpfung, sondern als Aufruf zum Schutz und zur Aufsicht über das von Gott Geschaffene verstanden wird.[79]

Allerdings begann erst mit Johannes Paul II. eine wirkliche Einbeziehung ökologischer Fragestellungen im theologischen Nachdenken der Kirche. Im Lauf der 1980er- und 1990er-Jahre erhielt die kirchliche Position im Blick auf die Umwelt durch den Austausch mit Wissenschaftlern und durch den ökumenischen Dialog eine neue Gestalt. Die grundlegende Verbindung zwischen Gott und Natur wurde mehr und mehr sichtbar, wobei man gleichzeitig jede Art des Pantheismus vermied.

Der Text von *Centesimus Annus* kann als Höhepunkt eines Austausches mit den lutherischen Kirchen und mit der orthodoxen Kirche während der Treffen des Ökumenischen Rates der Kirchen zwischen 1990 und 1995 gelesen werden:

> »Der Mensch, der seine Fähigkeit entdeckt, mit seiner Arbeit die Welt umzugestalten und in einem gewissen Sinne neu zu schaffen, vergisst, dass sich das immer nur auf der Grundlage der ersten Ur-Schenkung der Dinge vonseiten Gottes ereignet. Der Mensch meint, willkürlich über die Erde verfügen zu können, indem er sie ohne Vorbehalte seinem Willen unterwirft, als hätte sie nicht eine eigene Gestalt und eine ihr vorher von Gott verliehene Bestimmung, die der Mensch entfalten kann, aber nicht verraten darf. Statt seine Aufgabe als Mitarbeiter Gottes am Schöpfungswerk zu verwirklichen, setzt sich der Mensch an die Stelle Gottes und ruft dadurch schließlich die Auflehnung der Natur hervor, die von ihm mehr tyrannisiert als verwaltet wird.« (*CA* 37)

Für den Zugang Johannes Pauls II. zu ökologischen Fragen ist kennzeichnend, dass er sie durch die Brille der Verteidigung der Menschenreche betrachtet. Er entwickelt eine »Ökologie des Menschen«, in der die angemessene Beziehung der Menschheit zur Umwelt eine Konsequenz der Ehrfurcht vor »der natürlichen und moralischen Struktur« ist, »mit der er ausgestattet wurde« (*CA* 38). Es ist Sünde, die Natur zu schädigen, weil wir uns dadurch von Gott wegbewegen und gegen unser Gewissen verstoßen. So bezieht Johannes Paul II. ökologische Themen wieder auf die menschliche Person, aber aus einer ausdrücklich ethischen Perspektive.

Von der Erhebung des Heiligen Franz von Assisi zum Patron der Umweltschützer im Jahr 1979 zur *Gemeinsamen Erklärung* mit dem Ökumenischen Patriarchen Bartholomäus I. im Jahr 2002 vollzog das Lehramt Johannes Pauls II. eine wirkliche ökologische Umkehr. In *Ecclesia in Europa* entwarf er einen Weg für die Kirche in künftigen Generationen:

> »Und schließlich sollte nicht übersehen werden, dass von den Gütern der Erde nicht selten auf ungebührliche Weise Gebrauch gemacht wird. Da der Mensch nämlich den Auftrag, die Erde mit Weisheit und Liebe zu bebauen und zu hüten (vgl. Gen 2,15), nicht erfüllte, hat er in vielen Regionen Wälder und Landflächen zerstört, die Gewässer verseucht, die Luft zum Atmen unerträglich gemacht, die hydro-geologischen und atmosphärischen Systeme durcheinandergebracht und riesige Landstriche der fortschreitenden Wüstenbildung ausgesetzt. Auch in diesem Fall heißt Dienst am Evangelium der Hoffnung, sich auf neue Weise für einen richtigen Gebrauch der Güter der Erde einzusetzen, indem man zu jener aufmerksamen Sorgfalt anregt, die nicht nur die natürlichen Lebensräume schützt, sondern vor allem die Lebensqualität der Menschen dadurch verteidigt, dass sie den künftigen Generationen eine Umwelt vorbereitet, die mit dem Plan des Schöpfers besser übereinstimmt.« (*EiE* 89)

In *Caritas in Veritate* hält Benedikt XVI. fest, dass die angemessene Beziehung zwischen Menschheit und Umwelt moralischen Maßstäben genügen muss, und bewegt sich damit in den Spuren seines Vorgängers. »Menschliche Wesen deuten und formen die natürliche Umwelt durch Kultur, der umgekehrt durch den verantwortungsbewussten Umgang mit der Freiheit die Richtung gewiesen wird, in Übereinstimmung mit dem Sittengesetz« (*CiV* 48). Der Schutz der Natur folgt direkt aus der konsistenten Anwendung der sittlichen Gesetze, zu der Christen aufgerufen sind.

Zwischen der »Ökologie des Menschen« Johannes Pauls II. und der »umfassenden Ökologie« von Papst Franziskus liegt allerdings ein weiterer Wendepunkt – ein weiterer Schritt auf dem Weg der Umkehr. *Laudato Si'* betont: »Allerdings ist es zur Lösung einer so komplexen Situation wie der, mit der sich die Welt von heute auseinandersetzen muss, nicht genug, dass jeder Einzelne sich bessert« (*LS* 219). Vielmehr sei es notwendig, soziale Probleme durch den Aufbau eines Netzwerks anzugehen, das eine »gemeinschaftliche Umkehr« beinhalte (*LS* 219).

Anders als Johannes Paul II., der an die Notwendigkeit eines an individuelle Entscheidungen geknüpften Pfads der Bewusstwerdung erinnerte, fordert Franziskus einen Wandel, der Kirche und Gesellschaft als ganze betreffe, mit Entscheidungen, die den Lebensstilen der Völker eine neue Richtung weisen.[80]

Franziskus ruft zu einem unumgänglichen Methodenwechsel auf. Ausgangspunkt zum Überdenken der Beziehung zur Umwelt ist nicht der Einzelne, mit angemessenem moralischen Engagement und mit entsprechender Konsistenz, sondern sind vielmehr die sechs oder sieben Milliarden Menschen, die keine Stimme haben.

Das Sittengesetz bleibt dabei nicht im Hintergrund, kommt aber aus einem andersgearteten Blickwinkel ins Spiel, der seine Reduktion auf die individuelle Entscheidung vermeidet. Um der ökologischen Krise zu begegnen, reicht wissenschaftliche Kompetenz nicht aus, genauso wenig wie eine naive persönliche Bereitschaft, Gutes zu tun. Vielmehr braucht es eine gemeinsame Grundlage, die Franziskus als »humanistische, sinnerfüllte Auffassung« bezeichnet, »die jeder Gesellschaft eine edle und großherzige Orientierung« verleiht (*LS* 181; 5).

Teil II

Geschwistersein und soziale Freundschaft: Ein »Zeichen der Zeit«

4. Über die Probleme nachdenken, die Ursachen analysieren

(Fratelli Tutti, Kapitel 1)

Die in der Enzyklika *Fratelli Tutti* enthaltenen Vorstöße lassen sich im Licht dessen bewerten, was Papst Franziskus im Vorwort zu diesem Buch erwähnt, sowie auch seiner festen Entscheidung, der Lehre des Zweiten Vatikanischen Konzils zu folgen und sie umzusetzen: Unser Geschwistersein und die soziale Freundschaft machen ein entscheidendes »Zeichen der Zeit« für die Welt von heute aus. (*GS* 4)

Wir haben auch daran erinnert, dass *Gaudium et Spes* den Gebrauch des Unterscheidens gemäß dem Evangelium wie auch den Glaubenssinn der Gläubigen (*sensus fidei fidelium)* in drei Schritten entfaltet: Die Zeichen der Zeit *wahrnehmen;* sie im Licht des Evangeliums *deuten* und auf Fragen nach dem Sinn *Antwort geben* (*GS* 4). Die Pastoralkonstitution des Zweiten Vatikanums lässt sich nicht mehr von der Moderne schrecken und vertritt eine Lesart der gegenwärtigen Wirklichkeit, die die Fähigkeit der Menschheit anerkennt, die Welt durch ihre eigene Aktivität zu gestalten. Diese Überzeugung gründet auf der Anerkennung der Würde des Menschen, nicht als Individuum betrachtet, sondern als Mittelpunkt und Ursprung der Gesellschaft. Diese Reihung – Person, Gesellschaft, menschliche Aktivität – verstärkt die Autonomie der irdischen Wirklichkeiten und stellt das Handeln des Volks in den Mittelpunkt. Die positiven Elemente, die der Unterschiedlichkeit und dem Reichtum der Kulturen, der Forschung und den Fortschritten der wissenschaftlichen Disziplinen sowie den Bemühungen und dem Fleiß menschlicher Erfindungsgabe entspringen, tragen alle dazu bei, den erlösenden Willen Gottes für die Menschheit sichtbar zu machen. Das alles führt zum folgenden Schluss: »Da die Kirche eine sichtbare gesellschaftliche Struktur hat, das Zeichen ihrer Einheit in Christus, sind für sie auch Möglichkeiten und Tatsache einer Bereicherung durch die Entwicklung des gesellschaftlichen Lebens gegeben« (*GS* 44).

In *Fratelli Tutti* lassen sich die von *Gaudium et Spes* gezogenen Linien wiedererkennen, vor allem die Bereitschaft, »die verschiedenen Sprachen unserer Zeit zu hören, sie zu unterscheiden und zu deuten«, aber auch, die menschliche Gesellschaft als den »Ort« anzuerkennen, an dem sie »in ihrer von Christus gegebenen Verfassung« tiefer erkannt, »besser zur Erscheinung gebracht und zeitgemäßer gestaltet werden kann« (*GS* 44).

Im zweiten Teil dieses Buchs versuchen wir zu beleuchten, wie *Fratelli Tutti* die in *Gaudium et Spes* vorgeschlagene induktive Methode aufgenommen hat. Die Struktur von *Fratelli Tutti* und die Art, wie der Text seine Themen behandelt, spiegelt demgemäß die Absicht wider, »wahrzunehmen, zu deuten und eine Antwort zu geben« (vgl. *GS* 4). Der einleitende Teil der Enzyklika (Kapitel 1) bietet eine sorgfältige Analyse der Probleme, die gegenwärtige Ereignisse der Menschheit uns als Herausforderung und als Hindernis für unser Geschwistersein und den Genuss sozialer Freundschaft aufgeben. Die Enzyklika befragt unsere Gegenwart im Licht des Wortes Gottes (Kapitel 2) und unterscheidet das Gute, das diese Gegenwart als Verheißung des Wandels und als Offenheit für den Dynamismus der Gnade bereithält (Kapitel 3–4). Dann werden der Weg und die Mittel identifiziert, mit Hilfe derer wir zum Aufbau einer besseren und offenen Welt beitragen können (Kapitel 5–7). Abschließend konvergieren, wie um das Ganze zusammenzufassen, die schon behandelten Themen in dem Appell des Papstes an die Christen und die anderen Religionen, für Frieden und Einheit der Menschheitsfamilie verantwortlich zusammenzuarbeiten (Kapitel 8).

Geschwisterlichkeit als »Zeichen der Zeit«

Nach der Lehre des Konzils bilden die »Zeichen der Zeit« eine Herausforderung und eine Inspiration für »ein tieferes und besseres Verständnis des Glaubens« (*GS* 62). Diese Überzeugung gewinnt Wert und Bedeutung, wenn sie im Licht dessen gelesen wird, was *Dei Verbum* zum Thema »heilige Überlieferung« darlegt. Die Tradition der Kirche wird nicht mehr als Ansammlung rätselhafter Lehrsätze verstanden, die von den Aposteln mündlich übermittelt und ein für alle Mal in einem streng festgelegten Bestand kodifiziert wurde. Stattdessen wird sie als dynamische Wirklichkeit betrachtet, als Subjekt in beständiger Entwicklung. Sie ist aus dem Osterzeugnis entstanden und hat ihre Grundlage im »Depositum« des Glaubens der Apostel an den auferstandenen Herrn. Sie wurde in der Geschichte der Kirche oft zusammengefasst, auch – aber nicht nur – in einem »Lehrkorpus«.

Es ist das große Verdienst des Zweiten Vatikanums, ein breiter angelegtes Verständnis von Tradition wiederentdeckt zu haben, nicht mehr nur darauf beschränkt, was »in den ungeschriebenen Traditionen, die die Apostel aus dem Mund Christi selbst empfangen haben«[81], enthalten ist und wörtlich von ihnen weitergegeben wurde, sondern eben auch ununterbrochen von der Kirche im Bezug zum Glauben verstanden wurde.

Der Zugang, für den sich das Konzil bei seinem Nachdenken über die Frage der Tradition entscheidet – sie bildet zusammen mit der Heiligen Schrift den »einen der Kirche überlassenen heiligen Schatz des Wortes Gottes« (*DV* 10) –, betont, wie sie in Ergänzung zur Lehre auf Leben und Liturgie der Kirche zurückgeführt werden muss, da sie in einem Prozess der umfassenden Weitergabe alles dessen, »was sie selber ist«, und alles dessen, »was sie glaubt«, (*DV* 8) besteht.

Das Zweite Vatikanum bekräftigt in Kontinuität zu *Dei Filius*, dass sich die göttliche Offenbarung wirklich in der Geschichte entfaltet, und hebt die wesentlich geschichtliche Prägung der »realen« Tradition der Kirche hervor.[82] Es kommt dabei auf die Betonung der *dynamischen* Eigenschaft der Weitergabe des Evangeliums an, die uns ein Fortschreiten im Verständnis der Tradition erlaubt (*DV* 8).

Tradition als die Weitergabe der lebendigen Substanz des Evangeliums geschieht nicht nur durch theologische Deduktionen, sondern vielmehr durch die Beteiligung aller Glieder des Volkes Gottes und durch ihre Glaubenserfahrung: »durch innere Einsicht, die aus geistlicher Erfahrung stammt, durch die Verkündigung derer, die mit der Nachfolge im Bischofsamt das sichere Charisma der Wahrheit empfangen haben« (*DV* 8).[83]

Um die Tradition als eine Entfaltung verstehen zu können, die notwendigerweise ein geschichtliches Verstehen des Glaubens der Kirche bedeutet, ist es entscheidend, den Beitrag des *sensus fidei fidelium* (*LG* 12) und die unter Inspiration des Heiligen Geistes bewirkte Wechselbeziehung zwischen Tradition und *sensus fidei* einzubeziehen. Tatsächlich geschieht es »unter dem Beistand des Heiligen Geistes« (*DV* 8) und »in der Kraft des Heiligen Geistes« (*GS* 43), dass die Kirche dem österlichen Zeugnis der Apostel treu bleibt, indem sie dessen ursprüngliche Wirkungskraft bewahrt und sich gleichzeitig für die Wechselfälle der Gegenwart öffnet und ihre eigenen Schritte auf neue Wege zur Verkündigung des Evangeliums lenkt.[84]

Um den unschätzbaren Beitrag dessen, was Papst Franziskus in *Fratelli Tutti* entfaltet, würdigen zu können, muss man sich der Lehre und der Klarstellungen des Konzils in Bezug auf die Tradition der Kirche bewusst sein.

Tatsächlich stellt der Papst von den Anfangszeilen der Enzyklika an unmissverständlich klar: Der Blick auf das Geschwistersein von uns allen als *dynamische* und *offene* Wirklichkeit konstituiert einen Weg für die Kirche von heute, das Evangelium zu verkünden und weiterzugeben. Die Weitergabe des Glaubens an den gekreuzigten und auferstandenen Christus an künftige Generationen, an die Menschen unserer Zeit, überzeugt nicht mehr als bloß »informative« Anstrengung, die auf die Vermittlung von Glaubenswahrheiten über das Geheimnis des lebendigen Gottes zielt. Heute zu evangelisieren, betrifft stattdessen die Einstellung und die Verhaltensweisen der Gläubigen in Bezug zur Welt und zu den Mitmenschen. Es geht um einen Stil, der von Beziehungen lebt.

In dieser geschichtlichen Epoche muss die lebendige Tradition der Kirche den Glaubensbestand durch eine Lebendigkeit und Qualität der Beziehungen teilen, die die Getauften Tag für Tag mit denjenigen eingehen, denen sie in ihrem Alltag begegnen.

In der Tat nennt das Zweite Vatikanum als vorrangigen Bereich für das Engagement der Laien nicht die christliche Gemeinschaft, sondern vielmehr die »säkulare« Welt (*LG* 31). Aufgrund ihrer spezifischen Prägung sollen Laien ein Zeugnis ablegen, das wie die Hefe den Sauerteig die bürgerliche Gesellschaft durchdringt. Natürlich schließt dieser Ansatz die engagierte Teilnahme am Leben der Kirche nicht aus. Aber er gibt der Bedeutung und Ausrichtung der Teilhabe an der christlichen Gemeinschaft Orientierung; Laien sollen »außerhalb« der Gemeinschaft tätig sein, Christus in der Welt präsent machen, das Reich Gottes überall dort suchen, wo sie ihren Alltag leben. Was katholische Laien ausmacht, ist also die Fähigkeit, das Evangelium im Kontext des täglichen Lebens umzusetzen, indem sie der Kreativität des Heiligen Geistes folgen und für andere Menschen Gelegenheiten zur Begegnung mit dem Auferstandenen schaffen, die sich ereignen, wo Beziehungen durch liebende Zuwendung und aktive Nächstenliebe geprägt sind.

Wenn ein Komponist Musik erschafft, lässt er – im Sinne einer Symphonie – im Eröffnungssatz alle Motive anklingen, die er im Folgenden entfalten möchte. In diesem Sinn beginnt Papst Franziskus sein Nachdenken über das soziale Miteinander als unser Geschwister- und Freundesein mit einer Vision der Tradition der Kirche, die auf dem Reichtum der einschlägigen Lehre des Konzils gründet, von der wir eben sprachen. »Zeichen der Zeit« meint ein Verständnis des Glaubens, der sich durch Beziehungen entfaltet, zum bedingungslosen Willkommen für alle führt und Verbindungen der sozialen Freundschaft und des Geschwisterseins aller hervorbringt.

Zwei allgemeine Einwände

Fratelli Tutti blickt auf Gestalt und Leben des heiligen Franz von Assisi und bezieht Anregungen aus seiner Fähigkeit zum Dialog und aus seiner universalen Bereitschaft zum »Geschwistersein aller«, das Glauben, Worte und missionarische Bemühungen des »exemplarisch Armen« beziehungsweise *Poverello* von Assisi beseelt haben.

Wenn das Gebot, das der Heilige Franziskus vom Kreuz in San Damiano erhielt – »Geh und stelle mein Haus wieder her« –, den Ausgangspunkt darstellt, von dem aus der Heilige Vater Licht auf das Apostolische Schreiben *Evangelii Gaudium* wirft, ebenso wie der Sonnengesang auf die Enzyklika *Laudato Si'*, so bezieht er sich mit *Fratelli Tutti* auf eine Aussage in den *Admonitionen*, in denen Franziskus »alle Geschwister« ermahnt, ihr Antlitz Christus zuzuwenden.[85] Es handelt sich um eine an das ganze Universum gerichtete Einladung; für Franziskus werden alle Geschöpfe – belebt und unbelebt – und alle Menschen – Männer und Frauen, Junge und Alte, Laien und Kleriker, Getaufte und Nichtchristen – als *fratres omnes*, als »Mitgeschöpfe«, anerkannt, weil wir das Antlitz des Vaters aller erblickt haben, durch das in Jesus Christus vollbrachte Heilswerk.

Das Thema menschliche Zugehörigkeit und Solidarität ist eine der Hauptachsen, die sich durch das Lehramt von Papst Franziskus hindurchziehen. Denken wir an das Kapitel von *Evangelii Gaudium*, in dem die gesellschaftlichen Auswirkungen einer frohen Verkündigung des Evangeliums ausdrücklich verdeutlicht werden, oder an das fünfte Kapitel von *Laudato Si'*, in dem sich einige Orientierungslinien für eine Welt finden, die gerechter gegenüber den Menschen und respektvoller gegenüber der Schöpfung ist.

Diese lehramtlichen Dokumente eröffnen den Horizont, in dem *Fratelli Tutti* angesiedelt ist, allerdings bezieht sich die Enzyklika ausdrücklich auf das *Dokument über menschliche Brüderlichkeit für den Weltfrieden und das Zusammenleben*; es schafft den formellen Ausgangspunkt, an dem das »gemeinsame« Nachdenken ansetzen muss. Das Treffen vom 4. Februar 2019 in Abu Dhabi mit dem Großimam Ahmad Al-Tayyeb hat Papst Franziskus selbst als »mehr als eine diplomatische Geste« (*FT* 5) bezeichnet. Es handelte sich vielmehr um einen Anlass für Begegnung und eine gemeinsame Verpflichtung auf das Wohl der Menschheit, und es markiert einen epochalen Wendepunkt in der Förderung des interreligiösen Dialogs und einen Meilenstein für den Aufbau einer geschwisterlicheren und solidarischeren Welt.[86]

In den Eröffnungssätzen von *Fratelli Tutti* weist Franziskus gleich auf zwei naheliegende Einwände gegen seinen Vorstoß zugunsten eines auf das Geschwister- und Freundeseins aller gegründeten gesellschaftlichen Projekts hin: exorbitante Kosten und die Bewahrung von Identität.

Der erste Einwand bezieht sich auf die enormen Ausgaben und Belastungen, die ein solches Projekt erfordern würde. Es ist gleichermaßen ambitioniert wie aufwendig, Geschwistersein im globalen Maßstab zu entwerfen. Es gerät in Widerstreit mit den Interessen und Regeln eines Marktes, der Wettbewerbsfähigkeit zur unvermeidlichen Voraussetzung hat. Also ist Zugehörigkeit dazu ein Luxus, den sich nur wenige leisten können!

Papst Franziskus antwortet auf diesen ersten Einwand, indem er an die Begegnung des *Poverello* mit dem ägyptischen Sultan al-Malik al-Kamil erinnert. Dieses Ereignis im Leben des Heiligen Franziskus wird zu einem Musterbeispiel und ein Anlass dazu, jedes Zögern hinsichtlich der »Angemessenheit« eines sozialen Projekts zu zerstreuen, das von unserem universalen Geschwistersein inspiriert ist. Die geringen Mittel, die zur Verfügung standen, brachten den Heiligen nicht davon ab, seinen Vorschlag vorzubringen: den Anderen aufzusuchen, weit weg, einen Fremden.

In diesem Fall konnten Armut, fehlende Ressourcen und »Unterschiede in Bezug auf Sprache, Kultur und Religion« den Wunsch nicht verhindern, anderen nahe zu sein. Wenn man von der Absicht geleitet wird, »allen alles zu sein« (1 Kor 9,22), auf der Grundlage eines wirklichen Verlangens nach Begegnung und Beziehung, gibt es kein Hindernis, das nicht zu überwinden wäre.

So macht der Papst klar, dass das Maß an Wohlstand und die Parameter einer profitorientierten Wirtschaft sich als unzureichend erweisen, soziale Beziehungen zu »bewerten«. Das Gute kennt keine Grenzen; es überwindet Hindernisse und bringt Menschen auf den Weg. Mehr noch: Der kreative Genius der Liebe, der jeden Widerstand überwinden und über das hinausgehen kann, was sich auf den ersten Blick als Begrenzung ausnimmt, ist für den Gläubigen ein unüberbietbarer Ausdruck der Treue zum Herrn (*FT* 3).

Zweiter möglicher Einwand, der auf die Einschränkung von offenem Dialog und des Austauschs mit dem anderen zielt, ist die Verteidigung der eigenen Identität. Dieser Einwand verunmöglicht Dialog und Austausch mit denjenigen, die verschieden sind oder weit weg leben. In diesem Fall besteht das Problem nicht im Versuch als solchem, das eigene kulturelle Erbe aufrechtzuerhalten, sondern eher darin, dem Bestreben nachzugeben, die eigene Sicht der Welt anderen aufzwingen zu wollen. Man kann sich hinter den eigenen Begründungen verstecken, die eigenen Gewissheiten aufzwingen, um seine Interessen zu verteidigen, sie vielleicht als legitime Gründe oder nicht verhandelbare Grundsätze erscheinen lassen (*FT* 11). Papst Franziskus zögert nicht, solche Verhaltensweisen als »Ideologien verschiedener Richtungen« zu verurteilen, »die alles, was anders ist, zerstören (oder dekonstruieren)« (*FT* 13). Der Aufbau von Verteidigungsanlagen, das Errichten von Mauern und ein Verständnis der eigenen Identität – einschließlich des eigenen Credos – als befestigte Burg haben zwei unmittelbare Folgen. Zunächst führt es dazu, dass wir uns im Belagerungszustand sehen, und drängt uns dazu, eine Verteidigungshaltung einzunehmen. Zweitens geraten die Wirklichkeiten am Rand aus den Augen, weil das Verhärten der eigenen Positionen und das Aufrichten von Identitätsgrenzen dazu führen, den anderen als Feind zu betrachten, sogar um den Preis, zur Selbstrechtfertigung ein falsches Bild herzustellen.

Es ist paradox, wie der Wille zur Wahrheit dazu führt, sie zu segmentieren und in Fragmente zu zerlegen. In diesem Sinn bittet der Papst auch die Katholiken, sie sollten darauf verzichten, mit anderen auf aggressive Art umzugehen. An einer späteren Stelle in der Enzyklika, an der es um die Gnade Christi als eine Dynamik der Öffnung und Vereinigung mit dem anderen geht, erwähnt er wiederum einige Gläubige, die der Ansicht seien, ihre Größe bestehe darin, »ihre Ideologien jedem anderen aufzuzwingen, oder in einer heftigen Verteidigung der Wahrheit, oder in eindrücklichen Beweisen von Stärke« (*FT* 92). Die Absage an kämpferische Verhaltensweisen bedeutet nicht, die Objektivität von Wahrheit zu leugnen, wohl aber impliziert sie den Aufweis, wie sehr sich das Geheimnis Christi selber absichtslos und ohne jeden Besitzanspruch zeigt. Darin besteht die Lektion des Heiligen Franziskus an seine Brüder, und sie ist ein Schatz, den jeder Getaufte mit sich tragen sollte.

Evangelisieren bedeutet nicht, eine Wahrheit aufzuzwingen. Es bedeutet vielmehr, sich auf eine universale Offenheit zu verpflichten, die aus der *kenotischen* Dynamik der Inkarnation folgt und sie nachahmt, in der der ewige Sohn unser Menschsein angenommen hat, ohne irgendeine Sprache, Religion oder Kultur zu verschmähen, sodass »niemand außerhalb des Gesichtskreises seiner allumfassenden Liebe steht« (*FT* 85). So gesehen spiegelt die Begegnung zwischen Papst Franziskus und dem Großimam von Al-Azhar, Ahmad Al-Tayyeb, den Besuch des Heiligen Franziskus beim Sultan von Ägypten wider und erneuert die Kraft von dessen Bedeutung.[87]

Auf dieser Grundlage bekennt Papst Franziskus deutlich seine Absicht »zur Wiederentstehung eines umfassenden Bemühens um Brüderlichkeit« (*FT* 8) und dazu, die Ausformulierung einer Soziallehre anzustreben, die sich nicht nur an Katholiken wendet, sondern jedem Führung geben kann.

Die Schatten einer verschlossenen Welt: Drei Größen zum Verständnis der Gegenwart

Die praktische Dimension einer Soziallehre, die auf das Geschwistersein und die Freundschaft von uns allen zielt, sollte sich mehr auf Taten als auf Worte konzentrieren. Wenn »christliche Überzeugungen« (*FT* 6) Grundlage bleiben sollen, auf der man vorankommt, geht es darum, »Partikularismen« zu überwinden und jedermann einzuladen, sich für die Revolution der Liebe zu engagieren, sich persönlich darauf zu verpflichten, Dinge zu ändern.

Deshalb braucht es in dem praktischen Kontext, auf den Franziskus oft Bezug nimmt, zuerst und vor allem einen genauen Blick auf das aktuelle Weltgeschehen, mit einer objektiven Analyse der Fehlentwicklungen und Aufmerksamkeit für die Eigentümlichkeiten. Das erste Kapitel von *Fratelli Tutti* analysiert die Ursachen für die gegenwärtige Krisensituation, also gewichtige Elemente von Ungleichheit und sozialer Ungerechtigkeit.

Papst Franziskus beabsichtigt keine »abgeklärte und abgehobene Beschreibung der heutigen Probleme« (*FT* 56). Vielmehr schlägt er vor, ein Nachdenken über die Gegenwart anzustoßen, um einige der Fäden zu entwirren, die ihr Geflecht ausmachen. Er möchte eine Perspektive anbieten, die sich von der normalen Sicht unterscheidet, die inklusiv ist, und die heutige Schwachstellen aufdecken kann. Seine Bezugnahme auf die ersten Worte von *Gaudium et Spes* machen diesen Gesichtspunkt deutlich: Es geht um Hoffnung und Freude, um Sorgen und Ängste der Menschen von heute, »besonders der Armen und Bedrängten aller Art«. Dieser Vorrang für die Armen definiert die Jünger Christi, weil das Leiden der anderen »in ihren Herzen Widerhall« (*GS* 1) findet und zur gemeinsamen Erfahrung wird.

Drei Größen können auf die Welt von heute Anwendung finden, und es lohnt sich, ihre Reichweite ausdrücklich zu erwähnen:

1. Der Kollaps der in der Vergangenheit angestrebten Ziele
2. Das Ausnutzen gegenwärtiger Vorteile
3. Das schwindende Bewusstsein für die Geschichte

Wie Mosaiksteine bietet jeder dieser Aspekte ein Bild, das zum einen das Ergebnis der Moderne als ein Scheitern großer Ideale zeichnet, zum anderen die zerstörerischen Auswirkungen der Konsumversessenheit, die die Kommunikation zwischen den Generationen erschwert (vielleicht weniger offensichtlich, aber gerade deshalb alarmierender), sichtbar werden lässt.

Der Kollaps der in der Vergangenheit angestrebten Ziele. Zuallererst lenkt Franziskus die Aufmerksamkeit auf den Kollaps jenes gemeinsamen Projekts, das es der Moderne ermöglichte, eine einheitliche Vision der Gesellschaft zu entwerfen (*FT* 10–11). Die nur zu gut bekannten Fehlschläge bei der Verwirklichung großer und weithin befürworteter Projekte, etwa des Traums von einem vereinten Europa oder einer Integration der

Länder Lateinamerikas, wirft einen Schatten auf die Umsetzung von Zielen, die über rein nationalistische Interessen hinausreichen. Für Franziskus liegt der Ursprung dieser Fehlschläge in dem Unvermögen, Menschenrechte universal zu garantieren und zu verwirklichen.

Dennoch bleibt Papst Franziskus nicht bei einer allgemeinen Einschätzung stehen, die unsere Unfähigkeit feststellt, aus Fehlern der Vergangenheit zu lernen, sondern zeigt seine Besorgnis im Blick auf die nachfolgenden Generationen.

Junge Menschen, die Hauptopfer des generellen Misstrauens gegenüber langfristigen Projekten, werden indirekt durch das Misstrauen früherer Generationen eingeschränkt.

Daraus ergibt sich eine Art Nichtverbindung, ein Bruch zwischen den Zielen, die sich vergangene Generationen vorgenommen hatten, und den Bestrebungen, mit deren Hilfe junge Menschen sich die Zukunft ausmalen. Der Bruch in der Kommunikation zwischen Generationen betrifft das kulturelle Erbe; Gerechtigkeit, Solidarität und das Gemeinwohl gehen nicht mehr in die Beschreibung des Lebenssinns ein, der das Leben der Menschen als gut und lebenswert kennzeichnet. Eher sind scheinbar die Mythen des Erfolgs, der Selbstbestätigung die einzigen wertvollen und wirkungsvollen Narrative, durch die sich persönliche Erfüllung und Zufriedenheit erreichen lassen.

Das Ausnutzen gegenwärtiger Vorteile. Dieser Schwächung der gemeinschaftlichen Dimension der Existenz ist die infame Logik der Globalisierung eingepflanzt. Dem auf Profitmaximierung abzielenden Wirtschaftsmodell der Gegenwart kommen die Auflösung des Zugehörigkeitsgefühls zu einer Gemeinschaft und die Fragmentierung von Identitäten entgegen. Die profitorientierte Wirtschaft instrumentalisiert zum einen individuelle Bedürfnisse, indem sie sie in eine selbstbezogene Radikalisierung treibt; zum anderen nutzt sie Konflikte auf »lokaler« Ebene aus, um Spannungen, fehlende Übereinstimmung und Einzelinteressen zu verschärfen (*FT* 12).

Papst Franziskus erinnert an das Schisma zwischen Individuum und menschlicher Gemeinschaft (*FT* 31) als einen Verlust der Erinnerung und des historischen Bewusstseins (*FT* 13–14). So zeigt sich, dass die Menschheit nicht viel aus den Tragödien des 20. Jahrhunderts gelernt hat (*FT* 13). Anstatt auf dem Weg zu einer faireren und stärker geeinten Welt weiterzukommen, droht ein weiterer Rückschlag; Konflikte eskalieren und bereiten die Bühne für »einen wirklichen Dritten Weltkrieg, der stückweise ausgetragen wird« (*FT* 25). Die Individuen werden einsamer und sind ihrem eigenen Kontext weniger verbunden, junge Menschen verlieren die Verbindung zu den Gemeinschaften, zu denen sie gehören, und orientieren sich an einem selbstbezogenen Lebensstil – all das zielt darauf, sie zu effizienteren Verbrauchern zu machen. Ihren eigenen Antrieben ausgeliefert, möchten sie sich auf der Grundlage von überflüssigen Bedürfnissen definieren, die der Markt als »notwendig« ausgibt. Angesichts der enttäuschenden Wirklichkeit zunehmend isolierter Individuen, fehlgeleiteter Konsumenten und entfremdeter Betrachter heutiger Hässlichkeit, zeichnet sich der Pfad der Geschwisterlichkeit als einziger Weg aus einer erstickenden Situation und einer solipsistischen Existenz ab.[88]

Das schwindende geschichtliche Bewusstsein. Es ist Programm und Ziel der globalen Wirtschaft geworden, Menschen in anonymen »Massen« zusammenzufassen, und es sind vor allem die jungen Generationen, die den Preis dafür bezahlen. Papst Franziskus macht deutlich, wie sich diese besinnungslose Art des Planens in »Formen von kultureller Kolonialisierung« zeigt, die Unterschiede einebnen und alles auf ein hypothetisches »Standard«-Modell hin vereinheitlichen.

Es ist eine Art des »Dekonstruktionismus« (*FT* 13) am Werk, der darauf zielt, das historische Bewusstsein aufzulösen und die gemeinsame Erinnerung an frühere Ereignisse zu untergraben. Wenn wir im Gedächtnis behalten, was oben über den Zusammenbruch der Kommunikation zwischen den Generationen ausgeführt wurde, existiert ein zweifacher Angriff mit ein und demselben Ziel: das Individuum auf das Unmittelbare, die Gegenwart zu begrenzen. Tatsächlich lässt sich nichts ohne einen »Rahmen« oder »Hintergrund« lesen und interpretieren. Die Makrogeschichte, die ein umfassendes und gemeinsam geteiltes Verständnis von geschichtlichen Ereignissen in einem langen Zeitraum vermittelt, und die Mikrogeschichte, die sich aus den auf kurze Zeiträume bezogenen Erinnerungen und aus dem Vermächtnis der Älteren ergibt,[89] erlaubt neuen Generationen eine Kontextualisierung ihrer »Empfindungen« und den Gebrauch einer Hermeneutik, die ihre Instinkte vom Despotismus des »alles, und zwar sofort« befreit, der sie zur leichten Beute der Orientierung am Konsum werden lässt (*FT* 14).

Zusätzliche Einsicht lässt sich aus einer Predigt gewinnen, auf die sich eine Anmerkung bezieht; sie wurde vom chilenischen Kardinal Raúl Silva Henríquez gehalten[90]: Der Verlust einer strukturierten kulturellen Identität führt zu moralischem Verfall. Wo durch Erziehung vermittelte Werte verloren gehen. geraten die grundlegenden Anhaltspunkte, die für die Entscheidung darüber, wie zu handeln ist, unverzichtbar sind, ins Rutschen und alles wird erlaubt, weil alles möglich ist.

Der Dekonstruktionismus möchte die Zwänge und Fixpunkte entfernen, die dazu erforderlich sind, Personen in der

Gemeinschaft zu verankern, der sie angehören. Ethische und spirituelle Werte, Verantwortungsbewusstsein (*FT* 29) und moralische Weisungen verbinden tatsächlich das persönliche Handeln mit der Erfahrung der Gemeinschaft. Sie schlechtzumachen und zu schwächen, verwandelt junge Menschen in begierige Konsumenten, die an dem völlig uninteressiert sind, was jenseits der Produkte angesiedelt ist, beispielsweise die Verschwendung natürlicher Ressourcen und die Ausbeutung von Arbeitern in armen Ländern. Um diesem Trend entgegenzutreten und das Gute zu fördern, »muss jede Gesellschaft sicherstellen, dass Werte weitergegeben werden; andernfalls werden Selbstbezogenheit, Gewalt, Korruption in ihren verschiedenen Formen, Indifferenz weitergegeben, und letztlich ein Leben, das gegenüber der Transzendenz verschlossen und in individuelle Interessen aufgespalten ist« (*FT* 113).

Die Auflösung von Geschichte, das Diskreditieren der Erfahrungen der Älteren und auch die Ermöglichung, dass Worte entleert werden,[91] nehmen die Tiefe dessen, was die Menschheit schon gewusst und wofür sie gekämpft hat: Demokratie, Freiheit, Gerechtigkeit und Menschlichkeit (*FT* 110). Ohne historisches Bewusstsein wird es leichter, ihre Bedeutung zu entleeren und sie dazu zu verwenden, jede Art des ideologischen Diskurses zu rechtfertigen.

Auch die Kommunikation muss mit den durch die Globalisierung und die durch das Aufkommen der im digitalen Zeitalter hervorgebrachten Veränderungen rechnen und neue Fallstricke wahrnehmen, die in der menschlichen Geschichte bisher vollständig unbekannt waren und keine Vorläufer hatten. Wir gehen zum Beispiel mit Intimität auf fast paradoxe Weise um; wir halten nämlich andere auf Distanz, aber spionieren jeden ihrer Gedanken oder ihrer Handlungen mittels der sozialen Medien aus (*FT* 22). Die neuen Generationen sind anscheinend nicht darauf vorbereitet, die Risiken dieser ausufernden Veröffentlichung des Privatlebens einzuschätzen, und das Recht auf Intimität ist ernsthaft in Gefahr, beschädigt zu werden.

Es ist schlechterdings unerlässlich, die Reichtümer der Körpersprache wieder zu entdecken, um den Exzessen einer entfremdenden »Virtualität« Einhalt zu gebieten. Digitale Beziehungen können die durch physische Präsenz vermittelten Verbindungen nie ersetzen: das Zusammensein »als Person«, in Interaktion. Soziale Medien vermitteln nur »einen Anschein von Geselligkeit«, aber reichen für den Aufbau wirklicher Freundschaft nicht aus. Ihre Grenze ist der falsche Eindruck von Präsenz; sie vervielfältigen scheinbar Kontakte mit anderen, aber im Endeffekt vervielfältigen sie nur die Projektionen eines auf sich selbst bezogenen »Ich«. Es ist gerade die für digitale Interaktionen charakteristische flüchtige Immaterialität, die sich zur Ausbreitung von Hass und Aggression anbietet, denn hinter dem Bildschirm eines elektronischen Geräts fühlt man sich frei, Beschimpfungen und Beleidigungen loszuwerden (*FT* 44).

Die Notwendigkeit eines gemeinsamen Projekts

Schwelende Konflikte, gegenseitige Verdächtigungen und die Logik der Einschränkung und Verächtlichmachung des anderen nutzen nicht nur der profitorientierten Wirtschaft, sondern auch der Manipulation politischer Debatten. So stellt *Fratelli Tutti* fest: »Unsere Welt ist in der Falle eines merkwürdigen Widerspruchs: Wir glauben, wir könnten Stabilität und Frieden durch einen falschen Sinn von Sicherheit garantieren, die von einer Mentalität aus Angst und Misstrauen unterstützt wird« (*FT* 26).

Der Verlust einer gemeinsamen Vision und eines gemeinsamen Projekts, die Politik und Wirtschaft auf miteinander geteilte Zielvorstellungen hin orientieren würden, erschwert es nicht nur enorm, den Abstand zwischen Armut und Reichtum zu verringern und den Abgrund zu überbrücken (*FT* 15); er legt auch den Gedanken nahe, es sei absurd, sich vorzustellen, es könne dazu eine gangbare Alternative geben (*FT* 16). Deshalb formuliert Franziskus, ohne zu zögern, dass »der Traum einer Zusammenarbeit im Interesse von Gerechtigkeit und Frieden eine überholte Utopie zu sein scheint« (*FT* 30). Der hohe Anspruch von *Fratelli Tutti* bleibt nie verborgen. Der Papst schreibt, er sei sich dessen bewusst, dass seine Aussagen als »utopisch« abgetan würden; er hat aber solche Kritik vorausgeahnt und sie kann ihn nicht davon abbringen, mit *parrhesia* (Freimut) zu sprechen. Wir sollten eher zugeben, dass die Utopie für eine Kritik an der Wirklichkeit steht und ein nützliches Werkzeug für den Durchbruch zu neuen Horizonten sein kann. Der Ausgriff auf das »Jenseitige« der Utopie bedeutet den Ausblick auf neue Wege zur Veränderung des Bestehenden.

Wir müssen also unsere Zugangsweise ändern und die Dringlichkeit akzeptieren, ein »Wir« zu schaffen, das unser gemeinsames Haus bewohnt. Zweifellos verstößt diese Kehrtwendung gegen die Interessen der heutigen Wirtschaft, die immer auf »Besonderes« setzt. Wir müssen den Schritt verlangsamen, wenn wir gemeinsam etwas aufbauen wollen. Wir müssen uns geduldig und ausdauernd für die Begegnung und den Austausch bereit halten, dazu, diejenigen an den Tisch, an dem Entscheidungen getroffen werden, zu bringen, die normalerweise nicht daran kommen. Einen Halt zum Nachdenken, zum

Dialog und zum Meditieren einzulegen, bevor man sich für den Aufbau einer inklusiveren Zukunft entscheidet – genau das versucht die Konsumgesellschaft zu vermeiden. Ihr hektisches Produktionstempo und ihr immer schnelleres Tempo bei den Handelsbeziehungen bilden eine Gegenkraft, die eine Agenda ohne Möglichkeit zu Aufschub oder Verlangsamung vorlegt (*FT* 17).

Die Krise der Moderne und das eigentliche Wesen des Säkularismus bestehen zum einen im Verschwinden einer »gemeinsamen Welt«[92], also im Verlust allgemein geteilter Werte, zum anderen in der »Banalität des Bösen«; gleich, ob wir Völker ausbeuten oder die Natur vergiften, entscheidend ist, dass der Wohlstand eines Landes zunimmt.[93] Das (falsche) Bewusstsein der wirtschaftlichen Technokratie ist an sich selbst gefesselt, weil es die Mittel dadurch legitimiert, dass es den am Ende erzielten Wert voraussieht.

Der Kult des Wachstums ist die Erfüllung der Kolonisierung unserer Vorstellungskraft, bis dahin, dass es für die Welt unmöglich zu sein scheint, anders als auf die vorgegebene Art zu funktionieren.[94]

Laudato Si' zeichnet ein genaues Bild der ökologischen Krise, eine klare Diagnose der Situation, während *Fratelli Tutti* sorgfältig die Ursachen analysiert und die Verantwortlichen anklagt. Franziskus verweist auf die »Wegwerfkultur« als eines der Hindernisse für eine wahrhaft umfassende Entwicklung. Aneignung, Verwüstung, Privatisierung und Ausbeutung sind dynamische Faktoren, die die Wegwerflogik der heutigen Wirtschaft ausmachen. Die Ausgeschlossenen gelten als »Kollateralschaden« (*LS* 49) eines sozioökonomischen Systems, unterstützt von einer unangemessenen, wegschauenden Politik, die nur dann eingreift, wenn die schmerzlichen Auswirkungen auf Völker und Umwelt schon unumkehrbar geworden sind (*LS* 21).

Eine Art »wirtschaftlicher Darwinismus« hat ein Kriterium bedenkenloser Selektivität eingeführt, aufgrund derer Ressourcen zum Schaden vieler angehäuft werden. Die Vorstellung, es gebe einen »verzichtbaren« Teil der Menschheit, drängt sich als unabdingbar notwendig auf. Nicht nur Nahrung, Kleidung und beliebige Dinge, auch menschliche Wesen werden den Regeln der Produktivität unterworfen (*FT* 18). Am meisten sind die am leichtesten Verwundbaren dieser Art unterworfen, die Dinge wahrzunehmen: das menschliche Leben an seinem Anfang und seinem Ende, die »Ungeborenen« und die »Sterbenden«. Diejenigen, deren Geburt bevorsteht, und die Älteren sind die ersten »Opfer« des heutigen Wirtschaftssystems (*FT* 19).

Wachstum ist kein Indikator für wirksame und umfassende Entwicklung des Menschen mehr. Die Trennung zwischen beiden Gliedern der Gleichung – Wachstum und Entwicklung – macht Verschwendung notwendig. Wohlstand wächst ohne gerechten Ausgleich. Im Gegenteil, er erzeugt neue Armut und fordert einen hohen Preis: Die Mehrheit der Menschen lebt nicht unter angemessenen Bedingungen.[95] Es entsteht eine Art »Schisma« zwischen individuellem Wohlergehen und Glück der Menschen (*FT* 31), und das begünstigt die Verachtung von anderen. Das Auftauchen verschiedener Formen von Rassismus und Intoleranz beweist, dass ein auf Wachstum ohne Entwicklung aufgebauter Fortschritt eine Illusion ist.

Ungleichheit und Gewalt sind eng miteinander verbunden, so wie die Legitimation asymmetrischer Beziehung immer verschiedenste Form von Zwang erlaubt.

Die Enzyklika *Populorum Progressio* des Heiligen Paul VI. sieht Entwicklung als ein Gut, falls sie zusammen mit sozialer Gerechtigkeit und Frieden verstanden wird. Ebenso legitimiert Benedikt XVI. in *Caritas in Veritate* die Marktwirtschaft, falls sie als Wohlergehen für alle verstanden wird. Dennoch hat sich die Vorstellung, Entwicklung könne soziale Gerechtigkeit beinhalten, wenn die Wirtschaft moralisch handle, in gewisser Hinsicht als naiv erwiesen. Die Steigerung des Bruttoinlandsprodukts pro Kopf ist zwar ein unbestreitbares Faktum, sie ist aber nicht immer ein Anzeichen für die Respektierung grundlegender Menschenrechte. Wo das Leben eines Menschen auf den entsprechenden Anteil des Bruttosozialprodukts reduziert wird, leugnet man den Unterschied zwischen materiellem und moralischem Fortschritt: Das Gute wird zum Nützlichen, Sein wird mit Haben identifiziert.

Seit die Ökonomie zur Wissenschaft, also seit die objektive Profitrate zur Maßeinheit wurde, hat sie sich schrittweise von jeglichem ethischen Anliegen abgetrennt. Der Utilitarismus begünstigt die Vorstellung, man könne ohne Bedenken die eigenen Interessen maximieren, auch um den Preis, die Rechte von anderen mit Füßen zu treten.[96]

Im Lehramt von Franziskus lässt sich verglichen mit dem Vorgehen seiner Vorgänger eine Verschiebung wahrnehmen. Es geht nicht mehr um die Frage einer *Moralisierung* der Wirtschaft, darum, den Kapitalismus mitfühlender und »fürsorgender« zu machen, mehr Brosamen vom Tisch des Reichen herunterfallen zu lassen (Lk 16,19–31), um dann seine angeborene Logik des Opfers zu legitimieren und stillschweigend zu »segnen«. Es reicht nicht, zu verhindern, dass der Markt schlecht funktioniert (*CiV* 33) und dafür zu sorgen, dass die Profitmaximierung guten Zielen verpflichtet ist (*CiV* 21). Es reichen auch keine allgemeinen Appelle an die gemeinsame Verantwortung (*CiV* 38; 46) oder einfach, die Auswüchse des »technokratischen Paradigmas« abzumildern.

Es ist vielmehr notwendig, sich dem verderblichen Hang zum Egoismus zu widersetzen, der einer bestimmten sozio-ökonomischen Logik und ihren praktischen Entscheidungen zugrunde liegt (*FT* 166), und der verhängnisvollen Neigung zur Selbstbezogenheit entgegenzutreten, auf der diese Logik und ihre Folgen beruhen (*FT* 166). »Es geht darum, unsere Vorstellung vom Fortschritt neu zu definieren« (*LS* 194), den Rahmen (*FT* 179) und die Sichtweise von Welt grundlegend zu verändern und das Wirtschaftsmodell radikal zu überdenken – »anderenfalls würden wir nur die Symptome bekämpfen« (*LS* 9). Nur »eine Wirtschaft als integrierender Bestandteil eines auf das Gemeinwohl ausgerichteten politischen, kulturellen und am Volk orientierten Programms« (*FT* 179) kann dem zerstörerischen Diktat technokratischer Wirtschaftsmodelle entkommen (*FT* 175). Es wäre zum Schaden der Menschheit, bei der Entwicklung nicht Menschenrechte, persönliche und soziale, wirtschaftliche und politische Rechte, einschließlich der Rechte der Nationen und Völker zu achten und zu fördern (*LS* 93; *FT* 173).

Anthropologischer Reduktionismus und Menschenrechte: Die Würde der Person als Grenzlinie der Zukunft

Diese Entzauberung als das jüngste Ergebnis der Moderne hat eine tiefgehende Ernüchterung im Blick auf ihren Mythos von der Allmacht des Fortschritts hervorgebracht. Diese Enttäuschung hat bislang leider nicht zu einer Reduktion der Ansprüche geführt, sondern zu einer »kalten, bequemen und globalisierten Indifferenz« (*FT* 30), die zu einem blinden Zynismus im Blick auf die Bedürfnisse anderer verleidet. Die Technologie macht exponentielle Fortschritte, aber es kann nicht vom »Fortschritt« die Rede sein, wenn ein großer Teil der Menschheit den Preis dafür bezahlt und von ihm ausgeschlossen bleibt. Diese falsche Vorstellung von Wachstum enthumanisiert unser soziales Zusammenleben. Trügerische Messgrößen für Armut – die Parameter verwenden, die normalerweise nicht dazu taugen, Wirklichkeit faktenorientiert und verlässlich wahrzunehmen – führen dazu, jeden im Blick auf die problematischen Auswirkungen des Wachstums zu beruhigen, indem sie diese kleinreden oder hinter einer Aura von Annehmbarkeit verbergen.[97]

Das profitorientierte Modell von Wirtschaft wird durch verschiedene anthropologische Reduktionismen ideologisch unterfüttert. Das führt nicht nur zu weniger Gerechtigkeit auf der materiellen Ebene, zum Beispiel den fehlenden Zugang zur Befriedigung von Grundbedürfnissen, sondern beschädigt sogar die Universalität der Menschenrechte (*FT* 22). Die Menschenwürde ist nicht für alle garantiert: In vielen Nationen gibt es noch Sklaverei; die Lebensbedingungen von Frauen entsprechen bei Weitem nicht denen von Männern; vielen Kindern wird das Recht auf Kindheit verwehrt; der Menschenhandel versorgt kriminelle Organisationen mit einem steten Zufluss von Menschen für ungesetzliche Aktivitäten wie die Ausbeutung der Arbeitskraft oder die Geißel der Prostitution. Diese Menschen werden zu Objekten erniedrigt und ihrer genuinen Würde als Geschöpfe beraubt, die nach dem Bild und Gleichnis Gottes geschaffen sind.

Populistische Regime und Befürworter eines ökonomischen Liberalismus erweisen sich als immer geschickter darin, die öffentliche Aufmerksamkeit vom Phänomen der Migration abzulenken. Der Missbrauch von Informationen und Daten hat sich vielfach als erfolgreiche Strategie erwiesen, um leicht öffentliche Unterstützung zu gewinnen. Solche Missdeutungen der Wirklichkeit verbinden sich großzügig mit Demagogie, beschreiben das Phänomen Migration fälschlicherweise als unzulässige Invasion und entwerfen fälschlicherweise Katastrophenszenarios, die einer toleranten Aufnahme von Neuankömmlingen folgen würden.

Das in der Öffentlichkeit durch solche Berichte erzeugte Gefühl von Angst und Niedergeschlagenheit wird bewusst angeheizt. Indem man an »gute Instinkte« und »schnelle Reaktionen« appelliert und mit negativen Gefühlen wie Erbitterung und Wut spielt, bleiben diejenigen außen vor, die direkt für Wirtschaftssysteme verantwortlich sind, die westlichen Überfluss durch Verarmung von Entwicklungsländern erreichen. Es ist ein verhängnisvoller Taschenspielertrick im Dienst der globalen Wirtschaft und ihrer Interessen, die wirklichen Ursachen von Migrantenströmen zu verbergen.

Aus Fehlinformation folgt ein unangemessener Umgang mit dem Problem, sowohl auf Seiten der Politik mit ihren Versprechungen und Lösungsvorschlägen wie aufseiten der Öffentlichkeit mit ihren Befürchtungen und instinktiven Reaktionen. Exzessive Information führt nicht zu einer besseren Kenntnis der Wirklichkeit, ebenso wenig sorgt »eine Flut« davon »auf unseren Bildschirmen (…) für größere Weisheit« (*FT* 50).

Populisten schlagen zwei Lösungen für die mit Migration verbundenen Probleme vor: Beschränkung der Hilfe für arme Länder und Verordnung von Sparmaßnahmen.[98] Ein solches politisches Vorgehen setzt bei einem abstrakten Gesichtspunkt an und übersieht die realen Fakten des Leidens und des Dramas von Menschen, die zur Migration gezwungen sind (*FT* 37). Das kommt davon, wenn man die Welt durch das Schlüsselloch spezieller Interessen betrachtet; die Art, in der man auf andere blickt, ist begrenzt und einseitig.

Politik leidet gelegentlich unter einem Übermaß an Vernunft; die Art, in der die öffentliche Meinung mit dem Problem Migration umgeht, ist vom entgegengesetzten Irrtum gekennzeichnet: Es fehlt ihr an Rationalität und sie lässt sich von bloßen Instinkten leiten (*FT* 41).

Papst Franziskus lädt die Länder Europas dazu ein, die Werkzeuge und Ressourcen wieder zu aktivieren, die ihnen schon von Geschichte und Tradition her eigen sind, und die Würde der menschlichen Person wieder zu bekräftigen. Europa ist tatsächlich die Wiege des Humanismus. Zu seinem kulturellen Erbe gehören die für die Verteidigung und Bewahrung der zentralen Stellung der menschlichen Person als Subjekt von Rechten und Verantwortlichkeiten erforderlichen Werte. Auf der Grundlage dieses Erbes muss sich die Politik dafür engagieren, zwischen europäischen Bürgern und Migranten zu vermitteln, sodass der Schutz der Rechte der einen nicht den Schutz der Rechte der anderen beschädigt (*FT* 40). Mit einem Zitat von Benedikt XVI. hält *Fratelli Tutti* fest, man müsse sich dafür einsetzen, Völkern das Recht zu garantieren, »nicht zu emigrieren, also in ihrem eigenen Heimatland zu bleiben« (*FT* 38).

Papst Franziskus bittet die Bürger Europas, den natürlichen Instinkt zur Selbstverteidigung hinter sich zu lassen, um »eine kreative Offenheit für andere« in die eigene Wesensart zu integrieren. Er erinnert die Katholiken daran, dass der christliche Glaube nicht mit Verhaltensweisen vereinbar sei, die die Menschenwürde beeinträchtigen, zum Beispiel andere zurückzuweisen oder der Marginalisierung von Migranten zuzustimmen, indem man sie als »Ausgeschlossene« stigmatisiert (*FT* 39). Um jede von Angst diktierte defensive Verhaltensweise zu überwinden, müsse man »vernünftig« sein, also die sehr menschliche Fähigkeit Intelligenz praktizieren, die einen dazu bringt, Fakten zur Kenntnis zu nehmen und Antriebe unter Kontrolle zu halten. Für den Gläubigen bedeutet das, die Rationalität des inkarnierten *Logos* zu übernehmen, weil es die Liebe ist, die uns über die Ebene des Animalischen erhebt und uns ermöglicht, den wahren Beweggrund des anderen zu verstehen.

5. Die Gegenwart beurteilen: Uns vom Wort Gottes erleuchten lassen

(Fratelli Tutti, 2. Kapitel)

Das Hören auf das Wort Gottes ist wesentlich für eine dem Evangelium entsprechende Beurteilung der Zeitgeschichte und dafür, Lösungen angesichts der heutigen Herausforderungen zu finden.

Papst Franziskus widmet das zweite Kapitel von *Fratelli Tutti* dem Gleichnis vom barmherzigen Samariter (Lk 10,25–37), mit der Begründung, man müsse eine Pause einlegen und meditieren, um »einen Lichtstrahl im Evangelium« zu suchen, »bevor man wenige Grundlinien für das Handeln vorschlägt« (*FT* 56).[99]

Nach der Analyse der gegenwärtigen Situation (*FT*, Kapitel 1) veranschaulicht dieser lukanische Text das Heute und lädt uns dazu ein, unsere Sichtweise auf die uns umgebende Wirklichkeit zu verändern. Vor allem bietet er die Gelegenheit, über die verbreitete »Unbildung hinsichtlich der Sorge« in der gegenwärtigen Gesellschaft nachzudenken, für die eine mangelnde Sensibilität gegenüber dem Nachbarn sowie eine Art unbewusstes Desinteresse an den Nöten anderer kennzeichnend sind.

Die Konfrontation mit den Forderungen des Evangeliums ermöglicht uns, wieder Hoffnung zu gewinnen und die Sehnsucht nach Fülle wiederzuentdecken, die dem Herz des Menschen eingeschrieben ist; sie macht es offen und schafft Raum für die Gegenwart des Anderen und der anderen (*FT* 54–55). In uns verankert sich eine neue Art des »Sehens« und »Wahrnehmens« des anderen, durch die uns die Liebe Christi neue Augen dafür verleiht, im Fremden, dem wir unterwegs begegnen, Schwester oder Bruder zu sehen und zu erkennen, jemanden, den wir willkommen heißen, unterstützen und aufrichten sollen.

Ein Gleichnis für jeden: Das Wort Gottes überwindet jede Grenze

Von den ersten Zeilen in *Fratelli Tutti* an macht der Heilige Vater seinen intensiven Wunsch deutlich, sich an alle Menschen ohne Unterschied zu wenden, unabhängig von Differenzen bezüglich Religion oder Kultur. Im zweiten Kapitel der Enzyklika hat die Auswahl dieses lukanischen Textes offenbar genau diese Intention: Das Gleichnis des Evangeliums dient als Erzählung, die für alle offen ist, die also zu jedem Menschen guten Willens und zu jedem und jeder sprechen kann, der oder die sich davon angesprochen fühlt.

Es ist der Mühe wert, ausdrücklich hervorzuheben, was die ersten Zeilen dieses zweiten Kapitels aussagen: Das Gleichnis ist Wort Gottes und übersteigt als solches alle konfessionellen Grenzlinien. Es spricht zu jedem Menschen, sogar zu dem, der ihm gegenübertritt, ohne es als Evangelium zu identifizieren und mit offenem Herzen zu empfangen, einschließlich demjenigen, der es als irgendeinen literarischen Text oder als erbauliche Geschichte wahrnimmt.

Dennoch scheint die Enzyklika, indem sie an den alttestamentlichen Hintergrund des Gleichnisses erinnert (*FT* 57–60), diesen Anspruch auf einen universalen Adressaten in der Perspektive eines allgemeinen Verständnisses des Offenbarungsereignisses zu kontextualisieren. Tatsächlich wird hervorgehoben, wie in der Bibel die Liebe Gottes in Übereinstimmung mit einer spezifisch pädagogischen Absicht deutlich wird: Gott offenbart seine Liebe schrittweise, als eine Dynamik vom Einzelnen zum Universalen. Diese Bewegung, dieser Wunsch Gottes, jeden Menschen zu erreichen, steckt schon in der Tatsache von Gottes Selbstmitteilung; seine Liebe ist inklusiv, weil sie sich »an alle« (1 Thess 3,12) richtet.

Deshalb bedeutet die Weitung unseres Herzens, durch die wir den Fremden nicht ausschließen, sondern »in geschwisterlicher Liebe aufnehmen« (*FT* 61), von Seiten Gottes den Gipfel oder Höhepunkt seiner Selbstmitteilung in Christus und auf Seiten der Menschheit die Antwort des Glaubens, durch die der Jünger in das Geheimnis der Wiedergutmachung, der Zurückerstattung von allem, eintritt: » Alles, was ihr also von anderen erwartet, das tut auch ihnen« (Mt 7,12).

In Bezug auf den Prozess, durch den sich der Glaube die Wirklichkeit der Gegenwart zu eigen macht, betont der Papst die Bedeutung von Gefühlen beziehungsweise der Emotionalität, besonders der Kraft der Erinnerung. In der Bibel mahnt Gott das Volk Israel, nicht zu vergessen, dass sie »Fremde« und »Sklaven« waren, weil die Erinnerung an die eigene Vergangenheit es ermöglicht, mit denen mitzufühlen, die sich in derselben erbärmlichen Situation befinden (Ex 22,20).

Die Logik des Glaubens bezieht ihre Stärke aus dem Maß an Erinnerung und Empathie in der Seele des Menschen: Wenn wir uns nicht mit dem Leiden anderer identifizieren, wir in ihren Bedrängnissen nicht das Leid wiedererkennen, das wir erfahren, bleibt der Glaube eine körperlose geistige Angelegenheit.

Wenn wir dagegen das Leid anderer mitempfinden, entdecken wir, dass es ein »grundlegendes Gesetz unseres Wesens« (*FT* 66) gibt: Unsere Existenz ist untrennbar mit der anderer verbunden. Liebe bedeutet unsere wahre Erfüllung als Menschenwesen, weil sie unserer Existenz als Ausrichtung auf das Gute eingeschrieben ist. Das Wiederfinden der zuinnerst auf Beziehung ausgerichteten Dimension unserer menschlichen Natur enthüllt, dass in ihr eine Ordnung (ordo) besteht: Wir wurden geschaffen, um in anderen unsere eigene Erfüllung zu finden. Die Begegnung mit dem anderen ist ein konstitutives Moment bei der Ausbildung unserer Individualität und Teil des Prozesses, durch den wir werden, wer und was wir sind, auch wenn das uns die Last auferlegt, einen »inneren Kampf« (*FT* 69) auszufechten.

Die Aufgabe, eine gerechtere Welt mit einer faireren und inklusiveren sozialen und politischen Ordnung aufzubauen, ist keine Entscheidung, die uns als kulturelles Konstrukt aufgezwungen würde, sondern wurzelt in den Tiefen unseres Wesens als Menschen.

Die Wiederentdeckung der ursprünglichen Wahrheit unseres Seins, wonach wir nach dem »Bild und Gleichnis Gottes« (Gen 1,26) geschaffen wurden, bedeutet, uns neu im Licht eines Gottes zu verstehen, der wesensmäßig Liebe in Beziehung ist. Daraus folgt, dass wir eine grundlegende existenzielle Entscheidung treffen müssen, die über das einfache »irgendetwas für andere« zu tun hinausgeht, weil sie eine utilitaristische und funktionalistische Konzeption des Lebens und des spezifisch Menschlichen übersteigt, die uns vielmehr dazu bestimmt, für die anderen »jemand zu sein«, insofern als der Einsatz für unseren Nachbarn nie von dem Willen getrennt werden kann, eine persönliche Beziehung der Nähe und Vertrautheit aufzubauen (*FT* 67).

Ein Gleichnis der »Wahrnehmung«: Unsere Art des Hinsehens und Sehens verwandeln

Die Deutung, die der Heilige Vater dem Gleichnis des Evangeliums vom barmherzigen Samariter gibt, unterscheidet sich von der üblichen »klassischen« Auslegung des Texts, die dazu neigt, das exemplarische Verhalten des Samariters hervorzuheben und dann die Hörer zur Identifizierung mit ihm zu ermutigen. Tatsächlich ermutigt eine solche Interpretation – sie stützt sich auf den Vers »Als er ihn sah, hatte er Mitleid« (Lk 10,33) – den Leser oder Hörer dazu, sich von der Gestalt des Samariters inspirieren zu lassen und in Nachahmung seiner Empfindungen des Mitleids und der Sorge zu handeln.

Aber diese Art der Interpretation des Gleichnisses verfehlt dessen wahren Kern, dem es nicht bloß darum geht, zu einem »moralischeren« Verhalten zu ermutigen, sondern um die Veränderung unserer Art der Wahrnehmung des anderen. Deshalb könnten wir es als Gleichnis der *Wahrnehmung* bezeichnen, in dem Sinn, dass uns Jesus vor allen Gesten der Nächstenliebe dazu auffordert, den Blick zu verändern, mit dem wir unseren Nächsten betrachten, und dabei mit einer radikalen Verwandlung des Herzens zu beginnen.

Das Gleichnis will uns nicht besser machen. Sondern es lädt uns dazu ein, »neu« zu sein, uns vom Leid des anderen so tief berühren zu lassen, dass wir davon vollständig verändert werden und so nicht mehr die sein können, die wir bis dahin waren.[100] Der Herr verweist auf diese Wandlung (*metanoia)* unserer Wahrnehmung mit der Frage, die er seinen Gesprächspartnern stellt: »Was meinst du: Wer von diesen dreien hat sich als der Nächste dessen erwiesen, der von den Räubern überfallen wurde?« (Lk 10,36).

Indem er die Kategorie »Nächster« vom Opfer der Räuber auf den Samariter überträgt, kann uns Jesus zeigen, wie die Begegnung mit einem Leidenden eine verwandelnde Auswirkung auf diejenigen hat, die zulassen, dass sie selber von dem persönlichen Drama des Leidenden berührt werden und dadurch beteiligt sind. So gesehen ist die Wahrnehmung einer anderen Person als Bruder oder Schwester nie die Folge einer Bereitschaft oder eines »Voluntarismus«, die beide durch Nachahmung selbst auferlegt werden und uns »von außen« dazu bringen, auf eine bestimmte Art zu handeln, sondern sie geschieht immer »von innen«, also durch die Liebe Gottes, die uns dazu bereit macht, wahrhaft Geschwister zu sein und nicht nur als solche zu handeln.

Eine sapientiale, weisheitliche Lektüre des lukanischen Gleichnisses bietet wertvolle Punkte zum Nachdenken und hilft dabei, die richtigen Fragen zu stellen, sich selber persönlich zu befragen. Es geht darum, Leser oder Hörer dazu zu ermutigen, sich berühren zu lassen (*FT* 64; 72), nicht indifferent zu bleiben, sondern sich selber als Protagonisten und Akteure in den Prozessen wahrzunehmen, die die Geschwisterlichkeit in der Gesellschaft voranbringen.

Das Gleichnis bereitet die Bühne für die Punkte, die der Papst stark machen möchte. Obwohl die Menschheit große Errungenschaften vorweisen kann und Ziele erreicht hat, die vor einem Jahrhundert unvorstellbar waren, haben wir noch nicht die Sprache erlernt, um dem anderen nahe sein zu können. Wir können vielleicht dazu in der Lage sein, auf unsere bescheidene Art, in der »privaten« Dimension der familiären Beziehungen oder in unserem begrenzten Bekanntenkreis Sorge zu tragen, haben das aber noch längst nicht zu einer weitreichenden sozialen Verhaltensweise gemacht. Wir delegieren

»Sorge« auf spezialisierte Sektoren der Gesellschaft und nehmen deswegen an, es gebe eine Verantwortung, die uns nicht direkt betrifft, und es gebe andere, die aufgrund ihrer spezifischen Kompetenzen und Rollen für besondere Aufgaben oder Pflichten ausgewählt wurden. Aber es ist unverzichtbar, das Alphabet der Sorge zu lernen, um selber als Personen ganz werden zu können, da Gegenseitigkeit eine konstitutive Dimension unseres menschlichen Wesens ist.[101]

Wir dürfen die Aufgabe, die Veränderung zu bewirken, nicht an andere delegieren, sondern müssen aktive Interpreten in diesem Prozess sein. *Fratelli Tutti* kritisiert das Entstehen einer Kausalbeziehung zwischen der weit verbreiteten Haltung der Indifferenz auf individueller Ebene und der Verbreitung verschiedenartiger Formen von Ungerechtigkeit in der Gesellschaft. Die Verwandlung sozialer Strukturen beginnt »von unten«; sie ereignet sich in der Entscheidung, unseren Teil am Geist der »Mitverantwortlichkeit« (*FT* 78; 77) zu übernehmen.

Ein Fremder auf der Straße: Angestoßen, fehlendes Engagement zu überwinden

Die individuelle Haltung des »Vorübergehens« hat direkte Folgen für das Leben anderer, vor allem aber meint sie die fehlende Anerkennung der Bedeutung jedes Niedergetretenen, Verletzten und Erniedrigten – sei es eine Person, ein Volk oder die Umwelt. Durch die Gestalten des Priesters und des Leviten stigmatisiert *Fratelli Tutti* die weitverbreitete Haltung des Desinteresses gegenüber den Notlagen anderer und die Bereitschaft, mit der andere Anliegen vorgezogen, als dringlicher oder wichtiger betrachtet werden (*FT* 64).

Es gibt viele Wege und Mittel der Rechtfertigung, die dafür zur Verfügung stehen, die eigene Gefühllosigkeit zu entschuldigen, vom Leugnen der Ernsthaftigkeit des eigenen Verhaltens bis zur Beschämung des Opfers. Es ist unbedingt notwendig, diese falschen Entschuldigungen zu entlarven, nicht nur zur Änderung der eigenen moralischen Haltung, sondern auch, um Pfade einer gelebten Solidarität einzuschlagen (*FT* 85).

Papst Franziskus zeigt auf den Samariter, der seine Reise unterbricht, um Hilfe anzubieten, als Alternative zum fehlenden Engagement. Anders als die anderen Gestalten, die auf Distanz bleiben, entscheidet sich der Samariter dafür, seinen eigenen Plan aufzugeben, um dem Verwundeten Priorität einzuräumen. Es ist also möglich, Interesse am Leiden des Nächsten zu zeigen, sich selbst persönlich einzubringen, Akte der Sorge, Unentgeltlichkeit, Großzügigkeit und Solidarität zu setzen. Es bedeutet zuerst und vor allem, den anderen als wert zu betrachten, Aufmerksamkeit zu finden und in unser tägliches Leben einbezogen zu werden. Der Samariter schenkte sich vor allem selbst auf konkrete Weise: »Er schenkte ihm seine Zeit« (*FT* 63).

Die Haltung der Indifferenz belegt eine weit verbreitete emotionale Unbildung. Wir haben uns daran gewöhnt, wegzuschauen, wo uns eine Situation nicht direkt involviert (*FT* 64). Tatsächlich nehmen wir nicht nur nicht an den Beschwernissen und dramatischen Schwierigkeiten anderer Anteil, sondern es macht sich ein gewisses Unbehagen angesichts der Unannehmlichkeiten bemerkbar, die durch sie erzeugt werden, »da wir keine Zeit für die Probleme anderer Völker zu vergeuden haben« (*FT* 65).

Von der Fähigkeit, die Nöte anderer wahrzunehmen, hängt die Entscheidung dafür ab, »denjenigen, die Hilfe brauchen, nahe zu sein« (*FT* 81) und Wege zu bahnen, die Wirtschaft,

Politik, gesellschaftliches Leben und Religion auf Inklusivität hin zu orientieren. *Fratelli Tutti* fordert die Herausbildung von Erfahrungen der Zusammenarbeit unter Individuen, Institutionen, Religionen und Nationen. Der Samariter tat nicht nur nicht alles allein, sondern beteiligte andere an seinem Handeln. Er wird zum wertvollen Beispiel auf persönlicher Ebene und auch zum gesellschaftlichen und bürgerlichen Modell, weil er »uns dazu auffordert, unsere Berufung als Bürger unserer jeweiligen Nationen und der gesamten Welt wieder zu entdecken, als Werkleute für ein neues gesellschaftliches Gefüge« (*FT* 66).

Ebenso öffnen die auf der Ebene der internationalen Politik getroffenen Entscheidungen – gefährdeten Staaten zu Hilfe kommen, die handlungsunfähig am Rand des Wegs der Moderne liegen – eine mögliche neue Richtung des wirtschaftlichen und politischen Planens, das an der Förderung von Menschlichkeit und Integration orientiert ist, besonders derer, die »gefallen« sind (*FT* 77).[102]

Wahre Inklusivität vernachlässigt keinen Aspekt der Wirklichkeit und schenkt der Schöpfung Beachtung. Sogar die Schöpfung muss, im Sinn des Sonnengesangs des Heiligen Franziskus, als geschwisterliche Wirklichkeit betrachtet werden (*FT* 2). So wird die Einbeziehung der Schöpfung in die Regelung gesellschaftlicher Übereinkommen Ausdruck eines christlichen Handelns, das die Logik unseres Glaubens und den Stil gegenseitiger Verwiesenheit widerspiegelt, die für die Jünger des Herrn Jesus kennzeichnend sind.

»Zusammen« von der Logik der Gewalt ablassen: Wirtschaft und Solidarität

Wie der berühmte lateinische Satz *tertium non datur* sagt, gibt es keinen »dritten Weg« oder eine dritte Option. Entweder machen wir uns die Hände schmutzig wie der Samariter, oder wir stellen uns auf die Seite der Indifferenten, die vorübergehen, die es angemessener finden, auf Distanz zu bleiben (*FT* 69). Mit anderen Worten bleibt im Gleichnis vom barmherzigen Samariter nur eine Alternative, in der sich zwei Arten von Menschen gegenüberstehen: diejenigen, die anhalten, und diejenigen, die schnell weitergehen. Die Begegnung mit dem Leidenden bringt es an den Tag, ist geradezu apokalyptisch, weil sie die Wahrheit darüber enthüllt, wer wir sind (*FT* 70).

Das Gleichnis vom barmherzigen Samariter lässt sich nicht nur auf individuelle Erfahrungen im Leben anwenden, sondern sagt auch viel über Politik und Zivilgesellschaft. Es geht um eine grundlegende Option hinsichtlich gesellschaftlicher Entscheidungen. Es gibt Nationen, die wie die von Jesus beschriebenen Räuber andere Länder ausplündern, sie erniedrigen und blutend am Boden liegen lassen. Wieder andere Nationen gehen dann ihren eigenen Weg, so, als ob nichts, was in der Welt passiert, sie in irgendeiner Weise betreffen könnte.

Die Indifferenz von Priester und Levit scheint die Haltung von Ländern zu beschreiben, die wegschauen, ihr Antlitz abwenden (*FT* 73) und sich auf ihre eigene Wirtschaft konzentrieren, indem sie mehr oder weniger stillschweigend der brutalen Logik des »ökonomischen Darwinismus« folgen. Es gibt ein festes Einverständnis in Bezug auf das Böse: Die plündernden Räuber verhalten sich oft wie die indifferenten Passanten, die sich auf ihre eigenen Interessen konzentrieren. Ebenso gibt es diejenigen, die ausbeuten, und diejenigen, die das System der Ausbeutung als solches akzeptieren. Es ist offensichtliche Heuchelei, die profitorientierte Wirtschaft im Prinzip zu verurteilen und dann ihre Regeln stillschweigend gutzuheißen und zuzustimmen, dass das Spiel weitergeht (*FT* 75).

Es geht nicht darum, sich angesichts derjenigen zu schämen oder die zu verurteilen, die sich solcher Missetaten schuldig machen, weil es nicht schwerfällt, die Verantwortlichen ohne irgendeinen Zweifel zu identifizieren: »Wir kennen sie gut« (*FT* 72). Das Gleichnis zielt nicht darauf, irgendjemanden an den Pranger zu stellen, sondern möchte zur Selbstbesinnung und bewusster Wahrnehmung führen.

Man muss der Logik gewalttätiger Mittel entkommen, indem man sich erstens ein freiwilliges »reines und einfaches Bedürfnis« (*FT* 77) zu eigen macht, denjenigen zu helfen, die erniedrigt sind, den Nationen die Hand zu reichen, die heute dazu gezwungen werden, sich den Gesetzen des globalen Marktes zu unterwerfen. Dazu gehört auch, jede Form von kindischem Verhalten aufzugeben, das Verantwortung für die Entscheidungen ablehnt, die aus nationalistischer Selbstsucht getroffen werden oder sie im Licht des üblichen historischen Determinismus rechtfertigt.

Die Hilfe für andere setzt voraus, dass es ein gemeinsames »Wir« gibt, das unsere Besonderheiten überschreitet und als Unterscheidungskriterium die Vorstellung akzeptiert, dass »das Ganze größer ist als Teile« (*FT* 78; vgl. *EG* 235). In dieser Richtung können Prozesse der Transformation angestoßen und können Handlungen im Sinne von »Wiederherstellung und Versöhnung« (*FT* 78) unternommen werden, die die Auswüchse einer kranken Gesellschaft dadurch heilen, dass sie Grundlagen für einen Gemeinschaftssinn schaffen, der Widersprüche in der Gesellschaft auflösen kann. So gesehen tritt man Indifferenz nicht durch individuelle Initiativen entgegen, sondern durch »Teambildung«, Bündelung der Kräfte und Zusammenführung von Ressourcen.

Das bedeutet Verzicht auf den selbstbezogenen Stil, der oft Mauern und Hindernisse aufrichtet, indem er sie in historische und kulturelle Rechtfertigungen kleidet, und auf der anderen Seite bedeutet es, präsent zu sein und Nachbarschaft zu praktizieren, indem wir ermöglichen, dass unser Sinn für Verantwortlichkeit uns als »Nächster« für den anderen neu bestimmt. Und wenn die Lektüre des Gleichnisses vom barmherzigen Samariter den Weg zu einer geschwisterlichen Beziehung für alle weist, indem sie in unserer gemeinsamen Menschennatur die Grundlage für eine universale Moral entdeckt, »haben für Christen die Worte Jesu noch eine tiefere Bedeutung« (*FT* 85). Spezifisch christlich ist genau das Wiedererkennen des Antlitzes Christi in jedem Bruder und jeder Schwester, die verlassen und ausgeschlossen ist, und der Glaube daran, dass Christus »sein Blut für jeden von uns vergossen hat und niemand außerhalb des Horizonts seiner universellen Liebe steht« (*FT* 8).

Papst Franziskus fürchtet sich nicht davor, einzugestehen, dass es auf Seiten der Kirche ein gewisses Zögern im Blick auf die Übernahme dieser Logik der Gewaltlosigkeit und beim Ergreifen des spezifisch Christlichen gibt: Christus in jeder Schwester und jedem Bruder zu erkennen, die beziehungsweise der verlassen oder ausgeschlossen ist (*FT* 85). Nicht zuletzt die historische Langsamkeit dabei, zu einer klaren Verurteilung der Sklaverei zu kommen, zeigt das Fehlen eines kritischen Bewusstseins und die Schwierigkeit, in der richtigen Richtung voranzukommen. Heute gibt es allerdings keine Ausreden mehr. Der Glaube kann niemals fremdenfeindliche Verhaltensweisen oder Diskriminierung jeglicher Art rechtfertigen. Franziskus hofft vielmehr darauf, dass Katechese und Predigt die »brüderliche Dimension von Spiritualität« (*FT* 86) aufnehmen und sich zu eigen machen werden, als Bekräftigung der unverlierbaren Würde jeder Person.

6. Eine offene Welt schaffen: Unterscheiden und Urteilen

(Fratelli Tutti, Kapitel 3–4)

Nach einer Skizze der Koordinaten einer in sich selbst verschlossenen Welt und nach einem Blick auf das Wort Gottes als Bedeutungshorizont, mit dessen Hilfe der Sackgasse zu entkommen ist, in der wir uns gelähmt vorfinden, beschäftigt sich *Fratelli Tutti* im dritten und vierten Kapitel mit der Gegenwart, um nach konkretem Handeln in Richtung einer solidarischen Gesellschaft von Geschwistern zu fragen.

Bestimmte grundlegende Themen der kirchlichen Soziallehre wie die unverlierbaren Rechte der menschlichen Person, das Prinzip der Solidarität und die universale Bestimmung der Güter werden im Rahmen eines neuen ethisch-moralischen Verständnisses von Nächstenliebe angegangen. Bezugnahmen besonders auf die thomistische Ontologie und den französischen Existenzialismus werden zu der hermeneutischen Option, mit deren Hilfe Papst Franziskus das Thema Liebe als Geschenk erläutert. Er hat die Absicht, sich einem ethisch-pragmatischen Zynismus entgegenzustellen, der einer nihilistischen Sicht der menschlichen Existenz entspringt[103] und auf den sich die um den Konsum kreisende Wegwerfkultur in starkem Maße bezieht.

Die Herausforderungen, so Papst Franziskus, bewegen und zwingen uns dazu, »die Dinge in einem neuen Licht zu sehen und neue Antworten zu entwickeln« (*FT* 128). Erfolg bei diesem Bemühen – die Installierung der Liebe als logisches, hermeneutisches und praktisches Kriterium zur Beurteilung und Strukturierung von Beziehungen wie auch von Institutionen –

bedeutet, Strategien zu finden, die uns zur Suche nach dem Besten für das Leben der anderen antreiben (*FT* 94).

Die Dynamik der Gnade: Die Liebe Christi verbindet uns mit dem Nächsten

Als ersten Schritt der Reaktion auf das »Virus« der Indifferenz braucht es eine Wiedergewinnung des Wertes des Lebens. Das dritte Kapitel von *Fratelli Tutti* führt über die vom Individualismus erzeugte Verschlossenheit hinaus und entdeckt die Schönheit der menschlichen Existenz als ein Gewebe aus wahren und authentischen Beziehungen (*FT* 87). Das wird durch den Entwurf eines kleinen Traktats theologischer Anthropologie erreicht, mit dem Schwerpunkt auf der Erfahrung der Gnade als »von Gott eingegebener Nächstenliebe« (*FT* 91).

Die ersten Sätze reichen aus, um einen Bedeutungsrahmen mit sehr dichten Implikationen zu entwerfen. Während der Bezug auf *Gaudium et Spes* 24 und das Zitat von Gabriel Marcel (*FT* 87) eine Beschreibung des menschlichen Wesens als ein in Offenheit und Dialog mit anderen verwirklichtes Geheimnis anzielen, bezieht sich das Zitat von Karol Wojtyla (*FT* 88) auf den scholastischen Begriff der Gnade als »ungeschuldete oder unverdiente Gabe Gottes, die der Natur hinzugefügt wird (*donum Dei naturae indebitum et superadditum*).«[104] Die Gnade Christi ist immer »relational«, weil sie auf »Offenheit zu und Vereinigung mit anderen« (*FT* 91) zielt. Sie ist Nächstenliebe, Liebe, die Gott zur Erfüllung oder Vervollkommnung der menschlichen Natur eingießt – von Gott gewollt und geschaffen als ontologisch ausgerichtet auf das göttliche »Du« –, damit menschliche Wesen durch den Gebrauch ihrer Freiheit[105] das gesamte Potenzial zum Guten anwenden können, mit dem sie ausgestattet wurden. Liebe schafft den Übergang vom Potenzial zur Wirklichkeit des Seins. Deswegen existieren und subsistieren wir durch Liebe. Gleichzeitig ist es die Liebe, die ein authentisches »Wir« aus der Selbstbezogenheit entstehen lassen kann, weil Liebe es ermöglicht, den anderen als »Du« wahrzunehmen, das erfüllt und Sinn stiftet.[106]

Deshalb ist Liebe die einzige Kraft, die »gastfreundliche« Beziehungen[107] herstellen und eine für Integration offene Gesellschaft entstehen lassen kann (*FT* 88–90). Unter Bezugnahme auf eine Formulierung des Heiligen Thomas von Aquin verdeutlicht der Papst, dass die Liebe Christi jene Bewegung darstellt, die zum Guten führt und uns dazu bewegt, unsere Aufmerksamkeit den Nächsten zuzuwenden, sie als wertvoll zu erachten und uns um das Beste für sie zu bemühen. Liebe impliziert mehr als eine Reihe von wohltätigen Handlungen (*FT* 94), dadurch, dass sie dazu führt, »gut zu sein« und nicht nur »gute Dinge zu tun« (*FT* 95). Liebe ermutigt uns dazu, eine utilitaristische Moralität zu überwinden, in der das Erstreben des Guten vorrangig auf das eigene Ich und nicht auf den anderen gerichtet ist. Im Gegensatz dazu lässt Liebe moralisches Handeln uneigennützig sein und hält es frei davon, eigene private Interessen in den Vordergrund zu stellen (*FT* 102).

Diese Hinneigung zum Guten des anderen nennt Papst Franziskus »Offenheit« (*FT* 95). Es handelt sich nicht um eine Frage der Geographie, sondern der Existenz; es geht um die Fähigkeit, die eigene Interessensphäre auszuweiten, sodass sie auch diejenigen umfasst, die sich normalerweise nicht in ihr befinden (*FT* 97). In anderen Worten: Sie ist jene Haltung des Herzens, die zum Einbezug und zur Teilnahme anderer ermutigt, besonders der »verborgenen Ausgeschlossenen« – all jener, die in der

Gesellschaft in einem dauerhaften Zustand der Prekarität leben, als ob sie für immer Fremde oder Ausländer sein müssten (*FT* 98).

In diesem Kontext ist ein allgemeines Prinzip angesiedelt, das Papst Franziskus schon in seinem Kommentar zum Gleichnis vom barmherzigen Samariter anführte (*FT* 71): Es geht um das Kriterium der Liebe, das die Grenzen des Selbst in Bezug auf das Individuum genauso übersteigt wie in Bezug auf eine ganze Nation (*FT* 96). Von der individuellen Sittlichkeit geht es zur Sozialethik über,[108] vom Besonderen zum Universalen, ohne dadurch irgendeine Diskontinuität hervorzurufen oder letztlich eine Trennung zwischen »öffentlich« und »privat« zu bewirken, die de facto eine »aufgeteilte Moral« legitimieren würde.

In der abschließenden Analyse plädiert der Papst nicht für einen »autoritären und abstrakten Universalismus« (*FT* 100); vielmehr nennt er als Ziel die Entstehung einer sozialen Koexistenz, die dazu anregt, alle gesellschaftlichen Akteure in Harmonie zu bringen, und die niemanden an den Rändern zurücklässt. Diese Art des Nachdenkens über Gesellschaft ist vom Ideal des Evangeliums von einer universalen Gemeinschaft inspiriert. In *Fratelli Tutti* wird dieser Ansatz in einer Weise vorgetragen, die sich alle zu eigen machen können, einschließlich der Nichtgläubigen oder der Anhänger anderer Religionen.

Die Bedeutung von »Geschwistersein« ausweiten: Die Rechte von Personen und Völkern wahrhaft universal machen

Zweifellos beruhen die Grundlagen der westlichen Welt in ihrer derzeitigen sozio-politischen und wirtschaftlichen Prägung auf jenen Idealen der Aufklärung, die prominent im anschaulichen Motto »Freiheit, Gleichheit, Brüderlichkeit« zusammengefasst sind.[109] Da *Fratelli Tutti* »Geschwistersein aller« als Schwerpunkt und Thema in den Vordergrund rückte, war es nicht zu vermeiden, zumindest versteckt die Enzyklika mit der Formulierung dieser Prinzipien zu vergleichen, wie sie feierlich in der *Erklärung der Menschen- und Bürgerrechte* (1789) vorgenommen wurde.[110]

In diesem während der Französischen Revolution verfassten Grundgesetz wird *Freiheit* als das Vermögen des einzelnen Bürgers definiert, »zu tun zu können, was er auch immer will, solange es nicht andere beeinträchtigt« (Art. 5): Dadurch wird des Recht des Individuums auf Selbstbestimmung entschieden bekräftigt, also das Recht, nicht durch vorgegebene Bindungen und Pflichten eingeschränkt zu werden, die vom Geborensein in einer sozialen Klasse herrühren.

Gleichheit wiederum bezieht sich in erster Linie auf die gesetzliche Ordnung des Staates, da sie sich aus der Tatsache ableitet, dass das Gesetz – »Ausdruck des allgemeinen Willens« (Art. 6) der Bürger – für alle gilt, unabhängig von Rang und sozialem Status.

Schließlich wird *Brüderlichkeit* als der Sinn für Solidarität bestimmt, der sich unter Bürgern einstellt, wenn sie anerkennen, dass sie »frei und gleich« (Art. 1) sind. So gesehen wird volle Souveränität einem Volk und einer Nation zuerkannt, deren Bürger einander als gleichberechtigte Mitglieder anerkennen (Art. 3).

Die *Erklärung der Menschen- und Bürgerrechte* gilt als eine der wichtigsten Artikulationen der Anerkennung der Menschenwürde. Sie diente als unverzichtbarer Bezugspunkt für das Verfassen zahlreicher Manifeste und Verfassungen für alle

Demokratien, die sich nach dem Zweiten Weltkrieg konstituiert haben. Es überrascht nicht, dass die von der Vollversammlung der Vereinten Nationen 1948 promulgierte Allgemeine Erklärung der Menschenrechte die Erklärung von 1789 zum Vorbild nahm und sogar einige Teile daraus wörtlich zitiert.[111]

Fratelli Tutti scheint eine Frage aufzuwerfen: Was bedeuten Worte wie *Freiheit, Gleichheit* und *Brüderlichkeit* für uns heute? Ausdrücklicher formuliert: Welche Konsequenzen hat die Entstehung eines globalen Marktplatzes für den internationalen Schutz der Menschenrechte, sowohl der Einzelnen wie der Völker? Wenn wir auf die großen Schandtaten gegen die Menschenwürde blicken, die wir immer noch feststellen – Völkermord, Folter, Todesstrafe, Fundamentalismus, Rassismus –, können wir dann von der »Universalität« der Menschenrechte als für alle Völker gültig sprechen?[112] Franziskus weist darauf hin, dass die »Achtung der individuellen Freiheiten« und »eine gewisse verwaltungsmäßig garantierte Gleichheit« (*FT* 103) zwar unverzichtbare Bedingungen für die Bekräftigung der Rechte von Personen und Völkern darstellen, aber nicht ausreichen, um zu garantieren, dass sie wirklich allen zugutekommen.

In der Sicht des Papstes muss man von einer »bewusst kultivierten« Brüderlichkeit ausgehen, um sichtbar zu machen, was Freiheit und Gleichheit ausmachen und wie sie verstanden werden müssen. Geschwistersein meint mehr als einen auf der gemeinsamen Anerkennung einer nationalen Identität begründeten allgemeinen Sinn für Solidarität, weil es den Rechten und Pflichten vorausgeht, auf die sich das Miteinander von Bürgern stützt. Geschwistersein basiert auf der Anerkennung der grundlegenden Gleichheit aller Völker. So gründet sich das Geschwistersein auf das natürliche Sittengesetz, noch bevor es in das Recht von einzelnen Gesellschaften integriert wird.

So gesehen kann Gleichheit nicht nur grundsätzlich als abstraktes Prinzip bekräftigt werden.[113] Gleichheit muss vielmehr Ergebnis einer »bewussten und sorgsamen Kultivierung von Freiheit« sein (*FT* 104). Das bedeutet die Erziehung dazu, den Anderen als ähnlich und gleich anzuerkennen, Gleichheit also als sichtbarer Ausdruck des politischen Willens und der gemeinsamen Bemühungen all derer, die für Erziehung und Bildung verantwortlich sind. Andernfalls führt jedes ausschließlich auf positives Recht begründete Konzept von Gleichheit, auf der Grundlage der Definition der Person als Bürger (*homo societatis*), zu »geschlossenen Welten« und behandelt menschliche Beziehungen als Abmachung zwischen »Geschäftspartnern« (*FT* 104).

Ohne das Geschwistersein schrumpft die Verwirklichung von Freiheit und reduziert sie auf Autonomie: ein schwacher Ausdruck von Freiheit! Der Unterschied zwischen dem Geschwistersein und jeder anderen Form von Zusammenschluss besteht in der Bereitschaft, mit der zweifachen Illusion zu brechen, wonach es mehr Vorteile bringt, nur an sich zu denken, und das Gemeinwohl auf der Grundlage von Selbstbezogenheit beruht. Das Verständnis von Geschwistersein und Gleichheit im Sinn eines Vorrangs für individuelle Freiheiten gefährdet die Universalität der Rechte. Dasselbe gilt auch für die absolute und unbestreitbare Freiheit des Marktes; das Recht auf Geschäftemachen kann nicht über die Würde des Armen oder über die Umwelt gestellt werden (*FT* 122). Der Papst zieht daraus den klaren Schluss: »Individualismus macht uns nicht freier, nicht gleicher, nicht brüderlicher« (*FT* 105).

Eine »grundlegende Einsicht«: Das unverlierbare Recht auf eine umfassende Entwicklung des Menschen

In Bezug auf die Bedeutung von Begriffen wie *Freiheit, Gleichheit* und *Brüderlichkeit* liegt für Franziskus das Entscheidende in einer »grundlegenden Einsicht« (*FT* 206): der Zuerkennung von Wert und Würde an den Menschen unabhängig von jedwedem historischen, geographischen, kulturellen oder politischen Faktor. Daraus folgt eine weitere Erklärung, die fast zu einer prophetischen wird: Wenn nicht anerkannt wird, dass jedes menschliche Wesen über ein grundlegendes und unveräußerliches Recht zu seiner umfassenden Entwicklung verfügt, »wird es keine Zukunft weder für Brüderlichkeit noch für das Überleben der Menschheit geben« (*FT* 107). Jede Einschränkung dieses Rechts wie jeder Versuch, seine Ausübung an bestimmte Bedingungen zu knüpfen – beispielsweise an eine persönliche Verpflichtung, »für sich selber einzustehen und einzutreten« – muss als eine Verletzung betrachtet werden.

Das Recht auf menschliche Entwicklung darf nicht an irgendeine Art von Berechnung oder Effizienz, irgendeinen Anspruch sozialer Nützlichkeit gebunden werden, die im Endeffekt auf die Rechtfertigung der Option hinausläuft, den Schwächeren oder weniger Begabten zurückzulassen (*FT* 108). Stattdessen dürfen die Rechte der Person nie so verstanden werden, dass das Individuelle aus dem sozialen »Wir« herausgelöst wird, weil sonst die Menschenrechte in verschiedene unlösbare Widersprüche oder Aporien geraten. So ist beispielsweise eine exzessive Betonung der individuellen Freiheit, die oft dazu führt, eine nach unten gerichtete Spirale von Konflikt und Gewalt auszulösen (*FT* 111), verhängnisvoll reduktionistisch. Unter der breit angelegten Voraussetzung, die Bedeutung von Geschwisterlichkeit ausweiten zu wollen, und angesichts der Notwendigkeit, die Menschenrechte angemessen zu deuten, behandelt der Papst auf originelle Art zwei wichtige Gegenstände der kirchlichen Soziallehre: das Prinzip der Solidarität (*FT* 114–115) und das Recht auf Privateigentum (*FT* 118–120).

In Bezug auf das Prinzip der Solidarität fordert Papst Franziskus die wichtigsten Einrichtungen für Erziehung und Bildung – Familien, Schulen, Kulturzentren, Erholungseinrichtungen und so weiter – auf, sich der »bewussten und sorgsamen Kultivierung von Brüderlichkeit« (*FT* 104) anzunehmen. Angesichts der heutigen Krisen in Bezug auf Bildung ist möglicherweise die Weitergabe der Werte Freiheit, gegenseitige Achtung, Teilen und Inklusion die wichtigste Form der Solidarität, die notwendig ist. Es ist eine Form der sozialen und moralischen Verantwortung, die Kette wiederherzustellen, durch die der Wert der Person weitergegeben wird.

Die jungen Generationen von frühester Kindheit an zur Geschwisterlichkeit zu erziehen, hilft ihnen dabei, zu verstehen, dass Solidarität ein Weg ist, um sich in Zeit und Leben einzuordnen. Es geht um die Fähigkeit, die Nähe des anderen zu fühlen, bis dahin, sie »mitzuleiden«. Mitfühlend zu leben bedeutet mehr, als Gesten der Unterstützung zu setzen oder das schlichte Faktum, eine gute Tat zu vollbringen, weil dazu gehört, sich die Situation der anderen Person zu Herzen zu nehmen. Der »Wegwerfkultur« entgegenzutreten ist auch eine Form sozialer Solidarität, weil es ein für das gemeinsame Haus und die Zukunft der Menschheit sensibles moralisches Bewusstsein verrät (*FT* 117).[114]

Im Blick auf das Recht auf Privateigentum unterstreicht Papst Franziskus, dass es vom Prinzip der universalen Bestimmung der geschaffenen Güter abgeleitet werden muss (*FT* 120). Der

Papst weist darauf hin, dass das klar und direkt auch schon Auffassung in der Väterzeit gewesen sei: Wenn jemandem das fehlt, was er braucht, beruht das darauf, dass irgendjemand anderer damit Missbrauch treibt (*FT* 119). In Kontinuität mit dem Lehramt von Paul VI. und Johannes Paul II. argumentiert Franziskus, das Recht auf Privateigentum sei nicht absolut. Es muss als »zweitrangig« und als von der universalen Bestimmung der Güter »abgeleitet« betrachtet werden (*FT* 120).

Wenn wir das Recht auf Privateigentum wie auch die Rechte der Bürger eines Staates auf die Überzeugung zurückführen, dass die Güter der Erde jedem gehören, erkennen wir an, dass »jedes Land auch dem Fremden gehört« und dass das, was die Erde an einem bestimmten Ort anbietet, einer »bedürftigen Person, die von irgendwoher kommt«, nicht verweigert werden darf (*FT* 124). Wenn das Kriterium der Liebe, das die Grenzen des Ich übersteigt, auf das Recht auf Privateigentum und die damit verbundenen Rechte Anwendung findet, wird diese Sicht der Dinge Auswirkungen auf das Funktionieren von Staaten und auf die internationalen Beziehungen haben. Tatsächlich ist jede Nation für die Entwicklung anderer Länder sowie für die integrale Förderung derer verantwortlich, denen das Recht auf materielle Subsistenz und auf Fortschritt verweigert wird, auch jenseits der eigenen Grenzen (*FT* 125). Die Einladung, auf Bilateralismus gegründete Beziehungen zwischen Ländern mit fortgeschrittener Wirtschaft und Ländern mit sich entwickelnder Wirtschaft zu überwinden, ist ein herzlicher Appell zur Solidarität, »Interdependenz und geteilter Verantwortung« (*FT* 127), damit jeder über das verfügen kann, was für ein anständiges Leben in Würde notwendig ist.

Die Beurteilung heutiger sozialer Probleme nach dem Kriterium der Nächstenliebe und der Liebe bedeutet das Anstoßen und Begleiten von Prozessen, nicht das Auferlegen bestimmter Vorgehensweisen. Deshalb ist es unumgänglich, die Perspektive zu verändern und den eigenen Standpunkt umzudrehen, um auf die individuelle Freiheit aus der Sicht des Geschwisterseins mit einem gemeinsamen Sinn für das »Wir« blicken und das erstrangige Recht eines jeden auf den Zugang zu den natürlichen Gütern und den Ressourcen der Erde anerkennen zu können, wenn es um Privateigentum geht.

Ein für die ganze Welt offenes Herz: Immigration als Chance für Bereicherung und Austausch

Das vierte Kapitel von *Fratelli Tutti* ist eng mit dem Vorausgehenden verbunden, wendet es an und vertieft es. Nachdem er bekräftigt hat, dass die Anerkennung der Würde jedes menschlichen Wesens die Grundlage für das universale Geschwistersein ist, fordert Papst Franziskus eine genaue Untersuchung aller konkreten Implikationen eines solchen Anspruchs. Wenn wir die Gleichheit aller Völker wirklich anerkennen, müssen wir die komplexeren Probleme unserer Gegenwart, etwa die Einwanderung, angehen, indem wir dieses Prinzip nicht abstrakt, sondern mit Realismus betrachten.

Wenn Gleichheit meint, »eine konkrete Einbettung zu finden« oder Fleisch anzunehmen (*FT* 128),[115] wird die Welt zu einem Ort, der für den Austausch zwischen Ländern offen ist, und es »wenig ausmacht, ob mein Nachbar in meinem Land oder anderswo zur Welt gekommen ist« (*FT* 125), weil zum Recht jedes menschlichen Wesens auf volle Erfüllung als Person auch das Recht aller Individuen gehört, »einen Ort zu finden, der ihren grundlegenden Bedürfnissen und den ihrer Familien entspricht« (*FT* 129). Solange es nicht möglich ist, jedermann das Recht zu garantieren, auszuwandern (*FT* 38), verlangen die Achtung der Menschenwürde und die Sicherstellung der umfassenden Entwicklung von Migranten die Mitverantwortlichkeit[116] der entwickelten Länder zur Überwindung der »Schranken der Staatsgrenzen«.

Papst Franziskus unterstreicht allerdings, es reiche nicht aus, einfach »willkommen zu heißen«; wir müssen auch daran arbeiten, zu »schützen, zu fördern und zu integrieren« (*FT* 129). Wir müssen also von einer Gesellschaft, in der Fremde Diskriminierungen ausgesetzt sind, zu einem Verständnis sozialer Koexistenz übergehen, das jedem »volles Bürgerrecht« (*FT* 131) garantiert. Es geht weniger darum, »Wohlfahrtsprogramme von oben umzusetzen« (*FT* 129), als darum, praktische und konkrete Möglichkeiten für Integration zu bieten: Gewährung von Visa, humanitäre Korridore, Zugang zu Bildung und grundlegenden Dienstleistungen, Schutz von Minderjährigen, Religionsfreiheit, Familienzusammenführung und so weiter. (*FT* 130).

Ein positives Votum für die Integration ermöglicht es, zu neuen und umfangreicheren Synthesen zu kommen, weil jeder Austausch, bei dem der andere nicht in seiner Identität beschädigt oder niedergedrückt wird, zur Ressource für die Bürgergesellschaft wird und neues Blut in den Venen des gesellschaftlichen Gefüges fließen lässt (*FT* 148). Die Beispiele Vereinigte Staaten und Argentinien und allgemeiner die Begegnung von West und Ost zeigen, wie gut es ist, in dieser Richtung zu denken (*FT* 133–136).

Im Schlussabschnitt dieses vierten Kapitels zeigt sich, dass Franziskus bei der Darstellung komplexer Konzepte es bevorzugt, entgegengesetzte Begriffe, Begriffe mit einer »ihnen innenwohnenden Spannung«, zusammenzubringen (*FT* 142).[117] So unterstreicht der Papst die »untrennbare und gleichermaßen vitale« Polarität (*FT* 142) von Globalisierung und Verortung. Um eine »Offenheit für die Welt« (*FT* 151) zu erreichen, in der niemand dazu gezwungen wird, sich der Logik des Stärkeren zu unterwerfen, gilt es zwei Fallen zu vermeiden: Formen der Vermassung, die Differenzen einebnen, und Begrenzungen, die den Blick verengen. Wir müssen unseren Blick auf das Globale richten, wenn wir nicht auf unseren eigenen Hinterhof begrenzt bleiben und Zäune errichten möchten, die uns letztlich einschließen. Gleichzeitig darf das Globale nicht das überschwemmen, was zur Wirklichkeit vor Ort gehört, vor allem das häusliche und familiäre Leben, in dem sich derzeit alle Erfahrungen von Subsidiarität abspielen.

Abschießend bleibt ein Paar aus entgegengesetzten Begriffen, das analog auf das vorherige bezogen ist und ihm mehr Tiefe verleiht: Die Beziehung zwischen dem Universalen und dem Partikularen, die auf die zwischen Dialog und Identität zurückverweist.

Der Schutz von Diversität, der Pluralität von Kulturen und Identitäten bildet das Kriterium für das Geschwistersein, das zu einer Universalität anregt, die weder abstrakt ist (*FT* 143) noch sich so aufdrängt, dass sie unsere Diversität dominiert und beseitigt (*FT* 144). Das wahrhafte Geschwistersein vereinheitlicht nicht, sondern ermöglicht, dass der eine zusammen mit anderen er selbst bleiben kann; anderenfalls ist es eine »falsche Offenheit für das Universale«, die »dazu führt, dass die Welt ihre unterschiedlichen Farben, ihre Schönheit und schließlich ihre Menschlichkeit verliert« (*FT* 145; 100).

Der Übergang vom Partikularen zum Universalen, vom Lokalen zum Globalen ereignet sich als Dialog zwischen jedermann, der die Identität jeder Person achtet, als ein herzlicher oder aufrichtiger Dialog[118], wie ihn Papst Franziskus nennt, ein Dialog, in dem jeder, der daran teilnimmt, dafür offen ist, das Gute für den anderen zu suchen.

7. Eine bessere und offenere Welt aufbauen

(Fratelli Tutti, Kapitel 5–7)

Die Bezogenheit der in den Kapiteln 5, 6 und 7 von *Fratelli Tutti* behandelten Themen aufeinander machen diesen Teil der Enzyklika zu einer zusammenhängenden Einheit mit einer vielschichtigen oder polyedrischen Vielfalt an Perspektiven und Bezugspunkten.

Es geht vor allem um Politik, Dialog und Frieden. Ohne jede Überschneidung oder Vermischung konvergieren sie darin, dass sie eine sorgfältige Beschreibung unserer Gegenwart bieten und die komplizierte Zukunft skizzieren, auf die wir zugehen. Es ist Ziel von Papst Franziskus, einige von den brennenden Fragen dieser Tage einer realistischen Untersuchung zu unterziehen und sie so dem instabilen Untergrund aufgeschobener Beantwortung oder bequemer Indifferenz zu entziehen.

Franziskus bekräftigt in seiner Analyse die Prinzipien der kirchlichen Soziallehre und bringt sie im Blick auf kommende Entwicklungen wieder ins Gespräch. Verschiedentlich betont der Papst die Dringlichkeit, die ihn dazu veranlasst, Dinge zu sagen, wie sie sind, und die direkt Verantwortlichen unverblümt anzusprechen.

Sein Schlüsselthema Dialog (Kapitel 6) verbindet die Überlegungen zur Politik (Kapitel 5) und zum Frieden (Kapitel 7), um damit praktisch die Notwendigkeit und die Bereitschaft zur Schaffung einer besseren, gerechteren und faireren Welt zu unterstreichen.

Zur Pflege von durch aufrichtigen Austausch und Freundschaft geprägte Beziehungen in einer pluralistischen Gesellschaft braucht es das Streben nach Toleranz und die Praxis des gegenseitigen Zuhörens. Deshalb wird der Dialog zum Raum, in dem sich Menschen einander öffnen, in dem sie einander so begegnen können, dass weder ihre Unterschiede verborgen bleiben noch ihre Einzigartigkeit abgeschwächt wird.

Im Dialog stellt sich die Politik den Widersprüchen, die im sozialen Gefüge entstanden sind, und bringt sie in eine Haltung des Teilens, in einem beständigen Balanceakt zwischen Konflikt und Zusammenarbeit, zwischen Gastfreundschaft und Feindseligkeit.

Friede, der nicht nur als Abwesenheit von Krieg, sondern als für das Gemeinwohl offener Plan zu verstehen ist, wird zum Ziel jedes ehrlichen Politikers und jedes Menschen guten Willens.

»Gute Politik«: Sich um die hohen Ideale der Sozialethik bemühen

Die Rolle der Politik ist grundlegend, wenn wir erreichen wollen, dass wir alle zu Geschwistern werden und zu gesellschaftlicher Freundschaft finden.[119] Papst Franziskus unternimmt es, diesem Thema grundlegend in Kapitel 5 von *Fratelli Tutti* nachzugehen, wobei er seine Sichtweise schon in den ersten Sätzen deutlich macht: Politik, die ihrer eigenen »Berufung« treu bleibt, stellt sich in den Dienst des Gemeinwohls (*FT* 154). Im anderen Fall entartet sie zu einer verzerrten Ausübung von Autorität und wird ihrer hehren Absicht untreu, gute »Regierung durch das Volk« zu sein (*FT* 157). Dazu kommt es beispielsweise, wenn sie der Versuchung des Populismus[120] oder der Verführung des Neoliberalismus unterliegt.

Gemäß dem Standpunkt von Papst Franziskus muss Politik mit Blick auf die Armen bewertet werden; letztlich enthüllt, was »gut« oder »zerstörerisch« ist, wie Politik die Teile der Gesellschaft behandelt, die verwundbar und Risiken ausgesetzt sind. Diese Überzeugung widerspricht nicht nur dem Populismus, sondern auch dem Neoliberalismus. Beides sind Formen schlechter Politik: der Populismus, weil er die Verachtung der Schwachen als demagogisches Werkzeug dazu verwendet, ein Gefühl für ein »Wir« zu schaffen, das vom Ausschließen angetrieben wird; der Neoliberalismus, weil er die wirtschaftlichen Interessen skrupellos den Lebensbedingungen ganzer Bevölkerungen vorordnet.

Politik ist zur Erneuerung ihrer selbst berufen, dazu, ihren guten Namen wiederherzustellen und die Fallen der Medien zu vermeiden, in die sie häufig gerät, wenn sie einen oberflächlichen Konsens anstrebt (*FT* 161). Stattdessen sollte sie sich darum bemühen, die Aufmerksamkeit der öffentlichen Meinung wieder auf wichtige Fragen zu lenken und den Themen Priorität einzuräumen, bei denen die Zukunft der Menschheit auf dem Spiel steht. Das wird allerdings nur möglich sein, wenn Politik zu ihren hohen Idealen der Sozialethik zurückfindet, ohne die eine langfristige Planung nur schwer möglich ist. Einerseits sind diese Aussagen Echo der argentinischen Theologie des Volkes,[121] andererseits sollten wir ihre kontinuierliche Verbundenheit mit der Soziallehre der Kirche festhalten, besonders im Blick auf das beständige Bemühen um eine »soziale Utopie«, für die die vom Christentum inspirierten transzendenten Werte Garantie für grundlegende Freiheiten und die Rechte der Bürger sind.[122]

Papst Franziskus lädt dazu ein, unsere Aufmerksamkeit auf die Konzeption des »Volks« zu konzentrieren, weil er der Meinung ist, es komme zu einer Verbesserung von Politik aus ihren eigenen Wurzeln, wenn diese öfters eine Pause einlegen würde, um über diesen Begriff nachzudenken und ihm seine ihm gebührende Bedeutung einzuräumen. Tatsächlich würde eine Wiederentdeckung des Begriffs »Volk« in gegenwärtigen politischen Diskussionen die Horizonte für eine Begegnung zweier Seiten verbreitern, die zu oft einfach ihre jeweiligen Interessen verteidigen. Das Konzept »Volk« muss angemessen als pluralistische Einheit verstanden werden, im Gegensatz zu jeder verengten Interpretation, die seine Bedeutung auf eine »bloße Summe individueller Interessen« (*FT* 157) verengt.

Franziskus stellt klar, dass »Volk« weder als »logische Kategorie«, noch weniger als »mystische Kategorie«, sondern vielmehr als »mythische Kategorie« (*FT* 158) verstanden werden dürfe. Was ein Volk als kollektive Einheit ausmacht – als gemeinschaftliches Subjekt, aus dem sich eine ethisch-kulturelle Identität ergibt –, lässt sich einfacher symbolisch[123] ausdrücken und beschwören als im Rückgriff auf rationalistische und positivistische Konzepte.

Das Substantiv *Volk* hat einen »Mehrwert«, der sich nicht quantifizieren oder umschreiben lässt. Er umfasst verschiedene charakteristische Elemente: »Humankapital« als die Verbindungen, die das sozio-kulturelle Netzwerk einer Nation ausmachen; »immaterielle Güter« wie Bräuche und Traditionen; das von einer Gruppe von Menschen geteilte Erbe an Werten; schließlich die Identifikation gemeinsamer Ziele, an denen man sich orientiert, wenn Entscheidungen getroffen werden.[124] Deshalb zeigt sich der Begriff »Volk« als eine »offene« Kategorie, weil er sich auf das Leben von Menschen und auf die Möglichkeit zum Entstehen »einer neuen Synthese« (*FT* 160) bezieht, in der das, was zunächst als unterschiedlich und fremd erscheint, einbezogen und integriert wird, was zur Überwindung von Ungleichheiten oder Ungerechtigkeiten führt.

Konsequenterweise vermeidet das Adjektiv *popular* jede mögliche Abstraktion, weil es sich auf das bezieht, was konkret mit der Identität eines »Volkes als Nation« verbunden ist[125] und für die Politik eine gangbare Alternative eröffnet: Die lebendige Erfahrung jedes Volks liegt zwischen liberalem Individualismus und fremdenfeindlichem Populismus. Diese Erfahrung besteht aus miteinander verbundenen Gemeinschaften von Menschen, die gemeinsame Projekte, Träume, Verlangen nach Wachstum und Momente konkreter Solidarität miteinander teilen.

Papst Franziskus geht auf das Problem der Arbeit ein, weil es sich dabei um das Mittel zur Sicherstellung eines angemessenen Lebensunterhalts und um die Ermöglichung von Mitverantwortung für die Steigerung gesellschaftlichen Wohlbefindens handelt. Er verweist auf Arbeit als primäres Ziel einer »guten Politik«. Weil Arbeit eine »wesentliche Dimension des gesellschaftlichen Lebens« (*FT* 162) darstellt, besteht der beste Weg zur Hilfe für diejenigen, die benachteiligt sind, darin, ihnen Freiraum für Initiativen zu ermöglichen, Zugang zum Markt sowie die Chance zum Nutzen ihrer Fähigkeiten und Ressourcen zu bieten.

Deshalb wird das Adjektiv *popular* im Licht der komplexen Wirklichkeit der Arbeit erläutert, weil die stärkste Ausprägung sozialer Ungleichheit darin besteht, nicht über die Mittel zur Entwicklung des eigenen Potenzials zu verfügen. Darum wehren sich neoliberale Sichtweisen der Wirtschaft sehr gegen den Begriff »Volk«; ihre theoretischen Voraussetzungen wurzeln im Individualismus und deshalb in einem Verständnis der Gesellschaft als »bloßer Summe koexistierender Interessen« (*FT* 163). Die Kritik von Franziskus am »technokratischen Paradigma« (*FT* 166) beschränkt sich nicht auf das Anprangern seines falschen theoretischen Rahmenwerks oder den Aufweis seiner schädlichen Auswirkungen, sondern geht auch sein konkupiszentes oder »habgieriges« Wesen an; die eingewurzelte Tendenz, sich egoistisch in sich zu verschließen, scheint im Gegensatz zu jeder möglichen Vorstellung von einem sozialen Zusammenleben zu stehen, in dem die Nächstenliebe zur treibenden Kraft für einen »wirksamen Prozess des historischen Wandels« wird, »der alles betrifft« (*FT* 164).

Für die Politik ist heute ein Verlust des »Verantwortungsgefühls« (*LS* 25) und der Illusion kennzeichnend, dass man mit Technologie alles in den Griff bekommen kann (*LS* 109). Der Papst befragt kritisch unsere konkupiszenten Verhaltensweisen und weist mit dem Finger auf den Götzendienst des Geldes mit seinen Verirrungen und Abwegen. Der Neoliberalismus ist nicht nur eine Theorie, sondern tritt als Glaubensbekenntnis auf. Seine dogmatische Struktur kommt zum Vorschein, wenn er den Anspruch erhebt, der Markt könne Krisen durch seine eigenen Gesetze und Regeln lösen, oder wenn er »die magischen Theorien des ›Spillover‹ oder ›Trickle-down‹« (*FT* 168) als Heilmittel für alle sozialen Ungleichheiten anpreist.

Aber technische Lösungen sind zum Scheitern verurteilt, wenn das gesellschaftliche Leben nicht in einer Weise neu betrachtet wird, in der seine Werte, seine Ziele und Mittel neu begründet werden. Wird die Wirtschaft nicht auf der Grundlage von konkreten Vorstößen zugunsten von mehr Solidarität neu gedacht, kann jede Lösung des Armutsproblems im Blick auf eine Veränderung des gesellschaftlichen Lebens und des Status quo nur versagen.

Die von der COVID-Pandemie ausgelöste Krise hat gezeigt, dass die oben angeführten Spekulationen illusorisch sind, weil der freie Markt sich als unfähig erwiesen hat, auf globaler Ebene

Lösungen zu erbringen. Eher hat die Pandemie die Schwächen von politischen Strategien sichtbar gemacht, die auf ökonomischen Theorien und nicht auf der Anerkennung der Würde des Menschen beruhen. Die Pandemie stellt ein »Ereignis« dar, aus dem jede gute Politik verändert hervorgehen sollte, indem sie sich als in der Lage dazu erweist, Entscheidungen zu treffen, die nicht ausschließlich dem Diktat des Marktes folgen oder die nur den überspannten Erwartungen in Bezug auf Effizienz gehorchen, sondern die den Wert der Person in den Mittelpunkt stellen (*FT* 168).

Wir erkennen gleichermaßen die Bedeutung von Bewegungen im Volk, die alternative Formen der Wirtschaft und gemeinschaftlicher Produktion hervorbringen. Diese Bewegungen gehen über die Vorstellung einer »Politik *für* die Armen« hinaus zu einer Politik »mit den Armen« und »der Armen« (*FT* 169), um sie zu befähigen, Protagonisten und Akteure der gesellschaftlichen Umgestaltung zu werden.[126] Wo Nächstenliebe und Vertrauen Bestandteil der wirtschaftlichen Praxis werden, ermöglicht das, eine bestimmte Hinwendung zu gesellschaftlicher Wohlfahrtspolitik von oben nach unten aufzugeben. Stattdessen können Experimente aufblühen, die »von unten« kommen und kreative Formen einer Wirtschaft aus dem Volk hervorbringen.

Nächstenliebe als »Seele« der Politik: Auf globaler Ebene handeln

Anstatt den Reichtum neu zu verteilen, sollten wir über »die wirksame Machtverteilung (besonders von politischer, ökonomischer, auf Verteidigung bezogener und technologischer

Macht)« (*FT* 171) nachdenken. Wie segensreich wäre die Errichtung einer internationalen Körperschaft auf rechtlichem Weg – mit dem Recht auf Sanktionen gegen diejenigen ausgestattet, die wirtschaftliche Instrumente verwenden, um versteckte Formen des Neokolonialismus zu etablieren. Wie gut wäre es ebenfalls, internationale Organisationen mit der Autorität zu schaffen, das Gemeinwohl auf globaler Ebene zu installieren und für eine Verwirklichung drängender Ziele arbeiten zu können, etwa das Ende des Menschenhandels und den Schutz der Umwelt.

Es ist ebenfalls dringend nötig, die Vereinten Nationen neu zu konzipieren, indem man die Grundlagen zur Beteiligung verbreitert, um wirtschaftlich fortgeschrittene Nationen daran zu hindern, die gesamte Macht auszuüben (*FT* 173).[127] Die Politik muss sich als fähig erweisen, eine breit angelegte Vision vorzulegen, den Multilateralismus zu fördern (*FT* 144), die Instrumente für eine friedliche Konfliktbeilegung zu stärken (*FT* 174), die rechtlichen Systeme auf der Basis internationaler Kooperation zu überdenken und Ziele festzulegen, die über die eigenen Interessen einer bestimmten Nation hinausreichen (*FT* 177).

Papst Franziskus stellt dem Mangel an Koordination und verschiedenen anderen Unzulänglichkeiten in der internationalen Gemeinschaft als Positivum das Handeln so vieler Gruppen und Organisationen in der Bürgergesellschaft gegenüber, die das Prinzip der Subsidiarität in neuen Formen praktizieren. Das bietet ganzen Völkern in prekären Bedingungen eine gewisse Sicherheit. Ihr Versuch, die Menschenrechte gegenüber Gewohnheiten und Mentalitäten zu verteidigen, die gegen sie verstoßen, hat etwas Heldenhaftes an sich – und wird oft dadurch erschwert, dass man der Wirtschaft gegenüber der Politik den Vorrang einräumt. Hier liegt ein Grund für einen hoffnungsvollen Ausblick auf die Zukunft der Menschheit.

Inzwischen erweist sich eine Wirtschaft ohne Politik als unfähig, die Krisen zu überwinden; eine Politik, die sich nur dem Diktat der Wirtschaft fügt, ist blind. Beide müssen sich durch gemeinsame Verständigung dazu verpflichten, ein ganzheitliches Vorgehen zu entwickeln und sich um eine gute Praxis zu bemühen, Korruption, Machtmissbrauch und den Ausfall der Ausrichtung an den Gesetzen zu bekämpfen. Gemeinsame Ausrichtung bedeutet, die Zukunft im Blick zu haben, angetrieben von der Förderung des Gemeinwohls. Denn es ist eine Verpflichtung im Namen der Gerechtigkeit, sorgsam mit dem Erbe umzugehen, das wir den Händen künftiger Generationen übergeben werden (*FT* 178).

Papst Franziskus bekräftigt immer wieder, Politik erfülle ihre ureigene Berufung, wenn sie das Gemeinwohl anstrebe. Er fügt hinzu, das Streben nach guter Führung der gesellschaftlichen Ordnung solle sie dazu antreiben, sich um Nächstenliebe als »Seele« (*FT* 180) ihres Handelns zu bemühen (*modus operandi*).

Wenn »›Person‹ und ›Volk‹ korrelative Begriffe« (*FT* 182) sind, bilden »soziale Liebe«[128] und »politische Nächstenliebe«[129] zwei Seiten einer Medaille. Zwischen Personen entsprechen die Förderung des anderen und die Bemühung um den Aufbau einer besseren Gesellschaft dem, was Politik in der bürgerlichen Ordnung unternimmt. Durch ihre innere Nähe zur Wahrheit vermeidet die Nächstenliebe ein Verliebtsein in Sensationen auf der emotionalen Ebene und neigt stets zu einer universalen Offenheit für Probleme. Soziale Liebe ist der sicherste Weg, um die Entwicklung eines jeden zu erreichen, weil sie immer kreativ und dazu fähig ist, auch dann, wenn es keinen Ausweg aus den Problemen zu geben scheint, einen Weg nach vorne aufzutun

(*FT* 183). Mehr noch: Soziale Liebe ermöglicht den Übergang von persönlicher Initiative zu gemeinsamem Handeln (*FT* 185). Eine von Nächstenliebe beseelte Politik kann »universal« werden und sich auf das gesamte Gefüge der Gesellschaft auswirken. Das Beispiel zur Nächstenliebe in der Politik ist erhellend: »Wenn einer einem älteren Menschen bei der Überquerung eines Flusses hilft, ist das ein schöner Akt von Nächstenliebe. Andererseits baut der Politiker eine Brücke, und auch das ist ein Akt von Nächstenliebe« (*FT* 186).

Im letzten Teil von Kapitel 5 wendet sich Franziskus direkt an die Politiker, mit einem von Herzen kommenden Appell an ihr Gewissen. Er schärft ihnen ein, dass die Überwindung der Herausforderungen von Armut und Ausgeschlossensein, die Eliminierung des Hungers und die Garantie des unveräußerlichen Rechts auf Ernährung für jeden (*FT* 189) nur möglich sind, wenn man sich persönlich einsetzt, die Ärmel hochkrempelt und eine vorrangige Option für die Armen wertschätzt, die jeder Art von »seelenlosem Pragmatismus« (*FT* 187) den Kampf ansagt. Dazu braucht es Achtung für jedes Individuum und die feste Überzeugung von der angeborenen Würde jedes Menschen (*FT* 191). Politik muss für eine diverse Gesellschaft eintreten und die Vielfalt der »Stimmen« schützen, die sie ausmacht (*FT* 190). Zu diesem Zweck ist es notwendig, eine Kultur der Toleranz und friedlichen Koexistenz zu fördern. Wenn man Aufmerksamkeit und Sorge für die Kleinen, die Schwachen und Marginalisierten aufbringt, kann man selber »zärtlich werden« und sich in seinem Innersten durch ihre dramatischen Erfahrungen berühren lassen. Sensibilität für das Unglück der anderen ist kein Zeichen von Schwäche, sondern von ungeheurer innerer Stärke (*FT* 194). Politisches Engagement, dem es nicht um die Anhäufung von Macht geht, sondern das das Ziel der

Förderung von Menschen verfolgt, ist ein Weg, der Hoffnung sät. Wenn wir wirklich eine Verbesserung der Lebensbedingungen anderer anstreben, sind wir dazu bereit, uns ohne Sorge vor dem Ausbleiben kurzfristiger Ergebnisse zu engagieren, im Vertrauen darauf, dass eines Tages andere die Früchte ernten werden (*FT* 196). In dieser Perspektive ist Regieren ein Weg des Dienens, der für das Geheimnis der Fruchtbarkeit öffnet. Wenn wir uns nicht um das Bild kümmern, das wir draußen hinterlassen wollen, nicht um Umfragen und um die öffentliche Meinung, können wir uns ganz auf das Gute konzentrieren, das getan werden muss, Prozesse des Wandels und der Veränderung ins Werk setzen, die in der Gegenwart wurzeln, um Vertrauen in die Zukunft zu schaffen (*FT* 197).

Dialog und soziale Freundschaft: Dem anderen mit Respekt begegnen, um zusammen nach der Wahrheit zu suchen

In den letzten Jahrzehnten hat das theologische Nachdenken die Bedeutung des Dialogs für ein reiferes und vollständigeres Verständnis von Glauben wiederentdeckt.[130] Schon das Zweite Vatikanum legte den Grundstein für diese Entwicklung, indem es die Wichtigkeit des »Dialogs« für das Verständnis des heilsgeschichtlichen Ereignisses der göttlichen Offenbarung betonte. Tatsächlich würdigt die Dogmatische Konstitution *Dei Verbum* »Dialog« als grundlegenden theologischen Begriff, wenn sie unterstreicht: »In dieser Offenbarung redet der unsichtbare Gott aus überströmender Liebe die Menschen an wie Freunde und verkehrt mit ihnen, um sie in seine Gemeinschaft einzuladen und aufzunehmen« (*DV* 2)

Auch Paul VI. sprach dem Dialog besondere Bedeutung zu, indem er ihn als das geeignetste Mittel zum Verständnis des erneuerten Bewusstseins der Kirche identifizierte, wie sie in der Welt gegenwärtig sein kann. Von Christus als zuinnerst *dialogische* Wirklichkeit gestiftet, ist die Kirche dazu gesandt, allen Völkern das Evangelium zu verkünden. In der Enzyklika *Ecclesiam Suam* machte Paul VI. klar, dass man auf der Grundlage des *Dialogs* die Sendung der Kirche in der Welt von heute charakterisieren kann und dass die beiden Begriffe so eng miteinander verbunden sind, dass man sie als Synonyme auffassen kann:

> »Wenn die Kirche wirklich, wie Wir sagten, das Bewusstsein von dem hat, was sie nach dem Wort des Herrn sein soll, dann fühlt sie in sich eine einzigartige Fülle und das Bedürfnis, sich zu verströmen, zugleich mit der klaren Einsicht einer über sie selbst hinausgehenden Sendung, einer Botschaft, die sie zu verbreiten hat. Es ist die Pflicht, der Verkündigung des Evangeliums, der missionarische Auftrag, das apostolische Amt (...) Diesem inneren Antrieb der Liebe, die danach strebt, sich zur äußeren Gabe der Liebe zu machen, wollen Wir den heute allgemein gewordenen Namen ›Dialog‹ geben. Die Kirche muss zu einem Dialog mit der Welt kommen, in der sie nun einmal lebt. Die Kirche macht sich selbst zum Wort, zur Botschaft, zum Dialog.« (*ES* 64–65)

Auf der Grundlage der Lehre des Zweiten Vatikanums und Pauls VI. ist klar, dass Dialog nicht nur eine grundlegende Dimension der menschlichen und christlichen Erfahrung darstellt, sondern auch ein besonderes Charisma ausmacht, das der Kirche bei ihren Bemühungen um Förderung der Einheit unter den Völkern und von unser aller Geschwistersein helfen kann.[131]

Trotzdem ist es, sogar angesichts der erneuten Wertschätzung des »dialogischen Vorgehens« in kirchlichen Kontexten, nicht unüblich, denjenigen, die den Dialog als wichtig bei politischen, wirtschaftlichen und gesellschaftlichen Entscheidungen oder im bürgerlichen Zusammenleben erachten, naive Träumerei vorzuhalten. Es sieht fast so aus, als ob die Herangehensweise an heutige Herausforderungen durch das Vorschlagen und Fördern des Dialogs eine Art von »gute Taten vollbringen« und »Frieden herstellen« offenbare, die für die Wahrnehmung der menschlichen Realität und gegenwärtiger Phänomene völlig ungeeignet sei.

Dieses Vorurteil verdankt sich vermutlich der Art und Weise, in der die Bedeutung von Dialog früher missverstanden wurde, indem man ihn auf das letzte Mittel nach dem Scheitern aller sonstigen Anstrengungen verkürzte. Nur wenn alles unrettbar verloren scheint (*in extremis*), wenn möglicherweise keine Lösung zu finden ist, taucht der Versuch des Dialogs als Mittel der Schadensbegrenzung und des »Rettens, was zu retten ist« auf.

Fratelli Tutti wählt eine andere Vorgehensweise. Das entsprechende Kapitel spricht vom Dialog mit heilsamen und realistischen Vorschlägen. Der Dialog erscheint nicht als letztes Mittel, als Versuch der Schadensbegrenzung und des Bemühens um eine Versöhnung der Gegner, sondern wird als schöpferischer und »präventiver« Prozess ins Spiel gebracht, der Horizonte eröffnen kann, die über bloße Kompromisse hinausreichen. Der Dialog ist weit mehr als ein bloßer »Notausgang«, er berührt die betroffenen Parteien, drängt sie zum Überdenken ihrer eigenen Prioritäten und zur Suche nach einem alternativen Weg in eine verlässliche Zukunft. Das Reduzieren des Wertes von Dialog auf ein bloßes »Heilmittel« würde seine volle Kraft und Wirksamkeit verringern.[132]

Dialog ist ein unverzichtbares Instrument dafür, verschiedene gesellschaftliche Akteure zusammenzubringen, und ein Ort der Begegnung für unterschiedliche kulturelle Identitäten (*FT* 199). Wenn der Dialog fehlt, hat das immer schmerzliche Konsequenzen, vergrößert innere Konflikte einer Nation und heizt Spannungen zwischen Völkern an (*FT* 202).

Die Vision des Dialogs, die Papst Franziskus vertritt, wird nicht von dem einen Ziel angetrieben, ausdrücklich das Evangelium zu verkünden. Die Perspektive des Papstes folgt vielmehr der Logik, die Jesus in seinem Gleichnis vom Sauerteig im Mehl offenbarte (Mt 13,33). Dialog zielt darauf, von innen heraus die Vernetzung von Verhältnissen und Beziehungen zwischen Personen und Völkern zu fördern. Wie Paul VI. festhielt, ist es das ständige Bemühen der Person im Dialog, »jeden dazu zu bringen, über die Botschaft zu sprechen, die weiterzugeben ihr aufgetragen ist« (*EN* 80). Mit anderen Worten: Als Christus sich der Welt offenbarte, indem er ihr das Antlitz des Vaters zeigte, ging es um die Anreicherung unserer Grammatik als menschliche Wesen mit der Syntax des Dialogs.[133]

Die Begegnung zwischen dem ewigen *Logos* und menschlicher Logik zeigt uns vor allem, was Dialog nicht ist. Dialog wird oft mit einem wütenden Aushandeln von Meinungen verwechselt, ohne jeden ernsthaften Wunsch, die tieferen Gründe und Absichten des anderen zu verstehen. Bei einem solchen Missverständnis von Dialog wird Zuhören nicht als konstruktiv erfahren, als ein Weg, um sich für die Wahrheit des Gesprächspartners zu öffnen. Vielmehr reduziert man das Zuhören auf die Suche nach den vom Gegner geäußerten Worten, mit denen sich Munition finden lässt, mit der man das eigene Argument überzeugender machen kann. Die systematische Weigerung, auf die Logik der anderen zu hören, verhärtet die eigene Position und führt den Dialog in eine Sackgasse,

Die Medien verbinden sich mit dieser Art des fruchtlosen Austauschs von Meinungen, der sich als Dialog maskiert. In Wirklichkeit handelt es sich um sich überlappende Monologe in Gegenwart des anderen. Dieser Stil ist nicht nur im Internet vorherrschend geworden, wo sich hinter der von den sozialen Medien offerierten unpersönlichen Kommunikation Aggression und Hass verbergen, sondern auch in der politischen Debatte, wo die Fähigkeit, seinen Gegner auszustechen, wichtiger geworden ist als die Vorstellungen, die geäußert werden sollen.

Politiker machen sich aggressive Töne, abwertende Sprache und Manipulation von Information zunutze, oft um ihre Entscheidungen zu rechtfertigen, sogar auf Kosten der Dämonisierung derjenigen, die anders denken als sie (*FT* 201). Wenn die Bereitschaft fehlt, in den Dialog einzutreten, wird aus der Konfrontation ein Konflikt zwischen gegensätzlichen Meinungen, Interessen und Zielen, nur um den Vorteil einzuheimsen. Das Beste, was man erhoffen kann, ist eine Verständigung über eine Aufteilung der Macht, bei der man so weit wie möglich verhindert, dass der andere das größte Stück vom Kuchen bekommt.

Wir müssen die Kunst des Dialogs lernen, damit wir miteinander aufbauen können. Das bedeutet, die Gesichtspunkte des anderen zu begrüßen und sich darum zu bemühen, die Positionen des anderen zu verstehen, ohne von Anfang an auszuschließen, darin etwas Gutes oder Sensibles zu entdecken. Toleranz entsteht aus dem genauen Bemühen, verschiedene Vorstellungen miteinander zu vergleichen, Differenzen als einen Vorteil wahrzunehmen, den man bewahren und gegen den man nicht opponieren soll. Deshalb ist es grundlegend wichtig, Respekt zu pflegen. Es gibt keinen wirklichen Dialog, wenn man nicht dazu bereit ist, anderen die angemessene Beachtung zu schenken, indem man ihre Identität und ihre unterschiedliche Art, zu denken und zu leben, anerkennt (*FT* 203). Unterschiede können in uns zunächst Emotionen auslösen, Widerstand, Widerspruch und besondere Abwehrmechanismen hervorrufen: den anderen zu negieren oder die Gelegenheit auszunutzen, dem anderen entgegenzutreten oder ihn auch mit zynischem Vergnügen auszuschließen und zu brandmarken.[134]

Seit den 1990er-Jahren fand das Problem des Relativismus seinen Weg in viele Dokumente des Lehramts von Johannes Paul II., besonders im Blick auf Fragen der Ethik. Benedikt XVI. betonte darüber hinaus die Notwendigkeit eines Aufweises der theoretischen und praktischen Unzulänglichkeiten des Relativismus auf eine systematischere Art, um so einen alternativen Weg für den christlichen Glauben aufweisen zu können. Benedikt XVI. behandelte den Relativismus als Einzelphänomen, ohne seine verschiedenen Erscheinungsformen zu spezifizieren oder Adjektive zu seiner Kennzeichnung zu gebrauchen (zum Beispiel kultureller, moralischer, ethischer, religiöser, politischer Relativismus). Benedikt XVI. erklärte in einer Botschaft an Jugendliche die schmerzlichen Auswirkungen des Relativismus folgendermaßen: »Es gibt eine wachsende Mentalität des Relativismus, der der Meinung ist, alles sei gleichermaßen gültig, Wahrheit und absolute Bezugspunkte existierten nicht. Aber diese Art des Denkens führt nicht zur wahren Freiheit, sondern eher zu Instabilität, Verwirrung und blindem Konformismus mit momentanen Launen.«[135] So erscheint die Kritik des Relativismus als Teil der Dialektik der säkularisierten Gesellschaft, die in Beziehung zum Verschwinden der metaphysischen, ethischen, spirituellen und eschatologischen Dimensionen eingeordnet wird, die das Entstehen der Moderne begleitet haben.

Dialog hält uns davon ab, in vereinfachende Verallgemeinerungen zu verfallen, denn es gibt nie nur die eine Möglichkeit, Wirklichkeit wahrzunehmen und ihre Bedeutung herauszufinden. Heute erleben wir beispielsweise dieses Risiko, wenn wir der Meinung sind, wissenschaftlicher Fortschritt sei der einzige sinnvolle und verlässliche Deutungsrahmen für die gegenwärtige Welt. Eine umfassende Zugangsweise zum Leben erfordert jedoch eine Interaktion der verschiedenen Wissenschaften untereinander, indem sie die Lektionen lernen, die ihnen jede durch die anderen Disziplinen gewonnene Perspektive auf die Wirklichkeit vermitteln kann (*FT* 204). Lange Zeit wurde die Fragmentierung des Wissens vom Relativismus unterstützt,[136] und im Namen von wechselseitiger Toleranz wurden objektive Wahrheit oder universal gültige Prinzipien geleugnet. Allerdings ließ sich aus dieser Vorgehensweise kein wirklicher Vorteil gewinnen; sie schwächte nur unser Wissen und erbaute »kartesianische Mauern«, die dazu führten, dass sich die unterschiedlichen Wissenschaftsbereiche voneinander isolierten und die Verbindung zueinander verloren (*FT* 206). Wir müssen anerkennen: Während Fakten bei ihrer Deutung missverstanden oder bewusst verdreht werden können, gibt es Wahrheiten, die sich nicht verändern und die Zeit transzendieren (*FT* 208). Anders als normalerweise angenommen ist die menschliche Vernunft nicht »schwach«, sondern verfügt über die erforderliche Stärke, in sich diese universalen Prinzipien und unveränderlichen Werte zu entdecken, zu denen sie von Natur aus hingeordnet ist. Eine dieser grundlegenden und unveräußerlichen Wahrheiten ist die Würde der menschlichen Person (*FT* 207), die menschliche Wesen vor den Überzeugungen schützt, die beliebig durch die Geschichte fluten. Die gleiche Wahrheit befreit die Menschheit von flüchtigen Meinungen und berückenden Ideologien, die das Menschliche in Übereinstimmung mit bestimmten Programmen und Interessen zu beugen und zu zerbrechen drohen. Relativismus schließt die Gefahr ein, dass der Stärkste durchsetzt, was für wahr gehalten werden soll, und dass Gerechtigkeit einfach zum Widerschein dominierender Vorstellungen wird (*FT* 210). Im Gegenteil: Die grundlegende Moralität bekräftigt die Existenz von Gesetzen und Normen, die für alle menschlichen Wesen gelten, unabhängig von jeder Art der Kontingenz. »Ob einer der Herr der Welt oder der Letzte, Elendeste auf Erden ist, macht keinen Unterschied: Vor den sittlichen Ansprüchen sind wir alle absolut gleich« (*FT* 209). Das bedeutet, zusammen nach der Wahrheit zu suchen, sie in ihrer wirklichen Objektivität zu erkennen, über »jeden zufälligen Konsens« (*FT* 211) hinauszugehen und jede Art politischer Aneignung der Wahrheit zu überwinden, die sie auf einen einzelnen Gesichtspunkt beschränkt (*FT* 206).

Die Förderung einer gelungenen »Kultur der Begegnung« ist die Voraussetzung dafür, ein gesellschaftliches Gefüge aufzubauen, in dem niemandes Rechte und Möglichkeiten verneint werden (*FT* 215–221). Papst Franziskus empfiehlt Güte als Haltung des Respekts und als die Entschlossenheit, niemand anderen zu verletzen (*FT* 223). Der Austausch untereinander, ohne die eigenen Auffassungen oder die der anderen zu relativieren, bildet den direktesten Weg zur Umwandlung sozialer Beziehungen und legt die Fundamente für ein für alle ersprießliches harmonisches Zusammenleben (*FT* 224).

Wege zu einer neuen Begegnung: Erbauer und Handwerker des Friedens

Kapitel 7 von *Fratelli Tutti* beschäftigt sich mit dem Problem des Friedens und mit den großen Veränderungen für den Umgang mit internationalen Konflikten, die durch das Aufkommen der Globalisierung und den technisch-wissenschaftlichen Fortschritt entstanden sind.

Es lohnt sich, in Erinnerung zu rufen, dass das Lehramt der Kirche bis zur zweiten Hälfte des 20. Jahrhunderts wenig Interesse an der Frage des Friedens erkennen ließ. Erst nach dem Zweiten Weltkrieg sah es das Lehramt als notwendig an, sich angesichts der Wunden, die der Krieg der Menschheit zugefügt hatte, mit dem Gegenstand genauer zu befassen.[137]

Die Enzyklika *Pacem in Terris* Johannes' XXIII. und die Pastoralkonstitution *Gaudium et Spes* sind die Zeugnisse mit der meisten Autorität für den grundlegenden Wandel, der sich im theologischen Bewusstsein der Kirche in Bezug auf das Thema Frieden nach dem Zweiten Weltkrieg vollzogen hat. Man betrachtete Frieden nicht mehr nur als eschatologisches Ziel der endgültigen Versöhnung in Christus, sondern als eine Wirklichkeit in der Geschichte sowie als Auftrag, den die Menschheitsfamilie im Hier und Jetzt der Gegenwart zu erfüllen hat.[138]

Im Licht der Lehre des Konzils und der neuen Aufmerksamkeit des Lehramts sieht *Fratelli Tutti* Friedenschaffen als Pflicht, das Evangelium zu verkündigen und den Plan Gottes für die Menschheit zu verwirklichen, die noch nicht abgeschlossen, sondern eine reale Wirklichkeit ist, solange wir weiterhin nach dem endgültigen Ziel streben. Die Geschichte der Menschheit und die Heilsgeschichte stehen nicht unverbunden nebeneinander; erstere ist ein Bestandteil der letzteren.

Gaudium et Spes handelt vom Frieden im Kapitel V von Teil II. Dennoch findet sich die Grundlegung einer Theologie des Friedens in Teil I, besonders in der Aussage »Der Herr ist das Ziel der menschlichen Geschichte« (*GS* 45). Im Kontrast zu jeder individualistischen Deutung des Friedens hält *Gaudium et Spes* fest, Friede sei eine Verantwortung für die gesamte Menschheitsfamilie, die dazu berufen sei, »Familie Gottes« zu werden. Die Aufforderung von Papst Franziskus zum Geschwistersein aller gründet in dieser Überzeugung: Die ganze Menschheit muss die Geschichte auf die Verwirklichung des Friedens ausrichten. Dieses Ziel gilt für jeden Menschen, obwohl es für Christen eine besondere Bedeutung gewinnt, da dies heißt, der Welt das erlösende Handeln Christi aufzuzeigen.

Papst Franziskus nennt zwei verschiedene Ebenen, auf denen wir unsere Verpflichtung zum Frieden verwirklichen können. Es gibt eine *politische* Ebene als Vorrecht der Institutionen durch die Kunst des Verhandelns. Dann gibt es die *persönliche* Ebene, auf der jede Person guten Willens ihren Beitrag zur Förderung einer Kultur des gesellschaftlichen Miteinanders leisten soll. Friede ist das Ergebnis der miteinander verbundenen Bemühungen auf beiden Ebenen, da Friedensverträge – obwohl unverzichtbar – ihr Ziel nicht ohne den Beitrag der bürgerlichen Gemeinschaften und die Veränderung gesellschaftlicher Beziehungen erreichen können, die durch das direkte und alltägliche Engagement normaler Menschen geschieht.[139] Friede setzt voraus, dass beide aufeinander verwiesenen Handlungsstränge – der politische und der persönliche – zusammenwirken, um das gemeinsame Ziel einer Zukunft ohne Krieg zu erreichen.

Unter Rückgriff auf eine berühmte Maxime von Tertullian[140] können wir bekräftigen, dass »Friedensstifter nicht geboren, sondern dazu gemacht werden«. Das gilt, weil der Aufbau einer friedlichen Welt Ergebnis eines Wegs der Veränderung auf verschiedenen Ebenen ist, um unsere angeborene menschliche Tendenz zur Überwältigung des Schwächeren im Zaum zu halten. In diesem »Werden«, um mit Tertullian zu sprechen, können wir eine »Askese« beziehungsweise Disziplin finden, die auf den Frieden unter Religionen, Nationen und Völkern zielt.

Politik entwickelt eine »Architektur« des Friedens, indem sie einen normativen Rahmen ausbildet und internationale Vereinbarungen schließt; das Gewebe friedlicher Beziehungen entsteht dagegen durch gewöhnliche Menschen und geschieht durch eine »Kunstfertigkeit oder ein Handwerk« des Friedens (*FT* 231).

Indem Papst Franziskus auf diese beiden Bilder der »Architektur« und der »Kunstfertigkeit« zurückgreift – letzteres geht auf die Handwerkskunst zurück –, verdeutlicht er das Thema Frieden und schlägt einen zukünftigen Weg in einem Umfeld vor, das an »theologische Ästhetik« denken lässt. Friedenschaffen bedeutet *philokalia*, also einen Weg der Schönheit zu lieben und zu beschreiten.[141] Friede ist *schön*, weil er im Gegensatz zur Hässlichkeit des Egoismus und Individualismus steht und die Frucht einer gemeinsamen Anstrengung ist, die Einsatz und Hingabe erfordert.[142] Im Licht des christlichen Glaubens ist Friede nicht Ergebnis einer heldenhaften Anstrengung des Einzelnen, sondern ein Ereignis von Gemeinschaft. Friede ist ein Wiederschein der »gegenseitigen Beziehung« (*perichoresis*) der Trinität, der ineinander verwobenen Liebe von Vater, Sohn und Heiligem Geist. Diese trinitarische Liebe ist nicht nur Ursprung des Schöpfungsaktes, sondern bildet auch dessen letztes Ziel. Friede ist Prophezeiung einer erlösten Welt, Vorwegnahme der im himmlischen Jerusalem wiedervereinten Menschheit. Gleichzeitig ist Frieden ein »Zeichen der Zeit«, das auf die

Gegenwart des Reiches Gottes verweist, das schon in der gegenwärtigen Geschichte am Werk ist, da es Zeugnis für die sich in unserer Geschichte entfaltende Erlösung ablegt.

Papst Franziskus entnimmt der biblischen Offenbarung drei Eigenschaften zur Beschreibung von Frieden als eines gemeinschaftlichen Stils, der die menschliche Person in Beziehung zu Gott, zur Schöpfung und zu anderen menschlichen Wesen bringt: Wahrheit, Gerechtigkeit und Vergebung.[143] Fehlt eines dieser drei Kennzeichen, wird die Bedeutung des Friedens und das Bewusstsein der *Ganzheit* untergraben, das er in Bezug auf gesellschaftliche Beziehungen beziehungsweise überall in der Welt anstrebt.[144] Wahrheit, Gerechtigkeit und Vergebung sind für Frieden gleich wesentlich und jedes dieser Elemente »verhindert, dass das andere verändert wird« (*FT* 227).[145]

Mit der »starken und klaren« Wahrheit anzufangen (*FT* 226), bedeutet die Eröffnung von Prozessen, die die von Konflikten und Kriegen verursachten Bosheiten wiedergutmachen und heilen (*FT* 225). Zu diesen Wegen gehört immer die Praxis »einer bußfertigen Erinnerung, die das Vergangene akzeptieren kann, um nicht die Zukunft zu verdunkeln« (*FT* 226).[146] Nur auf der Grundlage der historischen Wahrheit, aus einer ehrlichen Aufarbeitung der Tatsachen, können gegenseitiges Verständnis und eine Verpflichtung auf das Gemeinwohl entstehen, die für das Bemühen um wirkliche Lösungen und neue Synthesen offen ist.[147] Es ist eine Forderung der Gerechtigkeit, aber auch das Recht der Opfer, Licht in den Ursprung eines Konflikts zu bringen, seine Ursachen zu erklären und neu zu erzählen, was wirklich geschah. Ereignisse ins Licht zu rücken, ohne auch nur ein Faktum auszulassen oder zu manipulieren und die Fehler jeder beteiligten Partei anzuerkennen: Das ist ein Weg, den Gefallenen Ehre zu erweisen und die Untaten der Vergangenheit zu heilen. Wahrheit ist ein Gegenmittel zur Vergeltung und bricht den Hass, der neuen Hass nährt.

Friede ist »nicht nur einfach die Abwesenheit von Krieg« (*FT* 223), sondern der Aufbau von Beziehungen sozialer Freundschaft, in der die Würde der menschlichen Person anerkannt und garantiert wird. Deshalb braucht Frieden Gerechtigkeit und fordert eine vorrangige Option für die Armen.[148] Ohne Fairness und ohne die Garantie, dass die Marginalisierten wirklich zu Protagonisten ihres Lebens werden, kann derzeit kein sozialer Friede entstehen (*FT* 234). Tatsächlich bilden soziale Ungleichheiten einen fruchtbaren Nährboden für die Ausbreitung von Kriegen (*FT* 235). Oft schafft das Fehlen von Bedingungen, die erforderlich sind, um den »Ausgeschlossenen« Zugang zu einer umfassenden menschlichen Entwicklung zu sichern, Ursachen für soziale Unruhe. Das bildet häufig den Ursprung vieler anti-sozialer Verhaltensweisen und den Hintergrund für Frustration und Empörung, die plötzliche und heftige Reaktionen auslösen können.[149]

Papst Franziskus fragt sich, welche Bedeutung wir dem Wort *Versöhnung* geben können, und merkt an, viele Menschen verzichteten darauf, es zu verwenden, weil sie der Überzeugung seien, dass Konflikte Teil des Funktionierens von Gesellschaft seien (*FT* 236). Sie halten lieber nur den Anschein von Frieden aufrecht, auch auf Kosten des Verdeckens von Problemen und der stillschweigenden Unterstützung des Umsichgreifens von Ungerechtigkeit. Sie ziehen einen Vorteil aus Täuschungen, um nicht ihre Positionen von Macht und Profit aufgeben zu müssen.[150]

Dennoch gibt es Situationen, vor denen wir die Augen nicht verschließen können, genauso wie unvermeidbare Konflikte. In beiden Fällen muss man Stellung beziehen. Wir müssen auf die

Vorteile verzichten, die sich aus der Nichteinmischung ergeben können, und der Entscheidung den Vorzug geben, gegen jede Art von Unterdrückung Widerstand zu leisten. Wahre Versöhnung scheut nicht Konflikt und Konfrontation, sondern steht sie durch und bezieht aus dem Dialog die nötige Entschiedenheit, um Konflikte auf transparente und untadelige Art zu lösen (*FT* 244).

Das Einleiten von Versöhnungsprozessen braucht Zeit und Geduld. Es verlangt Respekt vor der Erinnerung von Opfern und den Verzicht auf Vergeltung (*FT* 251). Die ausdrückliche Entscheidung, sich Unrecht zu widersetzen, darf auf keinen Fall von Hass oder vom Wunsch nach Vergeltung motiviert sein.[151] Sie sollte auch nicht auf Vergeltung aus sein, in der Hoffnung auf eine Art von Reparation (*FT* 242; 252). Friede ist machbar, indem das Böse durch das Gute überwunden wird, als Erweis der Stärke, die im Verzicht auf Vergeltung liegt (*FT* 243; 251).

Papst Franziskus greift auf eines der in *Evangelii Gaudium* genannten Prinzipien zurück, wenn er bekräftigt, dass »Einheit mehr als der Konflikt wiegt« (*EG* 228). Gleichzeitig ist Vergebung immer eine zutiefst persönliche Angelegenheit, die nicht von oben aufgezwungen werden kann. Das Ziel der Einheit, das zum Frieden und zur Lösung von Konflikten führt, braucht Toleranz und verlangt den Verzicht auf ein Urteil über diejenigen, die sich um einen Weg der Vergebung bemühen (*FT* 246). In jedem Fall ist die Suche nach Einheit jenseits des Konflikts nie dasselbe wie Vergessen: Es meint nicht ein Wegwischen oder Leugnen der Vergangenheit (*FT* 250). Im Gegenteil: Die von der Menschheit begangenen Grausamkeiten wie die Shoa oder der Abwurf der Atombomben auf Hiroshima und Nagasaki (*FT* 247–248) müssen in unserem kollektiven historischen Gedächtnis lebendig bleiben. Nachfolgende Generationen dürfen nicht in Ignoranz oder Indifferenz gegenüber dem aufwachsen, was den Opfern globaler Konflikte geschehen ist. Es wäre ein schwerwiegender Irrtum, unsere Erinnerung zu betäuben und uns von den durch das Böse im Menschen begangenen Ereignissen zu distanzieren.

Um eine Wiederholung der Tragödien der Vergangenheit zu verhindern, ist es unerlässlich, unser kollektives Gedächtnis so zu formen, dass wir es lebendig und in der Bereitschaft erhalten, auf den Willen nach Herrschaft und Übermacht zu reagieren (*FT* 249).

Neben der Erinnerung an die Vergangenheit, die uns angesichts der von Völkern ihren Mitmenschen angetanen Gewalt die Schamröte ins Gesicht treibt, müssen wir auch das Zeugnis derer weitergeben, die beim Versuch, das Böse zu überwinden, dem sie ausgesetzt waren, ihre Würde wiedererlangen, und weiterhin vergeben, Solidarität zeigen und als Geschwister handeln. Wenn wir Vergebung im Licht des göttlichen Geheimnisses als wahren Ausdruck göttlicher Liebe empfangen können, ist es auch möglich, selbst demjenigen zu vergeben, der keine Zeichen von Reue erkennen lässt oder mit der Bitte um Vergebung zögert (*FT* 250). Vergebung ist eine verantwortungsvolle Entscheidung; zu ihr gehört die Entschlossenheit, den verhängnisvollen Zirkel der Vergeltung zu durchbrechen, in der festen Überzeugung, dass es den den Opfern angetanen Schaden nicht wiedergutmacht, wenn den für vergangene Verbrechen Verantwortlichen weiteres Leid zugefügt wird (*FT* 251). Damit ist nicht gemeint, dass sie straflos davonkommen sollten, sondern nur, dass Gerechtigkeit aus Liebe zur Gerechtigkeit ausgeübt werden sollte, nicht als Freifahrschein für Wut (*FT* 252).

Zwei »falsche Antworten«: Krieg und Todesstrafe

Friede muss immer durch den umfassenden Schutz des Lebens und die eindeutige Absage an jede Form von Vergeltung erreicht werden: etwa durch Krieg und Todesstrafe, die den dem Leben innewohnenden Wert negieren. Es geht hier um zwei wirklich »falsche Antworten« (*FT* 255) auf die Probleme, die zu lösen sie beanspruchen. Ihr einziges Ergebnis sind die Erzeugung neuer Spannungen und das noch stärkere Zerreißen des gesellschaftlichen Gefüges.

Es ist pure Einbildung zu glauben, Krieg könnte eine wirkliche Antwort auf den Ausbruch eines Konflikts sein. Viel öfter verbergen sich verbrecherische Absichten und weitere fragwürdige Motive wie Herrschaftsansprüche, Machtmissbrauch und rassistische Vorurteile hinter den scheinbaren Gründen, die zur Rechtfertigung des Krieges als wirksamer und unvermeidlicher Option angeführt werden (*FT* 256). Papst Franziskus betont die schädlichen Konsequenzen, die der Entscheidung für einen Krieg unvermeidlich folgen: »Krieg ist die Negation aller Rechte und ein dramatischer Angriff auf die Umwelt« (*FT* 257). Deshalb bedeutet Krieg ein existenzielles Risiko, das wegen der davon verursachten Schäden für die menschliche Entwicklung und für die Schöpfung unter allen Umständen vermieden werden sollte.

Aus der Geschichte wird deutlich, dass sich die Anwendung der Charta der Vereinten Nationen Jahrzehnte hindurch als wirksames Werkzeug für den Umgang mit internationalen Krisen erwiesen hat. Dennoch ist es nicht zu bestreiten, dass in bestimmten Fällen die willkürliche Entscheidung, ihre verbindlichen Normen nicht anzuwenden, dazu gedient hat, partikulare Interessen zu verschleiern – mit beträchtlichen Schäden für das weltweite Gemeinwohl. Es ist bedauerlich und zeugt von Engstirnigkeit, den Ausweg des Krieges zu suchen, dabei humanitäre Erfordernisse als Entschuldigung zu verwenden und Informationen zu manipulieren, um die Entscheidung zugunsten der Gewalt als legitim erscheinen zu lassen.

Es gibt für Krieg keine Rechtfertigung; es ist auch nie legitim, ihn als »gerechte« Lösung zu präsentieren,[152] als Maßnahme der Prävention oder zur Verteidigung, um ihn so zu einem plausiblen Mittel der endgültigen Beilegung von Streitigkeiten zu machen (*FT* 258). Angesichts der Möglichkeit, ganzen Bevölkerungen Leiden und Tod zuzufügen, kann man nicht auf das Prinzip des »geringeren Übels« zurückgreifen. Das gilt umso mehr in einer Zeit, in der die militärische Anwendung von Technologie ausgeklügelte Waffen mit einem im Vergleich zu früher unvorstellbaren Ausmaß an Zerstörungskraft hervorgebracht hat.

Die Globalisierung hat zur Folge, dass die Konflikte, die sich in einem bestimmten Teil der Welt abspielen, eine Kettenreaktion mit Erschütterungen überall auf dem Planeten auslösen. Wir leben in einem »Weltkrieg, der in einzelnen Bestandteilen ausgefochten wird« (*FT* 25; 259). Die Annahme wäre naiv, was auf einem anderen Kontinent geschieht, würde uns nichts angehen oder würde uns nicht direkt betreffen. Jeder Krieg muss zutiefst als ein Versagen von Politik und eine Niederlage für die Menschheit gesehen werden, da er »unsere Welt schlechter zurücklässt, als sie zuvor gewesen ist« (*FT* 261). Deshalb ist wichtig, dass uns das von der Zivilbevölkerung erlittene Drama herausfordert, uns mit dem Leid der Opfer, der Flüchtlinge, der Waisen und der an Körper und Seele Verwundeten zu verbinden, auch wenn sie als unvermeidlicher Kollateralschaden der Ereignisse betrachtet werden, denen sie ausgesetzt sind. Wenn es stimmt, dass die »Wirklichkeit wichtiger ist als die Idee« (*EG* 231–233), dann übertrifft die Wirklichkeit des Krieges, wie sie von den Opfern erlitten wird, die Vorstellung eines jeden, der ihn auf kurze oder lange Sicht als vorteilhaft einschätzt.

Franziskus fordert die internationale Gemeinschaft dazu auf, ernsthaft und umfassend darüber nachzudenken, wie angemessen auf die Wirklichkeit des Bösen reagiert werden kann, die den Weg zu einer friedlichen Welt verbaut. Dazu gehört die Verabschiedung aller Argumente, die im Kern utilitaristisch und substanziell mit einer vergeltungsorientierten Sicht von Gerechtigkeit verbunden sind, die auf das Zurückschlagen als Maßnahme zur Bestrafung oder zur Prävention setzt.

Wenn die Reaktion auf ein Verbrechen bewirkt, dass sie die Werte und Rechte beschädigt oder sogar aufhebt, die sie vorgeblich bewahren möchte, wird das Endergebnis schlicht und einfach zur Legitimation von Gewalt in der Gesellschaft ermutigen.[153] Wirksame Prävention auf lange Sicht hängt nicht von kontraproduktiven Taktiken der Einschüchterung ab, wie drohenden Sanktionen oder dem Einsatz von Nuklearwaffen (*FT* 262). Vielmehr beruht eine stabile Prävention auf der Fähigkeit des Rechtssystems, in der Gesellschaft ein hohes Maß an sozialem Konsens und Respekt gegenüber rechtlichen Normierungen aufrechtzuerhalten. Nichts kann die Autorität eines Gesetzes, das verletzt wurde, besser garantieren als die Tatsache, dass einer, der es übertritt, die von ihm begangene Ungerechtigkeit einsieht und sich darum bemüht, Verantwortung für das Getane zu übernehmen. Der Einsatz von Furcht als pädagogischem Mittel und der Versuch, internationale Machtbalancen auf der Grundlage von Abschreckung durchzusetzen, haben verheerende Erscheinungen wie den Terrorismus hervorgebracht und das Vertrauen zwischen Völkern untergraben.

So richtet Papst Franziskus seine sensible und mutige Bitte an alle Länder: Verzichtet auf Nuklearwaffen[154], verzichtet auf Massenvernichtungswaffen überhaupt und nutzt die enormen Geldbeträge, die normalerweise in den militärischen Bereich investiert werden, zur Schaffung eines »globalen Fonds« zur Lösung des Hungerproblems und zur Förderung der Entwicklung der ärmeren Länder (*FT* 262).

Wenn wir uns also darum bemühen, auf das Böse immer mit Gutem zu antworten – was zugegebenermaßen ein anspruchsvoller Vorschlag ist –, muss dieser Leitgrundsatz nicht nur für Länder, sondern auch für Kriminelle gelten. In diesem Sinn erklärte schon Johannes Paul II., die Todesstrafe als gerechte oder gesetzlich erlaubte Reaktion auf bestimmte schwere Verbrechen, derer ein Mensch schuldig gesprochen werden kann, sollte als »unangemessen vom moralischen Standpunkt aus und als nicht mehr notwendig von dem der Strafjustiz aus« betrachtet werden (*FT* 263).

Mit Zitaten aus der Heiligen Schrift und aus patristischen Texten (*FT* 264–265) entwickelt *Fratelli Tutti* eine Vision, die der christlichen Botschaft eher entspricht. Die Strafe, die gegen jemanden, der schreckliche Verbrechen begangenen hat, verhängt wurde, darf nicht einer Logik der Rache gehorchen[155] und selber auf Furcht und Abscheu setzen, sondern ist »als Teil eines Prozesses der Heilung und der Wiedereingliederung in die Gesellschaft« zu verstehen (*FT* 266). Da selbst diejenigen, die des Mordes schuldig sind, nicht ihre unveräußerliche Würde als menschliche Wesen einbüßen, muss sich auch in diesen Fällen die Strafe an einer Gerechtigkeit orientieren, die heilt und wiederherstellt.[156]

Papst Franziskus bekräftigt, was er in Bezug auf die Todesstrafe schon in dem Dokument von 2018 festgestellt hatte, mit dem er eine neue Fassung der Nr. 2267 des *Katechismus der Katholischen Kirche* approbierte: »Die Todesstrafe ist unzulässig, weil es sich dabei um einen Angriff auf die Unverletzlichkeit und Würde der Person handelt.«[157]

Diese Veränderung bedeutet eine wichtige Entwicklung der Lehre und unterstützt ihre ethische Positionierung zugunsten des menschlichen Lebens, im Licht des Evangeliums und in Kontinuität mit dem Lehramt der Päpste des 20. Jahrhunderts.[158]

Tatsächlich schloss die traditionelle Lehre der Kirche, wie sie knapp in der früheren Formulierung des *Katechismus* nachzulesen war, die Verhängung der Todesstrafe nicht aus, wenn diese der einzig gangbare Weg zu einer wirksamen Verteidigung des menschlichen Lebens gegen einen ungerechten Aggressor war. Allerdings modifizierte der frühere Text des *Katechismus*, unter der Voraussetzung, dass die wahre Identität und die volle Verantwortlichkeit der schuldigen Partei sicher festgestellt war, die Legitimität der Anwendung der Todesstrafe, indem er anmerkte, dass die Bedingungen, die sie früher einmal vielleicht erlaubt hätten, heute »praktisch nie gegeben« seien.[159]

Die Schwierigkeit der Sache besteht in der Definition und Interpretation von »legitimer Selbstverteidigung«, verstanden als ein Handeln, das einem aggressiven Verhalten entgegentritt und ihm angemessen ist.[160] Die strafrechtliche Intervention des Staates wurde oft in eine »relative« Perspektive eingeordnet, in Übereinstimmung mit der kontingenten Notwendigkeit, das Gemeinwohl aufrechtzuerhalten. Das führte dazu, dass die Vorstellung einer »legitimen Selbstverteidigung« durch die einer »sozialen Verteidigung« absorbiert wurde. Die Gefahr besteht in einer unangemessenen Ausübung von sozialer Verteidigung auf der Grundlage dessen, was traditionell im Fall legitimer

Selbstverteidigung zugestanden wurde. Das bewirkt, dass sich die Vorstellung von Prävention und von legitimer Selbstverteidigung überschneiden. Deshalb lässt sich einerseits schließen, dass »soziale Verteidigung« in der Praxis nie anwendbar war, weil Gerichtsentscheidungen nicht unter die »legitime Selbstverteidigung« fallen. Andererseits blieb ein Spalt für die Argumentation offen, in bestimmten Fällen sei es unvermeidlich, die Todesstrafe zu verhängen, um die Gesellschaft gegen Verbrechen zu verteidigen. Franziskus weist darauf hin, dass man solche Haltungen einnimmt, um in einigen Ländern und bis zum heutigen Tag die Gewohnheit zu legitimieren, auf »präventive Verwahrung, Einkerkerung ohne Verfahren« (*FT* 266) zurückzugreifen, oder schlimmer noch, um »außergerichtliche oder ungesetzliche Hinrichtungen« (*FT* 267) zu rechtfertigen. Tatsächlich berufen sich diktatorische und totalitäre Regime auf das Konzept der »sozialen Verteidigung«, um die Todesstrafe als Mittel zur Unterdrückung politischer Dissidenten, Gegner und religiöser und kultureller Minderheiten einzusetzen (*FT* 268).

Deshalb liegt der Irrtum sozusagen weiter oben, nämlich in der Tatsache, dass das Konzept einer »legitimen Verteidigung« auf einer an Vergeltung orientierten Vorstellung von Gerechtigkeit beruht, für die eher die Idee der Angemessenheit und Wiedergutmachung von Schuld kennzeichnend ist als die Vergebung.

So gewinnt die katholische Position in Bezug auf die Unverletzlichkeit des menschlichen Lebens größere innere Kohärenz, weil sie nicht mehr und in keinem Fall erlaubt, absichtlich den Tod von irgendjemandem zu wollen, sogar wenn diese Person ein Feind im Krieg ist oder als Übeltäter legitimerweise schuldig gesprochen wurde.

Der neue und wichtige Beitrag von Papst Franziskus zu diesem Thema besteht in der Bekräftigung der Unzulässigkeit der Todesstrafe als solcher, ohne jegliche Einschränkung und, als Konsequenz daraus, sein klares Engagement für ihre Abschaffung überall auf der Welt.

8. Kirche und Religionen im Dienst am universalen Aufruf zum Geschwistersein

(Fratelli Tutti, Kapitel 8)

Fratelli Tutti ist durchgängig eine Aufforderung an die Menschheit, die gemeinschaftliche Dimension des Lebens wiederzuentdecken und als Bürgergesellschaft zusammenzuleben. Bei diesem Bemühen, das universale »Wir« zusammenzubringen, das unser gemeinsames Haus bewohnen soll, liefert die Enzyklika im Kapitel 8 einen *Aufruf innerhalb einer Aufforderung*; Papst Franziskus lädt nämlich die Religionen dazu ein, entscheidend zur Verteidigung sozialer Gerechtigkeit und zur Schaffung unseres universalen Geschwisterseins beizutragen (*FT* 271).

Was am Anfang von *Fratelli Tutti* als Traum in der ganzen biblischen Bedeutungsfülle beschrieben wurde (*FT* 4), zielt jetzt auf eine »Synodalität« unter den Glaubensrichtungen. Das würde bedeuten, als Gläubige zusammen zu gehen, ohne die entsprechende religiöse Identität einzubüßen, und sich auf das gemeinsame Ziel eines Zusammenschlusses der Kräfte zu konzentrieren, damit Einheit gegenüber Trennung die Oberhand gewinnt, Liebe gegenüber Hass und Friede gegenüber dem Krieg.

In diesem Schlusskapitel der Enzyklika laufen alle in den vorausliegenden Kapiteln behandelten Themen zusammen. Es scheint sich ein neuer Stil von Lehramt abzuzeichnen. Wie Paul VI. betonte: »Die bloße Treue zum Glauben genügt nicht« (*ES* 64). Mit anderen Worten: Es reicht nicht, die von der Tradition kodifizierte Lehre zu wiederholen; vielmehr braucht es eine Verortung der immer gültigen Wahrheit in der heutigen Situation, um die Gegenwart mit einer lebensschenkenden Vision der Zukunft zu befruchten. Aus der »neuen Vision« oder dem Traum (*FT* 6) von Franziskus ergibt sich eine utopische Spannung, die in der Lage ist, dem Petrusamt eine neue Gestalt zu geben[161], als eines Dienstes der Einheit, der über die Grenzen der katholischen Kirche hinausgeht und sich auf die Menschheit ausweitet.[162] Die Weitergabe der lebendigen Substanz des Evangeliums erfordert deshalb nicht nur die Konsolidierung der Fähigkeit zur kritischen Prüfung der heutigen Bedingungen und Möglichkeiten für die »Weitergabe der Tradition« (*paradosis*), sondern auch die Fähigkeit, die dialogische Haltung des Glaubens sowie die Anziehungskraft zu ermöglichen, die durch die Verkündigung des Evangeliums ausgestrahlt wird, um nicht bei der Sorge um die Anerkennung der Vorrangstellung der Kirche gegenüber den anderen Religionen stehen zu bleiben.

Eingebettet in die vom Zweiten Vatikanum ausgearbeitete Ekklesiologie stoßen wir auf eine paradigmatische Veränderung. Das Neudenken von Kirche als Ereignis von Gemeinschaft hat nach innen (*ad intra*) eine Harmonisierung unterschiedlicher transkultureller Modelle zur Folge, als ein aufmerksameres Hören auf den Glaubenssinn der Gläubigen (*sensus fidei fidelium*); nach außen (*ad extra*) folgt daraus die Bereitschaft, sich der Welt zuzuwenden und auf einen beurteilenden Standpunkt zu verzichten, in einer Offenheit für eine Begegnung von Gleichen, die mit einem wirklichen Respekt für die Andersheit des Anderen beginnt, der nicht als eine Bedrohung gesehen wird, vor der man sich schützen muss, sondern als eine Gabe, die die vom Geheimnis Gottes an den Tag gebrachte Wahrheit widerspiegelt.

Der interreligiöse Dialog und das Geschwistersein von uns allen: Die Bedeutung der Erklärung Nostra Aetate

Die in Kapitel 8 von *Fratelli Tutti* entfalteten Argumente bilden einen Lackmustest für die Erklärung *Nostra Aetate*, mit der das Zweite Vatikanum die Art der Beziehungen zwischen der katholischen Kirche und den nichtchristlichen Religionen zu bestimmen versuchte.[163]

Nostra Aetate begründet unser christliches Verständnis der Beziehung zwischen der katholischen Kirche und anderen Religionen, das, was alle Personen und alle Völker gemeinsam haben, auf zweifache Weise: in unserem gemeinsamen Ursprung von Gott her und in unserer gemeinsamen Bestimmung für ihn, wie es der göttliche Plan für das Heil der Menschheit vorsieht.[164] Mit anderen Worten: Das christliche Selbstverständnis soll in einer dynamischen Spannung zwei konstitutive Elemente seiner Identität zusammenhalten. Auf der einen Seite die Gewissheit, dass in Jesus die volle und endgültige Offenbarung gegeben und er so der »einzige Mittler zwischen Gott und den Menschen« ist (1 Tim 2,5). Auf der anderen Seite die Gewissheit, dass Gott das Heil aller Menschen will (1 Tim 2,4) und sich auf unzähligen Wegen vergegenwärtigt (*LG* 16, *GS* 22), nicht nur einzelnen, die implizit und subjektiv auf das Angebot der Gnade eingehen, sondern – wie Johannes Paul II. später in *Redemptoris Missio* bekräftigen würde – ganzen Völkern, Kulturen und religiösen Traditionen (*RM* 28).[165]

Um diese Pole zusammenzuhalten, ohne, dass sie sich gegenseitig aufheben, fordert uns das Zweite Vatikanum auf, unseren Blick auf die Selbsterniedrigung (*kenosis*) Jesu Christi zu richten. Das Geheimnis seines Todes und seiner Auferstehung, in dem sich die einzigartige Form des göttlichen Handelns an der

Menschheit manifestiert, ist das notwendige und entscheidende Kriterium für die Wahrheit, die die soteriologische Bedeutung der Religionen auf dem Weg zum Heil verdeutlicht.[166]

Mit *Nostra Aetate* haben sich die Konzilsväter für eine substanziell positive Bewertung der Religionen ausgesprochen und den Schluss gezogen, dass diese »nicht selten einen Strahl der Wahrheit erkennen lassen, die alle Menschen erleuchtet« (*NA* 2). Obwohl Vorsicht die Konzilsväter zur Wahl einer negativen Formulierung veranlasste, war diese Aussage ein Bruch und markierte einen Wendepunkt im Selbstverständnis der Kirche: Erstmals wurde explizit und verbindlich die Möglichkeit von Erlösung außerhalb ihrer sichtbaren Grenzen anerkannt.[167]

Das Konzil verfolgte eine klare pastorale Intention, als es sich für die Notwendigkeit des Dialogs vor allem für die Kirche selber aussprach. Dialog ermöglicht die Anerkennung der Werte, die sich in anderen Religionen bemerkbar machen, aus ihrer verborgenen Hinwendung zu Christus durch das geheimnisvolle Wirken des Geistes (*RM* 29). Diese Notwendigkeit des Dialogs kam auch in der Ansicht des Konzils zum Ausdruck, dass es integraler Bestandteil der der Kirche vom auferstandenen Herrn anvertrauten Sendung sei, Völker zu der Erkenntnis zu führen, dass wir alle Geschwister sind. Wenn unsere christliche Identität wesentlich in unserer Beziehung zu Christus besteht – er ist die *Form* der Offenbarung des einen und dreifaltigen Gottes –, gerade in dem Akt, mit dem wir andere willkommen heißen und uns ihnen schenken, dann entstammt interreligiöser Dialog der gleichen Notwendigkeit, das Evangelium zu verkünden.[168]

Es lohnt sich, bei diesem letzten Punkt zu verweilen, weil das Zweite Vatikanische Konzil infolge der Bewusstwerdung, dass Nationen und Völker einander so nahe sind, dass der Dialog zwischen der katholischen Kirche und anderen Religionen notwendig geworden war, sorgfältig über die Frage nachdachte und dabei eine Perspektive ohne geschichtliche Vorläufer eröffnete. Die Konzilsväter verstanden den Dialog nicht funktional, als unvermeidliches, aber nützliches Instrument, sondern als in der Liebesgemeinschaft der drei göttlichen Personen der Dreifaltigkeit verwurzelt. Diese vom Konzil unterstrichene theologische Grundlegung öffnete eine neue Vision unseres universalen Geschwisterseins (*NA* 5).

Interreligiöser Dialog und Verkündigung des Evangeliums bilden keinen Gegensatz, sondern sind Aspekte der Sendung der Kirche zur Evangelisierung (*RM* 20). Tatsächlich müssen diese beiden Elemente ihre innere Verbindung genauso beibehalten wie ihre Unterschiedlichkeit, damit sie weder vermischt noch als gleichbedeutend betrachtet werden und auch nicht zu anderen Zwecken auf sie zurückgegriffen wird.

Zu klären bleibt noch, *wie* diese Sendung umgesetzt und *auf welche Art* die Aufgabe gedeutet werden soll, anderen den Weg zu weisen, dem sie folgen sollen. Sollte es dafür eine bestimmte Behörde mit einer gewissen Autorität geben? Genügt es, wenn Religionen zur katholischen Kirche Verbindung aufnehmen und so ihre Vorrangstellung anerkennen? Oder müssen sie sie überhaupt anerkennen?

Fratelli Tutti fordert dazu auf, die Bedeutung der erlösenden Vermittlung durch die Kirche zu überdenken. Es geht nicht darum, eine Vorrangstellung oder Führungsrolle gegenüber anderen Religionen zu beanspruchen.[169] Die Kirche stellt sich vielmehr in ihren Dienst als »Zeichen und Werkzeug für die innigste Vereinigung mit Gott wie für die Einheit der ganzen Menschheit« (*LG* 1). Interreligiöser Dialog setzt die klare Entscheidung voraus, unseren Gesprächspartnern mit Achtung und Wertschätzung zu begegnen, ohne jede Form von Täuschung und Anspruch auf Vorrang. Wir erkennen einander als *ähnlich* an und wir begeben uns auf die gleiche Ebene als *Geschwister*. Wenn wir an dieser historischen Wegkreuzung überhaupt noch von einer *Führungsrolle* sprechen möchten, dann ist damit die Bereitschaft gemeint, die anderen Religionen zum Dialog aufzufordern, Prozesse einzuleiten, Gelegenheiten zur Begegnung zu schaffen und den schrittweisen Weg der Reifung zu fördern, der jeden dazu befähigt, alle anderen als gleich anzuerkennen.

Wird die Aufgabe, anderen den Weg zu weisen, so verstanden, beinhaltet sie für die katholische Kirche den Willen zur Offenheit, den Verzicht auf alle Ansprüche auf einen asymmetrischen oder besonderen Status und das Annehmen einer demütigen, ehrlichen und diskreten Haltung. Dazu gehört der Entschluss, sich nicht als über den anderen stehend zu betrachten, und ebenso die Bereitschaft zum Engagement im Dialog auch um den Preis, ihn in einer unvorteilhaften Position zu beginnen, nämlich ohne notwendigerweise den Anspruch auf Gegenseitigkeit zu erheben. Tatsächlich ist zwar Reziprozität wünschenswert, aber keine notwendige Bedingung für den Dialog im christlichen Sinn, weil Christus für alle gestorben ist (2 Kor 5,15) und sich selbst für seine Feinde hingegeben hat (Mt 5,44–45). Die dynamische Spannung von Gemeinschaft und gegenseitiger Anerkennung darf nicht scheitern, wo Reziprozität beeinträchtigt oder sogar verneint wird.

Menschliche Würde und autonome Vernunft: Die Notwendigkeit, die transzendente Grundlage des menschlichen Wesens wiederzufinden

In *Nostra Aetate* entschied sich das Konzil dazu, über Religionen mit dem Schwerpunkt auf dem »ganzen Menschengeschlecht« (*NA* 1) nachzudenken; damit betonte es zuerst und vor allem dessen Einzigartigkeit im Vergleich zu der restlichen Schöpfung und seine ununterbrochene Suche nach Sinn und Orientierung. Die Konzilsväter stellten fest, seit unvordenklichen Zeiten seien Menschen darum bemüht gewesen, Antworten »auf die ungelösten Rätsel des menschlichen Daseins« zu finden (*NA* 1). Seit ältesten Zeiten gebe es eine »gewisse Wahrnehmung jener verborgenen Macht, die dem Lauf der Welt und den Ereignissen des menschlichen Lebens gegenwärtig ist« (*NA* 2).

Die Konzilsväter wiesen auch darauf hin, dass diese angeborene Neigung, sich mittels religiöser Glaubensrichtungen auszudrücken, sich zusammen mit dem zivilisatorischen Fortschritt entwickelt und verfeinert habe. Als historisches und kulturelles Ausdrucksmittel belege Religion auch das ständige Bemühen der Menschheit um Antwort auf existenzielle Fragen »mit genaueren Begriffen und in einer mehr durchgebildeten Sprache« (*NA* 2).

Das Konzil betont also die radikale und unvermeidliche »ontologische Frage« nach der Existenz, die dem Herzen des Menschen innewohnt. Sie drängt uns Fragen nach Ursprung und Ziel unseres Lebens auf, nach den ersten und letzten Prinzipien, die alles begründen, was existiert. *Nostra Aetate* verweist darauf als grundlegenden und begründenden Horizont jeder Religion.

Unter diesem Gesichtspunkt nimmt das Konzil das augustinische Erbe des ruhelosen Herzens (*inquietum cor*)[170] als

Merkmal auf, das Gottes schöpferische Hand der menschlichen Person eingeprägt hat, wie auch die scholastische Tradition mit ihrer Erkenntnis, dass Menschenwesen mit einem natürlichen Verlangen ausgestattet sind, Gott zu sehen (*naturale desiderium videndi Deum*).[171] Auf Grundlage dieser Sichtweise nimmt jeder Mensch, wenn auch nicht immer klar und deutlich, die Präsenz von Einem wahr, der ihn anfragt und dazu auffordert, Rechenschaft für das großzügige Geschenk des Existierens abzulegen.

Wie *Gaudium et Spes* feststellt: »Das Gewissen ist die verborgenste Mitte und das Heiligtum im Menschen, wo er allein ist mit Gott, dessen Stimme in diesem seinen Inneren zu hören ist« (*GS* 16). Mit anderen Worten: Im Gewissen vollzieht sich die unverfälschte Offenbarung Gottes, wo jede Person zu dem Wissen gelangen kann, dass sie dazu geschaffen ist, mit dem anderen in Beziehung zu treten und deshalb wesentlich zur Verantwortung berufen ist.[172]

Der von *Fratelli Tutti* eröffnete Horizont wurzelt in *Nostra Aetate* und betont das allen Religionen gemeinsame Element: die »sohnhafte« Anerkennung, dass wir als menschliche Wesen dazu berufen sind, uns und das physikalische Universum in unserer Beziehung zu Gott zu transzendieren. Auf der Grundlage dieser ursprünglichen anthropologischen Überzeugung betonen alle Religionen ihre fundamentale »Achtung für jede menschliche Person« (*FT* 271).

Für Papst Franziskus besteht der ursprüngliche Beitrag von Religion zur heutigen Kultur genau in dieser inhärenten Offenheit für die Transzendenz. Deshalb ist es ein unersetzlicher Beitrag für die Welt, Menschen unserer Zeit daran zu erinnern, dass ihr Wesen von innen her auf das Absolute orientiert ist, das über die Sphäre rein materieller Wirklichkeiten hinausruft.

Dass wir uns als Geschöpfe vor Gott und als Söhne und Töchter wahrnehmen, die dazu bestimmt sind, in der Beziehung, zu der uns Gott einlädt, von Liebe erfüllt zu werden, kann dazu beitragen, Frieden unter Nationen zu erreichen und diesen Prozess zu beschleunigen, ebenso wie das Streben nach wahrer Gleichheit unter den Menschen.

Wir erkennen bei genauerem Hinsehen, dass Vernunft allein sich zwar als fähig erwiesen hat, Gleichheit unter den Menschen zu fördern, dass sie aber nicht in der Lage gewesen ist, die Grundlage für das Geschwistersein von uns allen zu legitimieren (*FT* 272).

Die Aufklärung hat feierlich den Vorrang des Subjektseins bekräftigt. Dadurch hat sie auch eingeschärft, dass die Vernunft gegenüber der Religion und jeder anderen mit ihr verbundenen institutionellen Autorität autonom ist. Für den Bereich der Ethik folgt daraus, dass das individuelle Subjekt festlegen kann, was normativ ist, weil Vernunft allein als dazu fähig angesehen wird, über das anzustrebende Gute zu entscheiden und Gesetze festzulegen, die für die Regelung des menschlichen Verhaltens geeignet sind.[173] Auch wenn die Gemeinschaft als moralisches Subjekt betrachtet wird, ist ethische Normativität in der allen Menschen gemeinsamen Vernünftigkeit verankert, und dementsprechend werden universell geltende Gesetze aufgestellt. Allerdings wird, da Subjektivität – ob individuell oder gruppenbezogen – als Grundlage für Ethik dient, jede authentische Beziehung zum anderen von vornherein infrage gestellt. Das schränkt die Wirklichkeiten, auf die Normativität potenziell Anwendung finden könnte, ein, und macht für willkürliche und selbstbezogene Anwendungen empfänglich.[174]

Dagegen gehen Religionen von der Existenz einer ewigen Wahrheit als Grundlage ethischer Normativität aus, ohne die die

Menschheit weder zur Wahrheit über sich selbst gelangen noch die Objektivität des Guten garantieren kann. Mit einem Zitat aus *Centesimus Annus* erinnert Papst Franziskus daran, dass es »kein sicheres Prinzip zur Garantie gerechter Beziehungen zwischen Völkern gibt« (*CA* 44; *FT* 273), wenn der Bezug auf eine transzendente Wahrheit geleugnet wird. So gesehen waren die totalitären Regime des 20. Jahrhunderts ein Ausdruck dessen, was geschehen kann, wenn sich die Menschheit »selbstgenügsamer« Vernunft ausliefert; die dramatischen und präzedenzlosen Gewaltausbrüche des vergangenen Jahrhunderts ergaben sich aus einer Absage an die transzendente Grundlegung der Würde der menschlichen Person.

Deshalb ist Papst Franziskus davon überzeugt, dass »unser Zeugnis von Gott unseren Gesellschaften zugutekommt« (*FT* 274). Durch ihren einzigartigen Beitrag bieten Religionen eine Beschreibung der menschlichen Person als des »Anderen«, der uns vor den Risiken eines Reduktionismus in seinen verschiedenen Spielarten bewahrt. So findet der interreligiöse Dialog »nicht nur einfach der Diplomatie halber, um der Abwägung oder Toleranz willen« (*FT* 217) statt, sondern weil durch das Teilen spiritueller Erfahrungen, das offene Bemühen um die Wahrheit und die Zusammenarbeit bei Werken der Nächstenliebe der Zivilgesellschaft spirituelle und moralische Werte, Prinzipien und Ideale vermittelt werden können, die ihr im anderen Fall fehlen würden.

Kirche, Religionen und politische Gemeinschaft: Die öffentliche Relevanz des »Erfahrungsschatzes« der Religionen

Wir müssen uns als menschliche Wesen heute nach dem Sinn unserer Existenz fragen und wieder mit der inneren Dimension in Berührung kommen, die uns selbst nach dem Sinn des Lebens befragt. Diese dringende Notwendigkeit verweist auf die Bedeutung des interreligiösen Dialogs für unsere Gegenwart. Die heutige Kultur hat religiöse Fragen an den Rand geschoben, sie als zum größten Teil unwichtig verdunkelt oder sogar versucht, sie aus dem Horizont menschlichen Verstehens zu entfernen, indem sie an ihre Stelle ein Verständnis von Fortschritt setzt, das eine unausweichliche Emanzipation von Gott beinhaltet.[175]

Aus diesem Grund betrachtet Papst Franziskus »eine Verdunkelung des menschlichen Bewusstseins, eine Distanzierung von religiösen Werten« (*FT* 275) als eine der wichtigsten Ursachen für die Krisen unserer modernen Welt.

Religionen widersetzen sich dieser nihilistischen Tendenz, indem sie eine Alternative zu jenen anthropologischen Theorien bieten, die die transzendente Grundlage des Menschlichen ablehnen. Durch das Infragestellen der Vorstellung, Menschen könnten ihre Erfüllung nur finden, indem sie sich vom Religiösen in jeder Form distanzieren, treten Religionen in einen kritischen Dialog mit der vorherrschenden Kultur ein, die sich der Aufklärung und dem säkularistischen Trend unterwirft.[176]

Papst Franziskus konstatiert enttäuscht, dass nur die »Mächtigen und ›Experten‹« eine Stimme in der öffentlichen Diskussion zu haben scheinen, während es für Überlegungen »aus religiösen Traditionen, die den jahrhundertealten Schatz von Erfahrung und Weisheit bilden« (*FT* 275) keinen Raum gibt.

Es wird oft vergessen, dass klassische religiöse Texte Bedeutungen vermitteln können, die für jede Zeit wichtig sind, weil sie Aufmerksamkeit und Nachdenken dadurch erzeugen, dass sie Prinzipien transportieren, »die zutiefst humanistisch sind« (*EG* 256).

Der vorherrschende Rationalismus unserer Zeit, verwurzelt im »dominierenden Individualismus, verbunden mit materialistischen Philosophien« (*FT* 275), hat Religion diskreditiert und ist der Meinung, alles, was diese der Menschheit zu bieten habe, sei engstirnig und absichtlich verwirrend.

Manche glauben, Relativismus, Skeptizismus und Agnostizismus seien am ehesten der Demokratie angemessen und diejenigen, die an eine objektive Wahrheit glauben, müssten als für das politische Leben ungeeignet betrachtet werden, weil sie nicht akzeptierten, dass Wahrheit von Mehrheitsentscheidungen abhänge.[177]

Die Delegitimierung der Botschaft der Religion kann nicht nur dazu führen, der Konfrontation aus dem Weg zu gehen und unter eine diktatorische Herrschaft weltlicher und materieller Werte zu geraten, sondern auch zu einer Schwächung des gesellschaftlichen Zusammenlebens, weil dort, wo es keine letztgültige Wahrheit gibt, politisches Handeln leicht zum Einsatz von Gewalt gebraucht werden kann.[178]

Papst Franziskus beansprucht für die Kirche eine Rolle in der Öffentlichkeit und die aktive Beteiligung am Aufbau einer gerechteren Welt von Geschwistern (*FT* 276). Dass es der Kirche angemessen erscheint, in Bereiche einzugreifen, die nicht unmittelbar religiöser Natur sind, entspringt der Überzeugung, dass kein das Menschliche betreffender Sektor als nicht ihrem Interesse entsprechend betrachtet werden kann (*GS* 1).[179] Nicht einmal Wissenschaft und Politik können unter Berücksichtigung der ethischen und moralischen Bewertung der von ihnen zu treffenden Entscheidungen als autonom und »absolut« gelten. In Bezug auf diese ethischen Überlegungen müssen die Kirche und die religiösen Traditionen allgemein die Freiheit genießen, Stellung zu nehmen, ohne angeklagt zu werden, sie mischten sich in Bereiche ein, die sie nicht betreffen.[180]

Papst Franziskus greift die Frage der Beziehung zwischen Kirche und Politik auf, um ihre gegenseitige Unabhängigkeit und Autonomie zu bekräftigen, und betont, diese Unterscheidung beinhalte keine Trennung, da beide – wenn auch mit verschiedenen Fähigkeiten – im Dienst der persönlichen und gesellschaftlichen Berufung der einen menschlichen Gemeinschaft stünden (*GS* 76).[181]

Franziskus weist allerdings darauf hin, die Anerkennung des Prinzips staatlicher Säkularität durch die Lehre der Kirche[182] impliziere nicht, dass die Kirche »ihren Auftrag auf die private Sphäre begrenzen« müsse (*FT* 276).[183] *Gaudium et Spes* betonte, dass die Verteidigung der grundlegenden Rechte der menschlichen Person aus moralischer Perspektive, wenn auch nicht direkt in der politischen Arena, Teil der Sendung der Kirche sei (*GS* 76).

Die Nichteinmischung der Kirche in politische Angelegenheiten bedeutet nicht den Verzicht darauf, dem eigenen Standpunkt oder der Sorge um die ganzheitliche menschliche Entwicklung Ausdruck zu verleihen. Tatsächlich ist nach der Lehre der Kirche die politische Gemeinschaft zwar in Bezug auf ihre Organisation und ihr Funktionieren vollständig autonom und unabhängig, aber nicht in vollem Umfang, wenn es um moralische Werte geht.[184]

Es reicht nicht aus, dass ein System »demokratisch« ist, um das Gemeinwohl anstreben zu können. Vielmehr müssen Würde und unveräußerliche Rechte der menschlichen Person wirksam respektiert werden.[185] Die Qualität eines demokratischen Systems hängt nicht vom Respektieren rein gesetzlicher Regelungen und von den Regeln ab, die seine Organisation und sein Funktionieren sicherstellen, sondern vielmehr von der Anerkennung jener Normen und Werte, die wichtiger sind als jedes einzelne Regierungssystem; diese Werte müssen in Bezug auf die Richtung bedacht werden, die die Politik hinsichtlich des wirtschaftlichen und sozialen Zusammenlebens einschlägt.[186]

Deshalb kann die Kirche, auch wenn sie sich nicht in »Parteipolitik« einmischt, nicht »auf die politische Dimension des Lebens verzichten« (*FT* 276) oder sich von der Beteiligung daran ausnehmen. Gleichzeitig akzeptiert die Kirche, dass ihre öffentliche Rolle darauf beschränkt ist, in das soziale Gefüge ausschließlich bei karitativen oder erziehungsbezogenen Aktivitäten einzugreifen, indem sie die Aufgabe des »Ersatzspielers« übernimmt, wenn der Staat in diesen Bereichen ausfällt.[187]

Der Heilige Johannes Paul II. bekräftigte in *Sollicitudo Rei Socialis*, die Kirche lege »keine wirtschaftlichen und politischen Systeme oder Programme vor, noch zieht sie die einen den anderen vor, wenn nur die Würde des Menschen geachtet und gefördert wird und ihr selbst der notwendige Raum gelassen wird, ihren Dienst in der Welt auszuüben« (*SrS* 41).

Die Perspektive des Glaubens hilft dabei, das Bewusstsein für die Grenzen von Politik lebendig zu erhalten, und schützt gegen die Versuchung, zu glauben, dass Politik, wie es in der Enzyklika *Deus Caritas est* von Papst Benedikt XVI. heißt, »tun kann, was die göttliche Weltregierung offensichtlich nicht zu tun vermag: jedes Problem vollständig zu lösen« (*DCE* 36).

Das Evangelium ist »Quelle« der christlichen Identität: Das Handeln der Kirche zur Verteidigung der Religionsfreiheit und zur Förderung des ökumenischen Dialogs

Die Kirche sollte sich nicht vor der Anerkennung des geheimnisvollen Wirkens Gottes in anderen Religionen fürchten oder vor der Hochschätzung alles dessen zurückschrecken, was in ihnen »wahr und heilig« ist (*NA* 2). Wenn wir uns der eigenen Identität voll und ganz bewusst sind, können wir uns im Dialog engagieren, ohne in irgendeine Form von Relativismus[188] oder einen »versöhnlichen Synkretismus« (*EG* 251) abzugleiten. Die Schaffung von Gelegenheiten für Begegnungen zwischen Religionen und der Beginn einer Zusammenarbeit auf Wegen, die das Gemeinwohl fördern, bedeuten nicht die Absage an die eigenen Überzeugungen oder ein Zurückstellen unserer eigenen Identität, »denn je tiefer, solider und reicher eine Identität ist, desto mehr wird sie andere mit ihrem spezifischen Beitrag bereichern« (*FT* 282).

Deshalb widmen sich Christen weiter der »Begegnung mit dem heiligen Geheimnis des Anderen« (*FT* 277), im Wissen, dass sich aus dem Evangelium Jesu Christi unsere Gewissheit bezüglich der Würde der menschlichen Person und unser Bewusstsein vom universalen Aufruf zum Geschwistersein ergibt. Die Kirche ist ja »katholisch«, weil sie sich immer und überall als »Empfängerin« der personalen Liebe Gottes in Christus wahrnimmt. Gleichzeitig ist die Kirche durch die Kraft des auferstandenen Herrn dazu »gesandt«, »sich an allen Enden der Welt zu inkarnieren, und ist seit Jahrhunderten an jedem Ort der Erde gegenwärtig. Somit kann sie aus ihrer Erfahrung von Gnade und Sünde heraus die Schönheit der Einladung zur universalen Liebe verstehen« (*FT* 278).[189]

Wenn die Kirche fest in ihrer eigenen Identität verwurzelt ist, kann sie zwei weitere Herausforderungen annehmen, die das Geschwistersein und das Bemühen um Frieden bereithalten: die Verteidigung der Religionsfreiheit und die Förderung des Ökumenismus.

Religionsfreiheit ist ein in der Würde der menschlichen Person begründetes fundamentales Recht, dessen transzendente Beschaffenheit jeder Anerkennung durch das Rechtssystem einer Gesellschaft oder durch positives Recht vorausliegt und sie übersteigt.[190]

Die Welt von heute ist auf der einen Seite vom kulturellen Pluralismus gekennzeichnet und tut sich andererseits schwer damit, überall die Menschenrechte anzuerkennen. Aber sie sind politisch gesehen grundlegend und gesellschaftlich relevant. Zur Bekräftigung dieser Rechte reicht es nicht aus, dass Politik nicht unterdrückt und repressiv ist. Es muss auch das Recht anerkannt werden, den eigenen Glauben individuell und gemeinschaftlich, in der Öffentlichkeit wie im privaten Bereich zu leben, ohne das Stigma des sozialen Ausschlusses zu erleiden.[191]

Deshalb bedeutet Religionsfreiheit eine Errungenschaft der politischen und rechtlichen Ordnung, weil sie jenseits der Privatsphäre in Beziehung zu anderen verwirklicht wird. Papst Franziskus hebt hervor, dass eine friedliche und fruchtbare Koexistenz von Kulturen und Religionen davon abhängt, dass Religionsfreiheit in jeder Nation garantiert wird. Da der Weg zur Durchsetzung von Religionsfreiheit oft mühsam ist, fordert er ein Minimalprinzip von Reziprozität als ersten Schritt zur Respektierung von Religionsfreiheit: »Als Christen fordern wir in Ländern, in denen wir eine Minderheit darstellen, eine Garantie für unsere Freiheit. Genauso befürworten wir sie für diejenigen, die nicht Christen sind, dort, wo sie eine Minderheit darstellen« (*FT* 279).

Als wesentliches Gut ist Religionsfreiheit nicht exklusives Erbe der Gläubigen, sondern gehört der ganzen Völkerfamilie auf der Erde: »Gottes Liebe ist für jeden Menschen gleich, unabhängig von seiner Religion. Und wenn er Atheist ist, ist es die gleiche Liebe« (*FT* 281). Hier bekräftigt Papst Franziskus die innovative Lehre des Konzils über die Religionsfreiheit, wie sie sich in *Dignitatis Humanae* findet. Das Konzil bekräftigt besonders den Grundsatz der Unverletzlichkeit der Rechte der Person (*DH* 1; 6), beginnend mit der Gewissensfreiheit, die sogar dann geachtet werden muss, wenn jemand offensichtlich dem Irrtum verfallen ist.[192]

Diese Fähigkeit, andere mit Wohlwollen zu betrachten, gleich wer sie sind und was sie glauben, ist grundlegendes Kriterium für Glaubwürdigkeit und Kohärenz, das für jede Religion gilt. Deshalb hat keine Form der Verachtung und von xenophobem Hass und kein verabscheuenswürdiger Ausdruck von Gewalt »eine Basis in unseren grundlegenden religiösen Überzeugungen« (*FT* 282).

Das Phänomen des Terrorismus mit Ursprung in der Religion bedroht ebenso die Religionsfreiheit, weil es dem »moralischen Prinzip der persönlichen und sozialen Verantwortung« Hohn spricht und die Grenzen nicht respektiert, die von der Pflicht gezogen werden, einander in »Gerechtigkeit und Menschlichkeit« (*DH* 7) zu begegnen. Jede Form von Terrorismus hat ihren Ursprung in einer Verfälschung Gottes und der Heiligkeit des Lebens. In einem solchen Fall wird die von der Religion verkündete Wahrheit über das Humanum durch Ideologie verfälscht und oft durch korrupte politische Interessen manipuliert (*FT* 283; 285).

Der Papst fordert religiöse Führungspersönlichkeiten eindringlich dazu auf, sich nicht nur von jedem Akt der Gewalt und des Terrors, der von extremistischen Gruppen begangen wird, zu distanzieren und ihn entschieden zu verurteilen, sondern auch aktiv einzugreifen, indem sie den Weg des Dialogs einschlagen, und »bei der Arbeit für den Frieden nicht bloße Mittelsmänner, sondern authentische Mittler zu sein« (*FT* 284).[193]

Der Appell des Papstes wird noch eindringlicher, wenn man ihn im Licht dessen liest, was in der von Franziskus und Patriarch Kyrill von Moskau 2016 unterzeichneten *Gemeinsamen Erklärung* festgehalten wurde. Beide forderten ein Ende der Verfolgung im Nahen Osten und drängten die religiösen Führungspersönlichkeiten, sich der Verantwortung zu stellen, ihre Gläubigen zur Achtung anderer religiöser Traditionen aufzufordern. Jeder Versuch einer Manipulation von Religion zur Rechtfertigung verbrecherischer Aktionen sei unannehmbar, weil »kein Verbrechen im Namen Gottes begangen werden darf«.[194]

Im Blick auf den Ökumenismus übernimmt *Fratelli Tutti* die vom Zweiten Vatikanum eröffnete und vom Lehramt in der Folge vertiefte Perspektive[195], vor allem indem die Notwendigkeit und Dringlichkeit der Bemühungen um Einheit unter den Christen betont wird, um der Verkündigung des Evangeliums neue Kraft zu verleihen.

Unitatis Redintegratio hält fest, die Spaltung unter Christen widerspreche »ganz offenbar dem Willen Christi« und sei ein »Ärgernis für die Welt« (*UR* 1). Papst Franziskus greift auf dieses Dekret des Zweiten Vatikanums zurück und stellt fest, der »prophetische und spirituelle Beitrag der Einheit unter den Christen« (*FT* 280) werde durch die von der Globalisierung ausgelöste Zersplitterung noch deutlicher. Es ist notwendig, dass die verschiedenen christlichen Denominationen ihr gemeinsames Zeugnis für die Liebe Gottes in den Wunsch münden lassen, gemeinsam der Menschheit zu dienen. Einheit unter den Christen macht nicht nur die christliche Verkündigung glaubwürdiger; sie ist auch ein wichtiger Beitrag »zur Einheit der Menschheitsfamilie« (*EG* 245).

Für das Konzil ist die Erneuerung der Kirche eng mit Fortschritten beim Ökumenismus verbunden (*UR* 6). Auch im Bereich der Soziallehre und des sozialen Handelns kommt durch die Zusammenarbeit der Christen »die Verbundenheit, in der sie schon untereinander vereinigt sind, lebendig zum Ausdruck, und das Antlitz Christi, des Gottesknechtes, tritt in hellerem Licht zutage« (*UR* 12). Gleichzeitig warnten die Konzilsväter, diese beständige Reform, zu der Christus seine pilgernde Kirche aufrufe, könne nicht »ohne innere Bekehrung« (*UR* 7) vonstattengehen.

Das führte dazu, dass das Konzil ein ausdrücklich geistliches Leben als Grundlage für die ökumenische Praxis sah: »Diese Bekehrung des Herzens und die Heiligkeit des Lebens ist in Verbindung mit dem privaten und öffentlichen Gebet für die Einheit der Christen als die Seele der ganzen ökumenischen Bewegung anzusehen« (*UR* 8).[196] Das erfordert sowohl ein gegenseitiges Verstehen unter den Kirchen (*UR* 9) als auch angemessene Bemühungen, um die Glaubensgeheimnisse »tiefer und richtiger« (*UR* 11) auszudrücken.

In diesem Sinn muss eine authentische ökumenische Spiritualität in vollem Umfang aus dem Reichtum der ganzen Tradition der Kirche schöpfen und die verschiedenen, in jeder Ortskirche ausgebildeten Riten und Theologien in ihrer Tiefe wertschätzen. Deshalb betont das Konzilsdekret *Orientalium*

Ecclesiarum, die katholische Kirche anerkenne das spirituelle und kirchliche Erbe der östlichen Kirchen als »echtes Erbgut der gesamten Kirche Christi« (*OE* 5); es übernimmt damit den Grundsatz, wonach das Universale das Partikulare einschließe, ohne es aufzusaugen. Für Papst Franziskus ist diese Einheit in Vielfalt der Weg zur Gemeinschaft, auf dem weiterzugehen der Herr uns beständig auffordert: »Wenn wir wirklich an das freie und großherzige Handeln des Geistes glauben, wie viele Dinge können wir voneinander lernen! Es handelt sich nicht nur darum, Informationen über die anderen zu erhalten, um sie besser kennenzulernen, sondern darum, das, was der Geist bei ihnen gesät hat, als ein Geschenk aufzunehmen, das auch für uns bestimmt ist« (*EG* 246).

Die Einheit im Gebet ist ein praktisches Ideal, ein Weg dazu, die Einwände und Vorbehalte zu überwinden, die auf dem Gebiet der Lehre weiterhin bestehen: »Die theologischen und ekklesiologischen Themen, die noch zwischen uns stehen, lassen sich nur im Lauf der Reise auf diesem gemeinsamen Weg überwinden.«[197] Papst Franziskus bekräftigt, die uns trennenden Differenzen würden in Wirklichkeit nie durch Stillstand aufgelöst, sondern nur durch Begegnungen mit den anderen, mit der Bereitschaft, die Missverständnisse, Feindseligkeiten und Vorurteile zu überwinden, die jahrhundertelang die Beziehungen zwischen den Kirchen belastet haben. Deshalb dürfen wir nicht auf die Lösung theologischer Probleme warten, um zusammenarbeiten zu können, vielmehr müssen wir Seite an Seite verkünden, beten und zusammenarbeiten, in der Gewissheit, dass »Einheit dadurch erreicht wird, dass wir vorwärtsgehen.«[198]

In einer von Kriegen, Hass, Nationalismus und Spaltungen zerrissenen Welt sind christliche Gemeinschaften dazu aufgerufen, die Forderungen der Gerechtigkeit im Geist der Solidarität zu verteidigen, die den Leidenden zur Seite steht. Es ist allerdings nicht möglich, sich als einzelne für Gerechtigkeit einzusetzen; wir müssen uns *zusammen* um sie bemühen, alle Befürchtungen beiseiteschieben und wir dürfen keine Anstrengung scheuen. Deshalb ermutigt uns Papst Franziskus, keine Angst davor zu haben, uns zugunsten einer besseren Welt zu engagieren: »Haben wir keine Angst vor einem Verlustgeschäft! Ökumenismus ist ein ›großes Unternehmen, das mit Verlust operiert‹. Aber der Verlust entspricht dem Evangelium, entsprechend den Worten Jesu: ›Denn wer sein Leben retten will, wird es verlieren; wer aber sein Leben um meinetwillen verliert, der wird es retten‹ (Lk 9,24). Nur das zu retten, was uns gehört, ist der Weg nach dem Fleisch; in den Fußstapfen Jesu alles zu verlieren, bedeutet den Weg im Geist.«[199]

Der Papst erinnert jene, die den Weg zur sichtbaren Einheit verlangsamen möchten, daran, dass es einen Ökumenismus gibt, der schon »erreicht« ist: »Kümmern wir uns um das, was wir konkret tun können, anstatt angesichts dessen, was wir nicht können, entmutigt zu sein. Schauen wir auf unsere Brüder und Schwestern in verschiedenen Teilen der Welt, vor allem im Nahen Osten, die leiden, weil sie Christen sind. Lasst uns ihnen nahekommen. Wir sollten nie vergessen, dass unserer ökumenischen Reise ein schon verwirklichter Ökumenismus vorausgeht und ihn begleitet, nämlich der Ökumenismus des Blutes, der uns drängt, weiterzugehen«.[200]

Schlussbetrachtung

Das Lehramt von Papst Franziskus, seine Lehraussagen, die sich mit der Zeit in Worten und Taten schrittweise entfalten, gelangen in *Fratelli Tutti* zu einer Art Synthese. Es gibt auf seinem Weg verschiedene verbindliche Aussagen, aber die innere Kohärenz seiner Lehre lässt sich mühelos erfassen, liest man die Enzyklika im Licht der ersten Worte, die Jorge Mario Bergoglio am Abend seiner Wahl zum Papst fand. Er verbeugte sich vor der freudig bewegten Menge auf dem Petersplatz und bat die Menschen um das Gebet, Gott möge der ganzen Welt die Gabe eines »großen Geistes der Brüderlichkeit«[201] schenken. Nach dem Hinweis auf den Glauben als das Licht, das die gesamte menschliche Existenz erleuchtet (*Lumen Fidei*), auf das Evangelium, das unser Leben lebendig macht (*Evangelii Gaudium*), und nach dem Verweis auf die umfassende Ökologie als dringliche Priorität für unsere Zeit (*Laudato Si'*) und als Herausforderung für die Inkulturation des Glaubens (*Querida Amazonia*) fordert der Papst uns dazu auf, tiefer zu erfassen, was es bedeutet, unser »gemeinsames Haus« und die daraus abzuleitenden Konsequenzen wahrzunehmen, nicht nur in innerkirchlicher und ökumenischer Hinsicht, sondern genauso bezogen auf die soziale Koexistenz und den Frieden unter den Völkern (*FT* 1).

Für die Kirche von heute ist es ein authentischer Weg zur Verkündung und Weitergabe des Evangeliums, das »Geschwistersein aller« als eine dynamische und offene Wirklichkeit wahrzunehmen. Die Weitergabe der Botschaft vom gekreuzigten und auferstandenen Christus an künftige Generationen, an die Menschen unserer Zeit, lässt sich nicht mehr länger als Akt der »Information« an alle denken, einfach als Akt der Mitteilung der Wahrheiten unseres Glaubens über das Geheimnis des lebendigen Gottes. Es beinhaltet vielmehr, dass der Glaubende sich in Beziehung zur Andersheit der Welt und zu seinen Mitmenschen bringt. Das meint »Christus anziehen« (Röm 13,14), um einen genuin dem Evangelium entsprechenden Stil ins Leben umzusetzen (*EG* 67; 168).

Fratelli Tutti bringt kühn zwei Begriffe zusammen, die anscheinend einander entgegengesetzt sind: *Freundschaft* und *Gesellschaft*. Wo wir von Freundschaft sprechen, meinen wir normalerweise eine »selektive« Form von Liebe: Wir wählen unsere Freunde aus, wir machen sie zu unseren Bezugspersonen. Oft unterscheiden wir den Bereich der freundschaftlichen Beziehungen, den wir als »privat« betrachten, von dem gesellschaftlichen Kontext, in den eingebunden wir uns vorfinden, mit Menschen, die uns von draußen »aufgezwungen« scheinen. Die Botschaft der Enzyklika zielt darauf, der Menschheit eine »neue Vision« beziehungsweise einen Traum zu unterbreiten (*FT* 6): gegenüber anderen, seien sie nah oder fern, so zu handeln, als würden wir sie als unsere Geschwister und Freunde auswählen. Deshalb entschied sich Papst Franziskus dafür, die Adressaten der Enzyklika nicht zu spezifizieren, sie nicht auf die Gläubigen zu begrenzen, die getauft sind, sondern die Zielrichtung ihrer Botschaft auf alle Menschen auszuweiten.[202] Papst Franziskus möchte eine Soziallehre vorschlagen, die sich nicht nur an Katholiken wendet, sondern dazu fähig ist, jedem als Leitstern zu dienen, »die Wiedergeburt einer universalen Hinwendung zur Brüderlichkeit« (*FT* 8) zu fördern.

Der Heilige Vater lädt Gläubige – Katholiken wie die anderer Religionen – dazu ein, das Konzept von »Brüderlichkeit« auszuweiten, um als »Geschwister« nicht nur diejenigen wahrzunehmen, die den gleichen religiösen Hintergrund teilen, sondern alle Menschen, ohne jede Ausnahme. Der Papst bittet Nichtglaubende und jene, die keinerlei »Credo« unterschreiben, einen Geist des Geschwisterseins aller bis hinein in das Herz des gesellschaftlichen Lebens zu tragen, indem sie auf säkulare Weise die Werte und ethischen Grundsätze umsetzen, die als Schätze der Religion gelten.

Die Lehraussagen von Papst Franziskus sind von einer präzisen inneren Logik beseelt, stehen aber auch in Kontinuität zu der ungebrochenen offiziellen Lehre der Kirche, besonders in ihrer Wiederbelebung der vom Zweiten Vatikanischen Konzil verfolgten *induktiven* Methode.

Gaudium et Spes praktiziert die Anwendung der Unterscheidung im Sinn des Evangeliums, des Glaubenssinns der Gläubigen, des *sensus fidei fidelium*, in drei Phasen: die Zeichen der Zeit *wahrnehmen*; sie im Licht des Evangeliums *interpretieren*; und die Fragen nach ihrer Bedeutung *beantworten* (*GS* 4). Der Text der Pastoralkonstitution des Zweiten Vatikanums hält fest, Glaube beziehe Nahrung aus dem Blick auf die Geschichte, und formuliert: »Da die Kirche eine sichtbare gesellschaftliche Struktur hat, das Zeichen ihrer Einheit in Christus, sind für sie auch Möglichkeit und Tatsache einer Bereicherung durch die Entwicklung des gesellschaftlichen Lebens gegeben« (*GS* 44).

Papst Franziskus stellt Geschwistersein und soziale Freundschaft als eine Form der Liebe heraus, die uns dazu drängt, über unsere kurzsichtigen Einzelinteressen hinauszugehen, um andere in unser Verständnis des »Guten« und des »Wohlergehens« einzubeziehen. So wird Nächstenliebe durch ihre Fähigkeit, »alle einzubeziehen« (*FT* 164), zum Schlüssel für die Förderung einer umfassenden menschlichen Entwicklung.

Nächstenliebe ist inklusiv und schenkt Leben (*FT* 165), ist aber auch für jeden offen und allen gemeinsam (*FT* 183–184).

In ihrem Licht berührt *Fratelli Tutti* alle wichtigen Themen der Soziallehre der Kirche und bringt sie zusammen: die Würde der menschlichen Person und das Recht auf angemessene Entwicklung (*FT* 106); die Prinzipien Solidarität und Subsidiarität (*FT* 175; 187); die universelle Bestimmung der Güter und des privaten Eigentums (*FT* 118–121; 143); Arbeit und freies Unternehmertum (*FT* 122; 162); internationale Zusammenarbeit (*FT* 132); Säkularität und die Beziehung zwischen Kirche und politischer Gemeinschaft (*FT* 276); schließlich das Recht auf Religionsfreiheit (*FT* 276).

Dem wird die Verurteilung jeder Art von Krieg und irreführender Ideologie hinzugefügt, die auf die Befürwortung der »Möglichkeit eines ›gerechten Kriegs‹« (*FT* 258) zielt. Ebenso werden Todesstrafe (*FT* 269) und Menschenhandel (*FT* 24) verworfen.

Die Enzyklika nennt auch konkrete Schritte, die zu unternehmen sind, einzugehende Verpflichtungen und gemeinsame Bemühungen, die bezogen auf verschiedene Bereiche der Gesellschaft, Politik und Wirtschaft stattfinden müssen: Migration (*FT* 38; 128–132); gute Regierungsführung in der Politik (*FT* 180–182); Hunger in der Welt (*FT* 189); Dialog und sozialer Friede (*FT* 217); nukleare Abrüstung und der kollektive Wille zur Selbstbegrenzung in militärischen Dingen (FT 262); Notwendigkeit einer globalen Übereinkunft zum Investieren von Ressourcen in die Gesundheit weltweit und in die Sicherheit auf der Welt (*FT* 173–174); der ökumenische Weg zur Einheit der Christen (*FT* 280); die Verpflichtung der Religionen, zum Gemeinwohl beizutragen und sich in den Dienst unseres Geschwisterseins zu stellen (*FT* 271; 281–285).

Weil »große Veränderungen nicht hinter Schreibtischen und in Büros entstehen« (*FT* 231), sondern durch konkrete Gesten und Aktionen ins Werk gesetzt werden, wählt die Enzyklika einen praktischen Zugang zu den heutigen Problemen und schlägt konkrete Vorgehensweisen zur Förderung des gesellschaftlichen Zusammenlebens vor: die Erinnerung an die Vergangenheit zu bewahren; für den Dialog in der Gegenwart offen zu sein; die Zukunft zusammen zu planen; Prozesse der Versöhnung einzuleiten; Diversität wertzuschätzen und zu schützen.

Damit das Zeugnis der Kirche nicht als unbedeutend vernachlässigt wird, müssen wir die Gegenwart genau befragen und eine objektive und realistische Analyse der Übel unserer Zeit unternehmen. Schon in *Laudato Si'* fanden sich klare Worte; der Text nannte als Ursachen der gegenwärtigen ökologischen Krise einen bestimmten Umgang mit der Technologie (*LS* 106) und verurteilte die unverantwortlichen Entscheidungen einer Politik, die sich Finanzinteressen ausliefert (*LS* 109). *Fratelli Tutti* bestätigt die entscheidende Differenz der Lehraussagen von Papst Franziskus zu der Zugangsweise, wie sie das bisherige Lehramt eingenommen hat: Es geht nicht länger darum, die Wirtschaft moralischer zu machen, oder den Kapitalismus mitfühlender oder verständnisvoller, sondern vielmehr darum, »den Fortschritt neu zu definieren« (*LS* 194), indem wir Gesicht und Ordnung der Welt grundlegend umbilden.

Um nicht »nur die Symptome zu bekämpfen« (*LS* 9), müssen wir das ökonomische Modell von Grund auf neu denken und dabei mit der Zentralstellung von Person und Menschenwürde als »Grenze« der Zukunft beginnen (*FT* 22). Aus diesem Grund fordert Papst Franziskus die westlichen Länder dazu auf, sich wieder der Instrumente zu bedienen, über die sie durch Geschichte und Tradition schon verfügen, um den unveräußerlichen Wert der menschlichen Person erneut zu bekräftigen (*FT* 40).

In ideologischer Hinsicht gründet eine nur profitorientierte Wirtschaft auf verschiedenen reduktiven Anthropologien. Das führt zum Verlust von Gleichheit oder Fairness – nicht nur auf der materiellen Ebene, indem sie den Zugang zu grundlegenden Erfordernissen blockiert, sondern indem sie weiterhin Bemühungen erschwert, die Achtung der fundamentalen Rechte aller Menschen überall in der Welt sicherzustellen.

Schon durch ihre Präsenz sind die Armen eine Anfrage an den kulturellen Status oder das kulturelle Universum des Westens. Genau aus diesem Grund gibt es die Tendenz, sie auszuschließen, sie aus »unserer« Geschichte und aus der beruhigenden Großerzählung zu entfernen, die wir für künftige Generationen zurechtlegen. Von Anfang an klagten die Lehraussagen von Papst Franziskus die Kultur der Indifferenz[203] und die Wegwerfkultur[204] an, indem sie die vielen Formen von Marginalisierung ins Licht rücken, die unsere Zeit heimsuchen: wirtschaftliche, soziale, politische, existenzielle und spirituelle Peripherien.

Wenn die Heilsgeschichte in Gestalt von Gottes beständigem Dialog mit der Menschheit zu verstehen ist (*DV* 2), müssen Rolle und Sendung der katholischen Kirche jenen Dialog ausdrücken und aktualisieren. Der Heilige Paul VI. unterstrich, »die Kirche muss in den Dialog mit der Welt eintreten, in der sie lebt« (*ES* 65), ihre Präsenz und ihr Handeln in Richtung einer wirksamen Überwindung jeder Art von historisch-kulturellem oder sozio-theologischem Vorurteil erneuern. In *Fratelli Tutti* fügt Papst Franziskus hinzu, eine solche Haltung des Dialogs von Seiten der Kirche könne andere Religionen dazu ermutigen, Intoleranz, Rassismus und Fundamentalismus zu überwinden. Dieser Perspektivenwechsel führt die Kirche dazu, sich die Förderung des Friedens, den Kampf für Gerechtigkeit und die Verteidigung der Menschenrechte als tragende Aspekte ihrer Sendung zur Verkündung des Evangeliums zu eigen zu machen.

Von der Liebe Christi zu jedem Menschen angetrieben, wird die Kirche zu einem universalen Sakrament der Gemeinschaft, zum Geschenk einer Erlösung, die über ihre eigenen sichtbaren Grenzen hinausreicht. Wenn sich Nächstenliebe als die Befähigung entfaltet, andere immer mehr willkommen zu heißen, steht die evangelisierende Sendung der Kirche als Volk Gottes im Dienst von universalem Einvernehmen und Frieden unter Völkern, Kulturen und Religionen.

Fratelli Tutti entscheidet sich dafür, an realen Phänomenen Maß zu nehmen, statt einer »Ideologie« des Dialogs und des Teilens anzuhängen. Die Enzyklika vermeidet die Versuchung eines idealistischen Zugangs zum Thema Frieden und betont stattdessen die Bedeutung des Konflikts als typischer Dynamik, mit der immer dort zu rechnen ist, wo Gegensätze aufeinanderstoßen. Gleichzeitig verlangt Franziskus, Konfrontation dürfe nicht zu gegenseitiger Indifferenz oder zu Antagonismus führen – der in Krieg münden kann –, sondern müsse lebensspendende Prozesse entstehen lassen. Wenn der Dialog den Konflikt aufnimmt und ihn auf positive Weise löst, schafft er Bedingungen dafür, dass es zu Erfahrungen der Zusammenarbeit kommt. Das Bemühen um einen Weg des Teilens verlangt von jedem Selbstbeschränkung, also sich selber Grenzen zu setzen, um für den anderen Raum zu schaffen. Das Aufdecken eigener Grenzen als Bedingung für Interaktion macht uns selbst verwundbar. Denn genuine Begegnung kommt nur zustande, wenn es Bereitschaft dazu gibt, vom anderen angerührt und verstanden zu werden, und wenn wir wirklich entschieden haben, andere sich ausdrücken zu lassen. Verwundbarkeit bedeutet dann auch den Entschluss, sich bis zu einem gewissen Grad zurückzunehmen und gleichzeitig ein Mindestmaß an Autonomie beizubehalten, um andere nicht zu überwältigen und respektvoll ihre Identität anzunehmen.

So wird Dialog zur Pflege der Kunst, sich jemandem zu nähern oder ihn nahekommen zu lassen. Wir kommen einander so nahe wie möglich, ohne uns selber preiszugeben. Wir teilen etwas, weil wir die »begrenzende« Differenz zum anderen positiv bewerten. Das ist kein leichter Weg in einer Zeit, in der wir dazu tendieren, auf Ausschließung zu setzen, um die Wahrnehmung des »Wir« hochhalten zu können. Wir schaffen ständig Unterschiede und fachen Narrative an, die auf der Grundlage der Rassenzugehörigkeit dämonisieren und zu unsinnigen politischen Maßnahmen führen, die davon besessen sind, uns vor fremden »Eindringlingen« zu schützen und uns gegen sie zu immunisieren.

Einerseits ist die Vision von *Fratelli Tutti* aufmerksam für die sozio-politische und kulturelle Dimension, gleichzeitig haben alle Argumente, die die Grundidee des Geschwisterseins aller stützen, ein solides theologisches Fundament. Dieses theologische Fundament wird erst am Ende der Enzyklika voll und ganz deutlich, auch wenn seine Implikationen überall im Text anzutreffen sind: Der Grund dafür, dass alle Menschen Geschwister sind, liegt in der Offenbarung des wahren Antlitzes von Gottvater in Christus durch den Heiligen Geist. Die Beziehungen der *agape* im Inneren der Heiligen Dreifaltigkeit lehren uns, dass Einheit nicht die Auslöschung von Unterschieden bedeutet, sondern das gegenseitige Teilen von Identitäten.

Aber auch die auf dem Handeln des fleischgewordenen Wortes gründende Ekklesiologie der Gemeinschaft bildet die *Fratelli Tutti* zugrunde liegende theologische Perspektive. Die Kirche verwirklicht sich, indem sie sich in den Dienst an der Menschheit begibt und die Erlösung in Christus durch ihr beständiges Bemühen vermittelt, das Reich Gottes unter den Völkern gegenwärtig zu setzen und diese so zum Geschwistersein aller ruft.

Die Stimme von Papst Franziskus kommt von den »Enden der Erde«[205], auch wenn sie »aus dem Zentrum« erklingt. Es ist die Stimme einer Kirche, die auf den Schrei der Geringsten, der Ausgeschlossenen, der »Stimmlosen« hört. Gleichzeitig sollten wir uns klarmachen, dass eines der vielen Paradoxe des Papstseins heute darin besteht, dass der Heilige Vater oft durch das Mikrophon seiner Gegner zur Welt sprechen muss. Den dringlichen Appell der Verzweifelten zu ignorieren, bedeutet Kirche ohne Christus zu sein. Es ist auch eine Verleugnung der vorrangigen Option des Zweiten Vatikanums zugunsten der Armen, die Lehraussagen von Franziskus dadurch zu verfälschen, dass man sie in einen Gegensatz zur Tradition stellt.

Wir dürfen deshalb nicht der Versuchung der Indifferenz verfallen, die dazu führt, zu denken und zu sagen: »Diese Enzyklika betrifft uns nicht!« In diesem Sinn müssen wir uns immer wieder die Bekräftigung des Konzils bewusst machen, dass die Bischöfe auch dann dazu gehalten sind, in Gemeinschaft mit dem Bischof von Rom zu lehren, »wenn er nicht kraft höchster Lehrautorität spricht«, und sich darum bemühen müssen, sicherzustellen, dass die gläubigen Laien eine reife Zustimmung »des Willens und des Verstandes« gegenüber dem authentischen Lehramt des Bischofs von Rom an den Tag legen (*LG* 25).

Die Herausforderung, die die Enzyklika von Papst Franziskus aus dem Jahr 2020 für alle Menschen sowohl innerhalb wie außerhalb der Grenzen der katholischen Kirche bedeutet, besteht nicht nur in der Verbreitung ihres Inhalts und der Umsetzung ihrer Impulse in unseren jeweiligen Entscheidungen und Aktivitäten. Die Herausforderung besteht auch darin, die Gültigkeit ihrer Impulse selbst zu testen und aufzuzeigen, durch ein immer intensiveres Bemühen um Zusammenarbeit und die Pflege eines immer stärkeren Zusammenwirkens, um so die Freude am Leben weiterzugeben und als Geschwister und Freunde zu handeln. Wege und Anlässe ausfindig zu machen, um immer mehr auf synodale Art und Weise zu handeln – beginnend mit den kirchlichen Strukturen –, wird ein Zeugnis für die Verpflichtung der Kirche sein, eine bessere Welt zu imaginieren, hervorzubringen und aufzubauen.

In *Fratelli Tutti* macht die prophetische Stimme von Papst Franziskus im Licht des Wortes Gottes die Ruhelosigkeit sichtbar, die die Menschheit der Gegenwärt prägt, aber auch die Kirche von innen her bestimmt. Während eine schlecht versteckte Sorge angesichts einer offensichtlich dunklen und nebulösen Zukunft für die Welt Misstrauen gegenüber dem ausdrückt, was bevorsteht, bedeutet sie für die Jünger des Herrn einen Mangel an Glauben und Hoffnung auf das Erlösungshandeln des Herrn. Die Aufforderung zum Begreifen der Dringlichkeit des Geschwisterseins und seiner konkreten Implikationen für den Aufbau einer besseren Welt ist dann ein Aufruf an jeden von uns, neuen Mut und Eifer zu entwickeln, indem wir die Worte und Verheißungen Jesu Christi in Geist und Herzen wieder verankern: »Ich nenne euch nicht mehr Knechte, sondern Freunde« (Joh 15,15).

Anhänge

Die beiden Anhänge sind Überlegungen zu den zwei Teilen des Buchs. Sie ermöglichen dem Leser einen zweiten Blick, aus einer anderen Perspektive und in einem anderen Stil.

Anhang I (»Geschwisterlichkeit aller nach der Pandemie«) wendet die vom Zweiten Vatikanum entwickelten fünf Kriterien der Unterscheidung auf die niederdrückende gegenwärtige Situation an, in der Hoffnung, dass sich nach der Gesundheitskrise durch COVID-19 die Dinge zum Besseren entwickeln!

Anhang II (»Tanzen und Trauern«) ist eine Schriftmeditation zu den heutigen Zeichen der Zeit anhand von Matthäus 11,1–9.

Die beiden Anhänge sollen das Verständnis der Leser abrunden und neue Wege des Denkens und Handelns eröffnen. Alternativ dazu können sie, falls sie vor den beiden Teilen des Buchs gelesen werden, als hilfreiche, wenn auch indirekte Einführungen zu den Lehraussagen des Zweiten Vatikanums (Teil I) und zu *Fratelli Tutti* dienen (Teil II).

Anhang I

Geschwistersein aller nach der Pandemie

Fünf Prinzipien der Transformation im Rückblick auf die globale COVID-19-Krise[206]

Die durch die rasche Verbreitung von COVID-19 ausgelöste globale Krise hat uns in die Mitte unserer conditio humana zurückgeführt; wir haben eine Verwundbarkeit wiederentdeckt, die wir vergessen hatten, eine Anfälligkeit, die hinter einer von uns als selbstverständlich erachteten Fassade von Sicherheit verborgen war. Plötzlich fanden wir uns ausgeliefert vor, wehrlos gegenüber einer unsichtbaren Bedrohung, ins Unbekannte geworfen. Paradoxerweise war es die Pandemie, die die Büchse der Pandora öffnete; indem sie das Gefüge unseres täglichen Lebens zerriss und unseren Lebensstil umstülpte, ließ uns die Pandemie die Begrenztheit unserer Existenz erfahren. Als wären wir aus Allmachtsträumen erwacht, gingen uns die Augen auf, erkannten wir, dass wir nackt waren (Gen 3,7), entdeckten wir uns als sterblich.

Vielleicht ging manchem auf, wie unbeständig bestimmte Optionen waren, für die sich die globalisierte Kultur von heute entschieden hatte. Unsere Gesellschaft zieht es vor, das verstörende Drama des Todes nicht klar wahrnehmen zu wollen, indem sie einem privatisierten Verständnis des Leidens den Vorrang einräumt. Aber diese Zugangsweise hat sich als unfähig erwiesen, auch nur ein einziges Wort zu äußern, das dem Drama des durch Krankheit verwundeten menschlichen Leibes Sinn verleihen könnte.

Nachdem die Einschränkungen und Lockdowns weggefallen sind, macht sich schnell die Versuchung bemerkbar, die Wunde zu verbinden, die Brüche bestmöglich zu fixieren und »Feigenblätter« zu finden, mit denen wir unser Nacktsein bedecken können: Wir kehren zur »Normalität« zurück, zu unserer gewohnten Routine, bewegen uns wie zuvor in unserem normalen Horizont und versuchen, mit dem existenziellen Schwindelgefühl fertig zu werden, das uns diese Krise beschert hat.

Allerdings ist auch ein anderer Weg möglich. Wir können die von der Pandemie auferlegten »Fakten« als entscheidenden epistemologischen und anthropologischen Wendepunkt begreifen.

Wir können also die Ausbreitung der Pandemie deuten, indem wir erstens das Kriterium des *Glaubens* anwenden und in diesem Ereignis ein »Zeichen der Zeit« und einen Hinweis auf den kommenden Herrn sehen. Der Herr Jesus fordert uns dazu auf, auf die »Zukunft« zu blicken, statt uns schnell wieder auf die »Gegenwart« zu konzentrieren.

Wenn wir auf die Zukunft mit den Augen des Glaubens, mit der vertrauensvollen Hingebung von Kindern blicken, die sich für immer geliebt erfahren, können wir dieses »Zeichen« nicht als Warnung oder als dunkle Wolke sehen, die mit Vernichtung und Rache wegen der Sünden der Menschen droht, sondern als *kairos*, als günstigen Zeitpunkt für das Nachdenken darüber wahrnehmen, wer wir sind und wer wir sein wollen.

Das wird dann zu einem Hinweis oder Erkennungszeichen der Wahrheit: Wir müssen uns im Angesicht Gottes, des Vaters wieder dem Humanum zuwenden, zusammen mit dem menschgewordenen Sohn menschlich bleiben und in der Kraft des Heiligen Geistes, der herrscht und Leben spendet, Mensch werden.

Dieser Richtungswechsel zugunsten der Menschlichkeit bietet gleichzeitig jedem menschlichen Wesen die Möglichkeit zur Bekehrung: Wir sind dazu aufgerufen, die Selbstbezogenheit aufzugeben, durch die wir uns nur mit uns selbst beschäftigen – sowohl individuell wie als Gruppe –, um einen dem Evangelium gemäßen Lebensstil anzunehmen, in dem wir uns dazu fähig zeigen, für andere zu sorgen und uns um sie zu kümmern.

Diese Veränderung schulden wir gleichermaßen den durch das Virus Gestorbenen wie denjenigen, die im Kampf an der vordersten Linie das eigene Leben opferten, um das anderer zu retten. Der Glaube führt uns also zu einer Neuinterpretation des Lebens als eines Geschenks, das wir nie für selbstverständlich halten dürfen und für das wir von Angesicht zu Angesicht mit Gott Rechenschaft ablegen müssen, wenn einmal das Gericht über die Geschichte unseres Handelns und Wandelns auf dieser Erde urteilt.

Die von der Ansteckungsgefahr bewirkte Angst ermöglichte uns ein dringendes Bedürfnis nach Nähe, danach, unsere Lieben bei uns zu haben, den Schmerz der vom Virus Betroffenen als unseren zu empfinden. Es entstand ein neues Gefühl für das »Wir«, das uns als Menschen über unsere kulturellen und nationalen Grenzen hinaus zusammenbrachte und uns dabei half, die Welt als »gemeinsames Haus« zu sehen.

Allerdings kann dieser Sinn für Gemeinschaft und Nähe, der uns teilweise von der emotionalen Welle aufgedrückt wurde, die uns überrollte, leicht zerbrechen und schnell verfliegen, wenn ihn nicht starke Beweggründe unterstützen. Unsere plötzliche Bereitschaft zu punktuellen und von eigenen Interessen geleiteten Beziehungen kann uns schnell vergessen lassen, was uns die Pandemie verdeutlicht hat – dass wir für andere geschaffen sind und Verbindungen aufbauen müssen, auf die wir zählen können.

Für andere da zu sein ist zweitens Teil des Prozesses, in dem sich unsere persönliche Identität bildet. Es ist ein unverzichtbarer Schritt beim Erwerben von Authentizität, nicht nur als Menschen, sondern auch als Jünger des Herrn. Die Pandemie stellt eine Erfahrung des »existenziellen Exodus« dar, als Einladung, aus uns herauszugehen, und als »österlicher Einzug«. Wir müssen den Stil unserer Beziehungen umformen, indem wir von der asymmetrischen Mentalität des *Nützlichen*, in der ich den anderen meinen eigenen Interessen unterwerfe, zur harmonischen Logik der *Freiwilligkeit* übergehe, in der ich Interesse an anderen zeige, ohne auf den Vorteil zu schauen, den ich von ihnen haben könnte, einfach nur im Wahrnehmen ihres inneren Wertes.

Der Glaube macht es auch möglich, die Pandemie als einen Anlass dazu wahrzunehmen, die an Indifferenz orientierten Mechanismen eines Gesellschaftssystems zu dekonstruieren, das durch die Schaffung von Ungleichheit existiert, anstatt drittens das *Gemeinwohl* als Kriterium oder als Maßstab für unser privates Interesse zu übernehmen. Die Notsituation, in der wir uns befinden, hat viele Widersprüche im gesellschaftlichen Miteinandersein sichtbar gemacht, etwa die ununterbrochene Waffenproduktion – als ob das eine wesentliche Aktivität wäre – zu der Zeit, als es den Krankenhäusern an grundlegender medizinischer Ausstattung fehlte. Oder die Ungleichheit in den Gesundheitssystemen vieler Länder, wo öffentliche Einrichtungen nicht in der Lage waren, auf die Nöte der Schwächeren einzugehen und das Recht auf Gesundheit ernsthaft gefährdet war. Es handelt sich dabei um Länder, in denen politische Entscheidungen nach neoliberalem Muster dazu führten, nicht ausreichend in das öffentliche Gesundheitssystem zu investieren, Prävention und Sicherheit zugunsten der Erhöhung von Profit und Wettbewerbsfähigkeit zu vernachlässigen. Solche Entscheidungen mit dem Ziel der Kapitalmaximierung zeigen jetzt ihre ganze Einseitigkeit und machen sichtbar, wie man die Ausbreitung des Virus nur mühsam stoppen konnte, was zu erhöhten wirtschaftlichen, sozialen und ökologischen Kosten führte, die Gesundheit und Einkommensverhältnisse der ärmeren Teile der Gesellschaft schwer belasten.

Es lohnt sich allerdings festzuhalten, wie die soziale Resilienz ganzer Nationen durch die Unfähigkeit, Ausbrüche unter Kontrolle zu bringen, in Gefahr geriet; dadurch wurden unter Umständen verwundbarere Bevölkerungsgruppen – Ältere, Menschen mit langwierigen Vorerkrankungen und Behinderte – einem hohen Risiko ausgesetzt, durch die Pandemie zu sterben.

Was lehrte uns der Ausbruch dieser Pandemie? Welche Lehre haben wir aus diesem globalen Phänomen gezogen?

Wir können eine Antwort auf diese Fragen versuchen, indem wir zuallererst ins Gedächtnis zurückrufen, was die kirchliche Soziallehre lehrt, dass es nämlich nicht möglich ist, fundamentale Menschenrechte zu garantieren, ohne die ökonomischen und sozialen Rechte angemessen voranzubringen, die für das Zusammenleben in der Gesellschaft grundlegend sind. Um komplexen Situationen wie der Pandemie zu begegnen und wirksam mit ihnen umgehen zu können, braucht es Lösungen auf globaler Ebene, indem man Grundlagen für einen konstruktiven Dialog zwischen Nationen schafft und sich zusammen um ein gemeinsames Verständnis bemüht, das alle relevanten Größen in Rechnung stellt. Deshalb bedeutet Solidarität mit den ärmeren Ländern und ihre Unterstützung angesichts der Herausforderungen von COVID-19 nicht nur Hilfe bei der Bewältigung der Gesundheitskrise, indem man ihnen medizinische Hilfsmittel und qualifizierte Hilfskräfte zur Verfügung stellt, sondern auch, breiter angelegte Strategien zu planen, die eine auf Solidarität beruhende Wirtschaft und den Aufbau einer gerechteren Gesellschaft ermöglichen.

Diese pandemische Notlage hat uns auch zum Distanzhalten als Maßnahme der Prävention gezwungen, hat zur Furcht gegenüber Kontakt und Nähe zu anderen geführt. In einer Zeit, in der die Kultur beunruhigende Trends in Richtung Solipsismus und Engstirnigkeit erkennen lässt, wie an der unglückseligen Rückkehr »verbohrter, übertriebener, wütender und aggressiver« Nationalismen (*FT* 11; 141) abzulesen ist, dürfen wir die Praxis der sozialen Distanzierung nicht zur emotionalen Haltung oder zu einer Entschuldigung dafür werden lassen, vor den uns umgebenden Problemen wegzulaufen.

Als Reaktion auf die Tyrannei des ideologischen Tribalismus schlägt Papst Franziskus als »Vorschrift« vor, gemeinsam vom Aufbau einer besseren Wirklichkeit zu träumen (*FT* 8). Die Neubegründung von Idealen beginnt damit, einen Horizont gemeinsamen Sinns, von Träumen zu identifizieren; das ist das Gegengift zu jeder Form von Partikularinteressen, die Herrschaftsansprüche geltend machen.

So ist die Kirche dazu aufgerufen, vorwärtszugehen, indem sie viertens ihre *vorrangige Option für die Armen* mit einem gesunden *Realismus, der sich aus der hart arbeitenden Nächstenliebe ergibt,* verbindet. An der Seite der durch die Pandemie schwer verwundeten Menschheit zu stehen, bedeutet, sich auf die Seite der Letzten, der Zerbrochenen, der Unsichtbaren, der Verlassenen zu stellen. Dabei muss die Kirche stets dazu bereit sein, »sich die Hände schmutzig zu machen«, ihren eigenen Beitrag zu erbringen, indem sie Raum für die Kreativität der Liebe lässt.

Als planetarische Krise hat die Pandemie auch deutlich gezeigt, wie eng das gemeinsame Schicksal aller Menschenwesen mit der bio-ökologischen Zukunft des Planeten verbunden ist. So belegt die pandemische Krise fünftens von neuem die Dringlichkeit des *Erhalts der Schöpfung als einer Notwendigkeit für die Menschheit.*

Faktoren wie Verschmutzung, Entwaldung, Wasserknappheit, Verschlechterung der Böden und Entstehung von Wüsten in weiten Teilen des Planeten, Raubbau an organischen Substanzen und an der Fruchtbarkeit des Bodens, exzessive Nutzung von Chemikalien in der Landwirtschaft, exorbitante Produktion von Müll, Reduktion der Biodiversität und Klimawandel haben starke Auswirkungen auf die menschliche Gesundheit. Die Pandemie war zweifellos eine Herausforderung für ganze Bevölkerungen und hat Regierungen dazu gezwungen, als Antwort darauf Entscheidungen zu treffen und Strategien zu planen. Entscheidungen zeigen allerdings immer auch, wes Geistes Kind wir wirklich sind: Sie bringen die Werte und Prioritäten zum Vorschein, von denen wir uns leiten lassen. So ist deutlich geworden, wie oft die Aufrechterhaltung eines funktionierenden Wirtschaftssystems mehr gilt als der Schutz der Gesundheit einer Bevölkerung. Das Gleiche gilt oft für die Gesundheit der Umwelt! Die Notlage durch COVID-19 fordert uns deshalb dazu auf, das Streben nach Wohlstand um jeden Preis zu zügeln und die Auswirkungen der menschlichen Präsenz auf dem Planeten zu überdenken. Wenn die Natur heilen und blühen soll, und in einer Weise blühen soll, die das Blühen des Menschen im Gegenzug fördert, müssen Menschen die Natur respektieren und mit ihr zusammenarbeiten.

Papst Franziskus erinnert uns daran: »Aus dieser Krise können wir besser oder schlechter herauskommen. Wir können zurückfallen oder etwas Neues schaffen.«[207]

Es ist an der Zeit, sich bewusst zu werden, dass der Kampf gegen kulturellen und ethischen Verfall Hand in Hand mit der Übernahme von Verantwortung für die Schöpfung geht. Die Heilung der Erde braucht die Heilung der Menschen vom Übel der Selbstbezogenheit.

Anhang II

Tanzen und Trauern

(Mt 11,1–19)

Über das Wort Gottes meditieren, um in der Gegenwart unterscheiden zu können

1. Glaube, der für die Geschichte aufmerksam ist: Das Reich Gottes wächst inmitten des Gefüges der Zeit

Wenn wir unseren Glauben an den auferstandenen Herrn bekennen, der »in seiner Hoheit kommt« (Mk 8,38; Lk 9,26), bekräftigen wir, dass es in unserer Gegenwart möglich ist, das nicht aufzuhaltende Wachstum des Reiches Gottes im Gefüge der Zeit wahrzunehmen.

Die Zukunftshoffnung, die unsere Zugehörigkeit zu Christus antreibt, entbindet uns nicht von dem Bemühen, Gott in der Gegenwartsgeschichte nachzufolgen, damit wir die Anzeichen entdecken können, die das freudebringende Einbrechen des himmlischen Königreichs in unsere Gegenwart bezeugen. Im Gegenteil: Die Tatsache des Glaubens erfordert immer die Bemühung, um die Spuren des Reiches Gottes unter den vielen menschlichen Tatsachen wahrzunehmen, die scheinbar seine hier und jetzt schon bestehende Präsenz in Frage stellen.

Jesus forderte uns dazu auf, die »Zeichen der Zeit« zu erkennen, durch die Gott in der Geschichte von heute spricht, und die durch einen Appell an das menschliche Gewissen jeden Menschen dazu einladen, jenen unsichtbaren Faden wahrzunehmen, der das, was um uns herum geschieht, mit der Stimme

Gottes verbindet, die im Verborgenen aus der Tiefe des Herzens vernehmbar wird (Mt 6,6).

Im Matthäusevangelium antwortet Jesus auf die Frage der Johannesjünger, warum die Zwölf nicht wie sie und die Pharisäer fasten: »Können denn die Hochzeitsgäste trauern, solange der Bräutigam bei ihnen ist? Es werden aber Tage kommen, da wird ihnen der Bräutigam genommen; dann werden sie fasten« (Mt 9,15).

In der Rolle des Bräutigams macht Jesus einen wesentlichen Zug der Identität seiner Jünger deutlich: Sie werden dazu in der Lage sein müssen, angemessen zwischen den Tagen des »Trauerns« und denen der »Hochzeit« unterscheiden zu können. Im weiteren Verlauf dieser Geschichte erzählt Jesus von einem weiteren Zusammentreffen mit den Johannesjüngern. Sie kehren zurück, um ihm eine Frage zu stellen, die mit einem Zweifel des Johannes selber zu tun hat: »Bist du der, der kommen soll, oder müssen wir auf einen anderen warten?« (Mt 11,3). Jesus entschied sich dafür, keine direkte Antwort auf die Frage zu geben, sondern bevorzugte es, mit einem Verweis auf eine Richtung und eine Tatsache zu antworten. Er machte deutlich, dass sich das Kommen des Reiches Gottes als Verwandlung der Welt abspielen wird: »Geht und berichtet Johannes, was ihr hört und seht: Blinde sehen wieder und Lahme gehen; Aussätzige werden rein, und Taube hören; Tote stehen auf, und den Armen wird das Evangelium verkündet« (Mt 11,4–5).

Indem sie auf das Geschehen auf der Erde blicken und für die Verwandlung und die Veränderungen aufmerksam sind, die sich ereignen, werden die Jünger Johannes des Täufers selber in der Lage sein, vor ihm mit der Ankündigung des Reiches Gottes inmitten der menschlichen Angelegenheiten Zeugnis abzulegen. Sie werden durch die Wahrnehmung dessen, was sie von den durch Jesus in der Kraft des Heiligen Geistes gewirkten Zeichen gesehen und gehört haben, dazu befähigt werden, davon zu berichten, wie aus der Freude des Bräutigams über seine Braut (Jes 62,5) und aus der Begeisterung des Vaters angesichts der von der Sünde erlösten Menschheit die ganze Schönheit der neuen Schöpfung entspringt.

Das ist das von Johannes dem Täufer vorhergesagte und von Jesus in die Tat umgesetzte Werk Gottes. Diejenigen, deren Augen und Ohren durch den Glauben geöffnet werden, können überall dort das Werden des Reiches Gottes wahrnehmen, wo die Menschheit geheilt, wiederhergestellt und erlöst wird.

2. Das Zweifeln Johannes des Täufers: Jesus zeigt jedem von uns seine Sendung in der Welt

Interessanterweise erhielt Johannes der Täufer inmitten seines Zweifels an Jesus und der Aussendung seiner Jünger bei der Bitte um Klärung von Jesu Identität eine Klarstellung hinsichtlich seiner eigenen Sendung als Vorläufer. Wie immer die Zweifel des Johannes in Bezug auf Jesus ausgesehen haben: Jesus hatte keinerlei Zweifel hinsichtlich der Rolle des Johannes in der Heilsgeschichte.

Jesus legte der Menge dar, wie Johannes der in der Schrift erwähnte Prophet ist, der gesandt wurde, um den Beginn der Endzeit anzukündigen und um den Weg des Herrn zur Erlösung seines Volkes zu bereiten (Mt 3,1). In dem Wunsch, keinerlei Spielraum für Missverständnisse zu lassen, erklärt er sogar ausdrücklicher: »Unter allen von einer Frau Geborenen hat es keinen größeren gegeben als Johannes den Täufer« (Mt 11,11a).

Der Ausdruck »von einer Frau Geborener« ist typisch semitisch (Job 11,12; Sir 10,18; Gal 4,4) und lässt sich hier als eine

Art Gegensatz zu dem Titel »Menschensohn« (Num 23,19; Ijob 25,6; Ps 8,4) verstehen, den Jesus etwas später auf sich selbst anwendet (Mt 11,19).

In der Erzählung des Matthäus verwendet ihn Jesus verschiedentlich, um seine Jünger schrittweise zum Verständnis seiner Sendung als »Gesalbter des Herrn« hinzuführen, als des Einen, der vom Vater gesandt wurde, »um zu dienen und sein Leben hinzugeben als Lösegeld für viele« (Mt 20,28).

Johannes wird als der größte unter den Propheten gepriesen, sogar mit Mose verglichen (Dtn 34,10–12), aber Jesus gibt zu Protokoll, der »Kleinste im Himmelreich« sei »größer als er« (Mt 11,11b). Dass dieser überraschende Vergleich überliefert wird, belegt zweifellos, dass es sich dabei um ein authentisches Jesuswort handelt. Der Evangelist Matthäus betont die Übererfüllung der Heilsökonomie, weit über die in Gesetz und Propheten enthaltene Verheißung hinaus; durch Christus, den wahrhaft Kleinsten im Reich Gottes (Lk 9,48), kommt es in der Menschheit zum Übergang »aus dieser Welt zum Vater« (Joh 13,1), von der irdischen Wirklichkeit von »Geschwistern, die von der Frau geboren sind«, zu der letztgültigen Wirklichkeit der »Söhne und Töchter Gottes«.

Jesus macht die Identität des Johannes klar, indem er sich auf seine eigene zurückbezieht. Er zeigt uns, wie die gute Nachricht, die zu verkünden er gekommen ist, jedem von uns die Wahrheit bringt, und rückt unsere Sendung als Jünger ins Licht. Das Geheimnis seiner Person bleibt zwar für jeden Menschen ein unaussprechliches und unerschöpfliches Geheimnis, aber indem wir unser Leben mit ihm konfrontieren, ergibt sich für uns ein Weg, uns selber in vollerem Sinn zu verstehen, als das, zu dem uns der Vater beruft, damit wir zum Aufbau des Reiches Gottes beitragen können. Demütig müssen wir uns Jesus nähern und ihn fragen: »Wer bist du?« Und indem er uns das menschliche Antlitz des von Ewigkeit her geliebten Sohnes zeigt, wird er uns sagen, wer wir für ihn sind. Indem er uns dazu einlädt, ihm immer intensiver nachzufolgen, enthüllt Jesus unsere wahre Identität. Für Getaufte fällt der Weg auf der Straße, die zur Entdeckung der Wahrheit über sie selbst führt, mit der »heiligen Reise« (Ps 83,6) zusammen, die zur Übernahme der vom Herrn gewiesenen Sendung führt. Die Lehre des Zweiten Vatikanums erklingt in diesem Ton. So schlicht wie weise erinnert uns das Konzil daran: »Christus, der neue Adam, macht eben in der Offenbarung des Geheimnisses des Vaters und seiner Liebe dem Menschen den Menschen selbst voll kund und erschließt ihn seine höchste Berufung« (*GS* 22).

3. *Die »Gewalttätigen« und die »Sanftmütigen«: Zwei entgegengesetzte Möglichkeiten, zu sein und zu handeln*

Durch den Vergleich des »Größten, der von einer Frau geboren ist«, mit dem »Kleinsten im Himmelreich« (Mt 11,11) macht Jesus auf die Wege aufmerksam, durch die das Evangelium menschliche Logik übersteigt. Das bedeutet eine Vorwegnahme der Lehre über »Größe gemäß dem Evangelium«, die der Evangelist dann im letzten Teil seines Evangeliums ausdrücklicher entfalten wird.

Matthäus berichtet, Jesus habe, als er die Stunde seines Abschieds näherkommen sah, seine Jünger folgendermaßen ermahnt: »Wer bei euch groß sein will, der soll euer Diener sein« (Mt 20,26). Er fordert sie dazu auf, sich nicht der durchschnittlichen Mentalität, jenen Parametern anzugleichen, mit denen die Gesellschaft Erfolg und Ansehen misst, sondern gemäß einem neuen Kriterium zu urteilen, das nur im Licht seines österlichen Geheimnisses zu verstehen ist: »So werden die Letzten die Ersten sein und die Ersten die Letzten« (Mt 20,16).

Im himmlischen Königreich werden diejenigen, die in der Nachfolge des Menschensohns in demütigem Dienen und großzügigem Sichverschenken zu »Letzten« geworden sind, als die »Ersten« gelten, während diejenigen, die andere beherrschen und ausdrücklich sich selbst bejahen, die danach streben, Ehrenplätze einzunehmen und die Bewunderung der Menschen zu genießen, als die »Letzten« angesehen werden (Mt 20,16).

Nach der Klärung der Identität Johannes des Täufers wird das Paradox der »Größe« gemäß dem Evangelium im Bild derer herausgestellt, die dem Himmelreich Gewalt antun (»Die Gewalttätigen reißen es an sich«; Mt 11,12). Das lässt sich als Gegensatz zu den »Armen im Geist« (Mt 5,3) und der »Schwachen« (Mt 5,5) verstehen, die das Land erben werden.

Hier scheint das Evangelium nahezulegen, dass es zwei sich gegenseitig widersprechende Haltungen zum Umgang mit der gegenwärtigen Geschichte und zur Bereitschaft gibt, die Botschaft Christi anzunehmen: als Gewalttätige oder als Kinder Gottes (Mt 5,9).

Die Erstgenannten missbrauchen Macht zur eigenen Stärkung und widmen sich der Gegenwart allein mit der Absicht, sich um die eigenen Bedürfnisse zu kümmern, sogar um den Preis, das Leid und den Schmerz zu ignorieren, die ihre Handlungen und Unterlassungen ihren Mitmenschen zufügen.

Auf der anderen Seite sind die Letztgenannten dazu fähig, in den Wunden und Verletzlichkeiten ihrer Zeitgenossen und in der Hilflosigkeit derjenigen, die alle Arten von Ungerechtigkeit und Missbrauch erleiden, das Antlitz des am Kreuz erniedrigten Christus wahrzunehmen.

Indem sie die menschliche Last der Schwächsten auf sich nehmen, antworten sie auf das Wort des Herrn: »Was ihr für einen meiner geringsten Brüder getan habt, das habt ihr mir getan« (Mt 25,40).

Das Gericht Gottes über die Geschichte und das vom Reich Gottes verkörperte Neue in der Geschichte sind nicht zu verstehen, ohne die radikale Lehre Jesu über das Paradox der »Größe gemäß dem Evangelium« zu übernehmen.

Für uns wird die Lehre Jesu zu einer Warnung, die wir nie vergessen und in unserem pastoralen Handeln nicht außer Acht lassen dürfen. Wir dürfen nicht der Versuchung verfallen, uns auf irdische Macht zu stützen, und müssen dem illusorischen Glauben absagen, die Wirksamkeit unserer Sendung hänge von solcher Macht ab. Nicht die verschiedenen Werkzeuge verstärken die Verkündigung des Evangeliums, lassen sie machtvoller oder überzeugender werden, sondern unser Glaube an Gott und an die lebensschenkende Kraft seines Wortes.

Angesichts seiner Schwachheit bezeugt der Apostel Paulus sein vollstes Vertrauen in die mannigfache Gnade Gottes, die ihm zu Hilfe kommt: »Meine Gnade genügt dir; denn sie erweist ihre Kraft in der Schwachheit« (2 Kor 12,9). Die Erkenntnis der Schwäche und Unzulänglichkeit seiner menschlichen Möglichkeiten schreckt Paulus nicht, sondern spornt ihn an, noch mehr auf die Verheißungen Christi zu setzen.

So kann Paulus unterstreichen, dass christliche Größe von Gott stammt und sich keiner menschlichen Quelle verdankt, dass sie auf dem Erweis Gottes und nicht auf der Überzeugungskraft kluger Reden beruht (1 Kor 2,3–4). Unter Berufung auf seine persönliche Erfahrung kann Paulus bekräftigen: »Diesen Schatz tragen wir in irdischen Gefäßen; so wird deutlich, dass das Übermaß der Kraft von Gott und nicht von uns kommt« (2 Kor 4,7).

4. Klagen und Tanzen: Das Gleichnis von den hartnäckigen Kindern

Wir lesen das Gleichnis von den hartnäckigen Kindern als rätselhaften Text, der von sich aus verschiedene Ebenen der Lektüre anbietet. Sein herausfordernder Stil legt mehrere Bedeutungen nahe und erlaubt keine eindeutige Interpretation. Der Heilige Hieronymus wies auf die Probleme der Kirchenväter bei der Suche nach einer einmütigen Auslegung dieser Verse hin.[208]

Dennoch können wir seine Bedeutung zu erfassen versuchen und eine knappe Erläuterung anbieten, indem wir der Frage Aufmerksamkeit schenken, mit der Jesus seine Worte einleitet: »Mit wem soll ich diese Generation vergleichen?« (Mt 11,16)

Mit dieser Frage verweist Jesus auf die Prophetenbücher zurück, besonders auf die Verkündigung des Jeremia (Jer 6,10–15), die die Verweigerung des Volkes gegenüber den Aufforderungen Gottes heftig anklagt. Jesus wendet sich an seine Zeitgenossen und verweist auf ihre Herzenshärte, ihre beständige Hartnäckigkeit gegenüber dem Willen Gottes. Sie haben gleichermaßen Gottes Einladung zur Buße wie zur Freude abgelehnt.

Von einem Spielplatz übernimmt Jesus das Bild des Kinderspiels, das aus der Nachahmung grundlegender Lebenswirklichkeiten besteht: dem Tanz bei einer Hochzeit und dem Trauern bei einem Todesfall. Wir können uns die Szene jener Kinder auf dem Platz beinahe vorstellen, die miteinander Spaß haben möchten. Einige improvisieren als Musiker, ahmen den Klang von Flöte und Zimbel nach und laden die anderen dazu ein, zum Rhythmus ihres Gesangs zu tanzen, sei er traurig oder festlich. Dennoch weigern sich andere, mitzuspielen, ignorieren ihre Einladung und zwingen sie dazu, sich aufgeregt zu beklagen: »Wir haben für euch auf der Flöte gespielt, und ihr habt nicht getanzt; wir haben Klagelieder gesungen, und ihr habt euch nicht an die Brust geschlagen« (Mt 11,17).

Jesus vergleicht »diese Generation« mit den Kindern im Gleichnis, weil sie sich nicht in die beglückende Liebe Gottes hineinziehen ließ und nicht auf seinen Wunsch reagiert hat, in Beziehung zu treten. Sie hat die Wehklage des Johannes zurückgewiesen, hat seinen Ruf zur Buße und zur Rückkehr zu Gott abgelehnt, hat aber ebenso die frohmachende Verkündigung des Menschensohnes zurückgewiesen, der das Kommen des Reiches Gottes als Hochzeitsfest geoffenbart hat (Mt 11,1–14).

Die Unfähigkeit zur angemessenen Unterscheidung zwischen den Tagen des »Trauerns« und den Tagen der »Hochzeit« hat »diese Generation« dazu gebracht, Johannes anzuklagen, »weil er nicht isst und nicht trinkt«, und Jesus für das genaue Gegenteil zu kritisieren, weil er ein »Fresser und Säufer« sei (Mt 11,19). Diese Generation kann sich mit beidem nicht anfreunden, weil ihr Herz verschlossen und ihr Ohr gegenüber den Aufforderungen des Heiligen Geistes taub ist.

Stattdessen sollte sich diese Generation mit Johannes in Trauer kleiden und dann mit Jesus das Hochzeitsgewand anlegen, weil die Aufforderung des Täufers zur Umkehr zur Vorbereitung auf das Hochzeitfest des Lammes dienen sollte (Offb 19,7).

Jesus beklagt die Ablehnung der Angehörigen seiner eigenen Generation, die sich nicht auf das Spiel Gottes einlassen wollten. Im Glauben an die eigene Selbstbezogenheit verweigerten sie das Opfer der Vergebung, anders als die Zöllner und Sünder, die zu ihrer Sünde standen, die Aufforderung zur Umkehr annahmen und so zu Freunden des Bräutigams wurden.

Die Absage Jesu an das Verhalten seiner Zeitgenossen sollte nicht im rechtlichen Sinn als Schuldspruch verstanden werden,

Er versteht sie als Ausdruck von Weisheit (Mt 11,19): Es handelt sich um eine Verhalten aus Liebe, das wie die Klage eines Liebenden angesichts eines untreuen Partners klingt (Ez 16,44–52), oder wie der Vorwurf eines Elternteils, dem es um Wachstum und Entfaltung eines »störrischen und aufbegehrenden« Kindes zu tun ist (Dtn 21,18–21).

Der Herr wendet sich an die Menschen von heute, wie er es damals tat, mit einem zu Herzen gehenden Aufruf, der Versöhnung Raum zu geben. Wir müssen uns durch diese Worte herausgefordert fühlen, um uns als Angehörige der Generation wahrzunehmen, die er für ihre Hartherzigkeit tadelte, sich dem mit dem Reich Gottes verbundenen Neuen und den damit einhergehenden Zeichen zuzuwenden.

Jesus fordert uns auch dazu auf, unser Denken zu ändern und nicht in den lethargischen Geist zu verfallen, in einen lauwarmen Glauben, der das Herz unempfindlich für die Warnrufe Gottes in der Geschichte der Gegenwart macht.

Die Pandemie gleicht dem »Trauergesang«, der in unserer Zeit nachklingt und uns heute dazu auffordert, mit dem »Spiel« Gottes weiterzumachen. In dieser schwierigen Situation mit ihren tragischen Begleiterscheinungen für so viele Brüder und Schwestern, sind wir dafür verantwortlich, in den Klang Gottes einzustimmen, auf die Leidenden zuzugehen und den richtigen Rhythmus mit Gott zu finden.

Als Erweis unserer Treue zu Jesus, dem Herrn, müssen wir uns auf die Gegenwart einlassen, sie als eine geeignete Gelegenheit wahrnehmen, uns für sein Erbarmen zu öffnen. Wir müssen aus Faulheit, Taubheit, Apathie und Bequemlichkeit heraus. Wir müssen zeigen, dass unser Glaube zu großzügigen Antworten, wirksamer Nächstenliebe und konkreter Solidarität fähig ist.

Dieses Virus lehrt uns, dass trotz der vielen Errungenschaften der Wissenschaft die Unvorhersehbarkeit verschiedener Umstände das erschüttert, was wir für unerschütterliche Gewissheiten gehalten haben, indem es das Ungenügen und die Fehlerhaftigkeit unserer menschlichen Fähigkeiten an den Tag brachte.

Obwohl es stimmt, dass es in dieser Welt diverse unheilbare Krankheiten gibt, stimmt es noch mehr, dass kein Patient auf ewig unheilbar wäre. Jesus ist der oberste Arzt für Seelen und Leiber und der unfehlbare Heiler, der die christliche Liebe verordnet. Wie »Balsam« (Jer 51,3) und »Freudenöl« (Jes 61,3) heilt diese Liebe alle Wunden, besonders jene der Seele. Wir sollen sie in reicher Fülle auf unsere bedrängten Geschwister ausgießen, besonders auf diejenigen, die von den Auswirkungen der Pandemie betroffen sind und die Hoffnung verloren haben, auf die Einsamen und Verbitterten.

Durch unsere Gesten des Mitgefühls, durch die Liebe, die Gott durch uns verbreitet, wird die Welt erkennen, dass wir Jünger des auferstandenen Herrn sind (Joh 13,34). Denn wo Menschlichkeit aufblüht, zeigt sich die Freude des Bräutigams.

Abkürzungen

AA: Dekret über das Laienapostolat, *Apostolicam actuositatem*, Zweites Vatikanisches Konzil, 18. November 1965

CA: Enzyklika *Centesimus annus*, Johannes Paul II., 1. September 1991

CiV: Enzyklika *Caritas in veritate*, Benedikt XVI., 29. Juni 2009

DCE: Enzyklika *Deus caritas est*, Benedikt XVI., 25. Dezember 2005

FDA: Schlussdokument der Amazonas-Synode »Amazonien: Neue Wege für die Kirche und eine ganzheitliche Ökologie,« Bischofssynode – Sonderversammlung für Amazonien, 26. Oktober 2019

DH: Erklärung zur Religionsfreiheit *Dignitatis Humanae*, Zweites Vatikanisches Konzil, 7. Dezember 1965

DI: Erklärung über die Einzigkeit und die Heilsuniversalität Jesu Christi und der Kirche, *Dominus Iesus*, Kongregation für die Glaubenslehre, 6. August 2000

DiM: Enzyklika *Dives in misericordia*, Johannes Paul II., 30. November 1980

DV: Dogmatische Konstitution über die Göttliche Offenbarung *Dei Verbum*, Zweites Vatikanisches Konzil, 18. November 1965

EC: Apostolische Konstitution Episcopalis communio, Franziskus, 15. September 2018

EG: Apostolisches Schreiben *Evangelii Gaudium*, Franziskus, November 24, 2013.

EiE: Nachsynodales Apostolisches Schreiben *Ecclesia in Europa*, Johannes Paul II., 28. Juni 2003

EN: Apostolisches Schreiben *Evangelii nuntiandi*, Paul VI., 8. Dezember 1975

ES: Enzyklika *Ecclesiam suam*, Paul VI., 6. August 1964

FC: Nachsynodales Apostolisches Schreiben *Familiaris consortio*, Johannes Paul II., 22. November 1981

FT: Enzyklika *Fratelli tutti*, Franziskus, 4. Oktober 2020

GS: Pastoralkonstitution über die Kirche in der Welt von heute, *Gaudium et Spes*, Zweites Vatikanisches Konzil, 7. Dezember 1965

LE: Enzyklika *Laborem exercens*, Johannes Paul II., 14. September 1981

LG: Dogmatische Konstitution über die Kirche *Lumen Gentium*, Zweites Vatikanisches Konzil, 21. November 1964.

LS: Enzyklika *Laudato Si'*, Franziskus, 18. Juni 2015

MM: Enzyklika *Mater et magistra*, Johannes XXIII., 15. Mai 1961

NA: Erklärung über das Verhältnis der Kirche zu den nicht-christlichen Religionen *Nostra Aetate*, Zweites Vatikanisches Konzil, 28. Oktober 1965

NmI: Apostolisches Schreiben *Novo millennio ineunte*, Johannes Paul II., 6. Januar 2001

OA: Apostolisches Schreiben *Octogesima adveniens*, Paul VI., 14. Mai 1971

OE: Dekret über die katholischen Ostkirchen *Orientalium ecclesiarum*, Zweites Vatikanisches Konzil, 21. November 1964

PC: Dekret über die zeitgemäße Erneuerung des Ordenslebens *Perfectae caritatis*, Zweites Vatikanisches Konzil, 28. Oktober 1965

PdV: Nachsynodales Apostolisches Schreiben *Pastores dabo vobis*, Johannes Paul II., 25. März 1992

PiT: Enzyklika *Pacem in Terris,* Johannes XXIII., 11. April 1963

PO: Dekret über Dienst und Leben der Priester *Presbyterorum ordinis*, Zweites Vatikanisches Konzil, 7. Dezember 1965

PP: Enzyklika *Populorum progressio,* Paul VI., 26. März 1967

QA: Nachsynodales Schreiben *Querida Amazonia,* Franziskus, 12. Februar 2020

QAn: Enzyklika *Quadragesimo anno*, Pius XI., 15. Mai 1931

RH: Enzyklika *Redemptor hominis,* Johannes Paul II., 2. März 1979

RM: Enzyklika *Redemptoris missio*, Johannes Paul II., 7. Dezember 1990

SC: Konstitution über die Heilige Liturgie *Sacrosanctum Concilium*, Zweites Vatikanisches Konzil, 4. Dezember 1963

SrS: Enzyklika *Sollicitudo Rei Socialis*, Johannes Paul II., 30. Dezember 1987

UR: Dekret über den Ökumenismus *Unitatis Redintegratio*, Zweites Vatikanisches Konzil, 21. November 1964

UuS: Enzyklika *Ut unum sint,* Johannes Paul II., 25. Mai 1995

VD: Nachsynodales Schreiben *Verbum Domini*, Benedikt XVI., 30. September 2010

Anmerkungen

Einführung

1 Papst Franziskus, Erster Gruß des Heiligen Vaters Papst Franziskus (13. März, 2013).

2 Papst Franziskus, »Warum habt ihr Angst? Habt ihr keinen Glauben?« Statio Orbis, 27. März 2020, Our Sunday Visitor, 2021.

3 Vgl. G. Lorizio, »Magistero scomodo: Vaticano II e papa Francesco«, in: Dialoghi 2 (2019), 9–14.

4 Vgl. G. Ruggieri, »Appunti per una teologia in Papa Roncalli«, in: Papa Giovanni; G. Alberigo (Hg.) Rom–Bari 1987, 245–271; vgl. R. Citrini, »A proposito dell'indole pastorale del Magistero«, in: Teologia XV (1990) 130–149; vgl. G. Alberigo, »Critères herméneutiques pour une histoire de Vatican II«, in: A la veille du concile Vatican II. Vota et reactions en Europe et dans le catholicisme oriental, M. Lamberigst u. C. Soeten (Hg.), Löwen 1992, 12–23.

5 Wie der Heilige Vater selber festhielt: »Einer der wichtigsten Beiträge des Zweiten Vatikanischen Konzils war genau die Suche nach einem Weg zur Überwindung jener Spaltung zwischen Theologie und Pastoral, zwischen Glaube und Leben. Ich wage die Aussage, dass das Konzil auf bestimmte Weise den Status der Theologie revolutioniert hat – den Weg, wie Gläubige handeln und denken. Ich kann nicht die Worte Johannes' XXIII. vergessen, der in seiner Botschaft zur Eröffnung des Konzils sagte: ›Die Substanz der alten Lehre des depositum fidei ist eine Sache, und die Art, wie sie präsentiert wird, ist eine andere‹« (Videobotschaft von Papst Franziskus an die Teilnehmer eines Internationalen Theologischen Kongresses an der Päpstlichen Katholischen Universität von Argentinien, Buenos Aires 1.–3. September 2015).

6 Vgl. G. Costa, »La gioia del Vangelo: il segreto di papa Francesco«, in: *Aggiornamenti sociali* 65 (2014), 5–11.

7 Vgl. M. Martini, »Il seme, il lievito, piccolo gregge«, in: *La Civiltà Cattolica* 1 (1999), 3–14.

8 Vgl. A. Spadaro, »*Evangelii Gaudium.* Radici, struttura e significato della prima Esortazione apostolica di papa Francesco«, in: *La Civiltà Cattolica* 164 (2013), 417–423.

9 Vgl. G. Benzi, »Il dinamismo dell'evangelizzazione: parola di Dio, annuncio, testimonio«, in: M. Tagliaferri u.a., *Teologia dell'evangelizzazione: Fondamenti e modelli a confronto,* Bologna 2014, 61–77.

10 Vgl. G. E. Rusconi, *La teologia narrativa di papa Francesco,* Bari–Rom 2019, 89–90.

11 Vgl. G. Guccini, *Papa Franceso e la mondanità spirituale: una parola per consacrati e laici*, Bologna 2016.

12 Vgl. J. Scannone, »L'inculturazione nell'*Evangelii Gaudium*: chiavi di lettura«, in: *Evangelii Gaudium: il testo ci interroga. Chiavi di lettura, testimonianze e prospettive*; H. M. Yánez (Hg.), Rom 2014, 159–170.

13 Wir können folgende Aussage in *GS* 42 anführen: »Da sie weiterhin kraft ihrer Sendung und Natur an keine besondere Form menschlicher Kultur und an kein

besonderes politisches, wirtschaftliches oder gesellschaftliches System gebunden ist, kann die Kirche kraft dieser ihrer Universalität ein ganz enges Band zwischen den verschiedenen menschlichen Gemeinschaften und Nationen bilden. Nur müssen diese ihr Vertrauen schenken und ihr wahre Freiheit zur Erfüllung dieser ihrer Sendung ehrlich zuerkennen.«

14 Vgl. S. Noceti, *Chiesa, casa comune. Dal sinodo per l'Amazzonia una parola profetica,* Bologna 2020.

15 Vgl. Päpstlicher Rat für Gerechtigkeit und Frieden, *Kompendium der Soziallehre der Kirche*, Vatikan 2004, Nr. 160, 187.

16 Vgl, *Abiterai la terra. Commento all'Enciclica ›Laudato Si'‹ con il testo integrale di papa Francesco,* G. Notarstefano (Hg.), Rom 2015.

17 Der Päpstliche Rat für Gerechtigkeit und Frieden hat schon in einer Note von 2011 aus Anlass des G20-Treffens in Cannes vorgeschlagen, eine globale Autorität zu errichten, die in Übereinstimmung mit dem Subsidiaritätsprinzip in der Hilfe für die am stärksten benachteiligten Länder tätig sein sollte, um eine Wirtschafts- und Finanzpolitik zu gewährleisten, die ethischen und nachhaltigen Kriterien entspricht. Vgl. Päpstlicher Rat für Gerechtigkeit und Frieden, *Note über die »Reform des internationalen Finanzsystems im Blick auf eine allgemeine öffentliche Autorität«* (24. Oktober 2011).

18 Vgl. W. Kasper, »Papa Francesco e le sfide dell'ecumenismo«, in: *Il Cristianesimo al tempo di Francesco*, Bari–Rom 2019, 15–36.

19 Papst Franziskus, *Angelus am Christkönigsfest* (26. November 2017).

1. Eine Lehre, die zur Tradition in Kontinuität steht oder sie bricht?

20 Vgl. C. Theobald, »L'enseignement social de l'Église selon le pape Francois«, in: *Nouvelle Revue* Théologique 138 (2016), 273–288.

21 Vgl. G. Irrazábal, »Evangelii Gaudium y la doctrina social de la Iglesia«, in: *Revista Teología* 114 (2014), 131–143.

22 Das verweist auf die Prinzipien, die darauf zielen, die Entscheidungen der Kirche im sozialen Bereich auszurichten. Die Inhalte dieser Prinzipien führen auf verschiedene Weise zu einer »Priorität« des Geistes gegenüber der Materie, der Person gegenüber den Sachen, der Ethik gegenüber der Technik, der Arbeit gegenüber dem Kapital und so weiter. Vgl. Kongregation für das Katholische Erziehungswesen, Richtlinien für Studium und Lehre der Soziallehre der Kirche in der Priesterausbildung, Rom 1988, 44, 51.

23 1368 Stimmen wurden gegen das Schema abgegeben und 882 Stimmen dafür. Allerdings brauchte es den Regeln zufolge nicht nur für die Annahme eine Zweidrittelmehrheit der Stimmen, sondern auch für seine Ablehnung. Ungeachtet der Tatsache, dass 60 Prozent der Konzilsväter für die Überarbeitung des Entwurfs gestimmt hatten, blieb der von der Vorbereitungskommission vorgeschlagene Text Grundlage für die Diskussion. Am 21. November nahm Johannes XXIII. die Angelegenheit selbst in die Hand und entschied, es sei nicht notwendig, ein Quorum zu erzielen. Es gab einen eindeutigen Willen der Versammlung, das Schema zurückzuziehen und einen neuen Text zu entwerfen. Vgl. G. Martina, »La Chiesa in Italia«, Rom 1977, 90; vgl. S. Schmidt, »Giovanni XXIII e il Segretariato per l'Unione dei Cristiani«, in: *Cristianesimo nella storia* 8 (1987), 95–117.

24 Vgl. G. Ruggieri, »Il primo. Il primo conflitto dottrinale«, in: G. Alberigo, *Storia del Concilio Vaticano II, Band II: La Formazione della coscienza conciliare,* Bologna 1996, 259–294.

25 Vgl. Emmanuel-Marie, »Les quarante ans de la Constitution conciliaire Dei Verbum«, in: *Le Sel e la Terre* 55 (2005), 16–38.

26 Vgl. R. De Mattei, *Il Concilio Vaticano II. Una storia mai scritta*, Turin 2019, 254–265; vgl. G. Alberigo, *Breve storia del Concilio Vaticano II*, Bologna 2005, 47–52.

27 Die vom Zweiten Vatikanum ausgelöste Wende lässt sich als Überwindung des klassischen Paradigmas »Substanz« zugunsten einer neuen Betonung der Kategorie »Beziehung« beschreiben. Substanz wird neu gedacht im Blick auf Beziehung, also die Differenz und Andersheit des Geheimnisses Gottes, der sich frei der Menschheit schenkt. Vgl. J. C. Scannone, *La Teologia del Popolo: Radici teologiche di papa Francesco,* Brescia 2019, 136–137.

28 Kurz vor der Eröffnung des Konzils äußerte Pater Chenu in einem Brief an Pater Karl Rahner seine Enttäuschung nach der Durchsicht der vorbereitenden Schemata. Er kritisierte ihre »einseitig intellektualistische« Prägung sowie die Tatsache, dass sie nur »innertheologische Irrtümer« nachzuweisen versuchten. In Bezug auf das Schema *De Fontibus Revelationis* wies Pater Chenu auf die massive Tendenz hin, die göttliche Offenbarung ohne Verweis auf die Geschichte zu verstehen, »ohne die dramatischen Fragen zu erwähnen, die sich die Menschen, ob Christen oder nicht, wegen der Veränderungen der inneren und äußeren Lebenssituation stellen, wie sie in der Geschichte der Menschen nie zuvor aufgetreten sind.« M.-D. Chenu, *Diario del Vaticano II. Note quotidiane al Concilio 1962–1963,* Bologna 1966, 57.

29 Vgl. L. Sartori, *La Chiesa nel mondo contemporaneo: introduzione alla Gaudium et Spes,* Padua 1995.

30 Vgl. H. Fesquet, Diario del Concilio, Mailand 1967, 392.

31 Vgl. J. Ratzinger, *Problemi e risultati del concilio Vaticano II,* Brescia 1967, 109–125; siehe J. Ratzinger, Vatikanum II. *Ergebnisse und Probleme. Dritte Konzilsperiode*, Köln, 1964, und Vatikanum II. *Die letzte Sitzungsperiode des Konzils*, Köln 1966.

32 Vgl. B. Häring, »In luogo di conclusione: vie e prospettive nuove per il futuro«, in: *La Chiesa nel mondo di oggi. Studi e commenti intorno alla Costituzione pastorale Gaudium et Spes,* G. Baraúna (Hg.), Florenz 1966, 605–613.

33 Man kann beispielsweise auf Alberigos These verweisen, dass der Pastoralkonstitution keine angemessene Synthese von Offenbarung und Geschichte gelungen sei, um diese zum einheitlichen Prinzip für das gesamte Dokument zu machen. Das wird auch im Blick auf den begrenzten kritischen Zugang gezeigt, der bei seinen Verweisen auf christliche Quellen und Schrifttexte fehlt. Der Fehler wird einer sklavischen Anwendung des Schemas *Ecclesia ad intra/ad extra* zugeschrieben, wie es von Johannes XXIII. in der Eröffnungsansprache des Konzils vorgeschlagen wurde. Die Aufspaltung von Schema XIII zur Unterscheidung des Wegs, den das künftige Dokument *GS* gegenüber *LG* einschlagen sollte, soll seine ekklesiologische Tiefe beeinträchtigt haben. Auch der abrupte Abbruch der Arbeit an *GS* wegen des schnellen Konzilsabschlusses soll das Reifen des Textes von *GS* beeinflusst haben, wodurch er in einem unfertigen Zustand verblieb. Vgl. G. Alberigo, »La Costituzione in rapporto al magistero globale del Concilio«, in: *La Chiesa nel mondo di oggi,* 179–191.

34 Vgl. G. Turbanti, *Un concilio per il mondo moderno. La redazione della costituzione pastorale Gaudium et Spes del Vaticano II,* Bologna 2000.

35 Die zentrale Subkommission übertrug die Aufgabe der Veränderung von Schema XIII einem Redaktionskomitee, das sich unter Leitung von Pierre

Haubtmann in Ariccia vom 31. Januar bis zum 6. Februar traf. Während dieser Tage intensiver theologischer Arbeit entwarfen J. Daniélou und K. Wojtyla die theologischen Überlegungen, die schließlich in das endgültige Dokument aufgenommen wurden; sie waren von der patristischen Theologie des *imago Dei* inspiriert. Vgl. C. Moeller, *L'élaboration du schéma XIII. L'Eglise dans le monde de ce temps,* Tournai 1967, 103–135.

36 Vgl. E. Schillebeeckx, »Fede Cristiana e aspettative dell'uomo«, in: *La Chiesa nel mondo contemporaneo. Commento alla Costituzione pastorale »Gaudium et Spes«*, Brescia 1972, 103–135.

37 J. Mouroux, »Situation et signification du Chapitre I: la dignité de la personne humaine«, in: *L'Eglise dans le monde de ce temps: constitution pastorale Gaudium et Spes. Band 2: Commentaires,* Y.M.-J. Congar und M. Peuchmaud (Hg.), Paris 1967, 229–253.

38 Vgl. S. Lyonnet, »I fondamenti biblici della costituzione«, in: *La Chiesa nel mondo di oggi,* 196–212.

39 Rousselots Denken wurde auf dem Zweiten Vaticanum wirksam durch den Beitrag von de Lubac. Der Glaube entsteht aus dem liebenden Akt Gottes, der durch die innere Umformung der menschlichen Person diese dazu befähigt, auf eine neue Weise auf die Wirklichkeit zu blicken, nämlich in der Art Jesu, mit Jesu Augen. Rousselot schrieb: »So braucht es im Akt des Glaubens Erkenntnis als Bedingung für die Liebe, wie es Liebe für die Erkenntnis braucht. Liebe gibt uns als freie Hinwendung zum Höchsten Gott neue Augen.« Diese Perspektive übernimmt *Gaudium et Spes*: Der Blick des Glaubenden ist eine Dynamik in voller Entfaltung, weil wir unsere Beziehung zu Christus vertiefen und klären, wenn wir unsere Erkenntnis der Dinge, der Welt, der Erfahrung vergrößern.

40 *GS* 4,11,44; *PO* 9; *AA* 14; *UR* 4.

41 Vgl. J.-F. Chiron, »Discernement des signes des temps ou application de la doctrine sociale de l'Eglise? Evolutions et diversité des interprétations dans le magistère postconciliaire«, in: *Théophylon XVIII*-1 (2013), 45–88. Diese beiden Tendenzen wurden schon in der vorbereitenden Diskussion des Textes des Dokuments in der Konfrontation zwischen M.G. McGrath und J. Daniélou sichtbar: Ersterer argumentierte dafür, dem Ausdruck eine soziologische Bedeutung zu geben, letzterer für eine stärker theologische. Vgl. G. Turbanti, *Un concilio per il mondo moderno. La redazione della costituzione pastorale »Gaudium et Spes« del Vaticano II,* Bologna 2000, 373–382.

42 Vgl. M.-D. Chenu, *La Chiesa nel mondo. I segni dei tempi,* Mailand 1965, 9–39; vgl. A. Cortesi, *Marie-Dominique Chenu. Un percorso teologico,* Florenz 2007, 127–157.

43 Vgl. G. Ruggieri, *La verità crocifissa. Il pensiero cristiano di fronte all'alterità,* Rom 200, 81–114.

44 Vgl. Y. Congar, »Bloc-notes«. Die Bedeutung, die Congar dem Ausdruck »Zeichen der Zeit« gab, lässt sich auch aus zahlreichen Stellen in seinen Schriften herleiten: »Das *aggiornamento* des Konzils darf sich nicht in der Anpassung der Formen des kirchlichen Lebens erschöpfen, sondern reicht so weit wie ein totaler Radikalismus des Evangeliums und muss dazu führen, dass die Kirche eine Art, zu sein, zu sprechen und der Selbstverpflichtung entwickelt, die auf die Erfordernisse eines umfassenden Dienstes an der Welt gemäß dem Evangelium antwortet« (Y. Congar, *Vera e falsa riforma della Chiesa,* Mailand 1950, 12).

45 Er wird mit einem Instinkt verglichen, weil er nicht primär Ergebnis rationaler Überlegung ist, sondern eher die Form des spontanen und natürlichen Erkennens annimmt, einer Art der Wahrnehmung (*aisthesis).*

46 In *LG* 12 heißt es: »Die Gesamtheit der Gläubigen, welche die Salbung von dem Heiligen haben (vgl. 1 Joh 2,20 und 27), kann im Glauben nicht irren. Und diese ihre besondere Eigenschaft macht sie durch den übernatürlichen Glaubenssinn des ganzen Volkes Gottes dann kund, wenn sie ›von den Bischöfen bis zu den letzten gläubigen Laien‹ ihre allgemeine Übereinstimmung in Sachen des Glaubens und der Sitten äußert.«

2. Nach dem Konzil entwickeln sich zwei Zugangsweisen hinsichtlich sozialer Fragen

47 Papst Franziskus, *Weihnachtsgrüße des Heiligen Vaters an die Römische Kurie*, 21. Dezember 2019.

48 Vgl. P. Sacrofani, *Segni dei tempi. Segni dell'amore*, Mailand 2002, 24–27.

49 Vgl. C. Stercal, *Paolo VI. Un ritratto spirituale,* Brescia-Rom 2016; vgl. G. Garancini, »Il senso di Paolo VI per la storia. ›Il mondo per noi diventa libro‹«, in: *A 50 anni dalla Populorum Progressio. Paolo VI, il papa della modernità, giustizia tra I popoli e l'amore per l'Italia,* C. Cardia u. R. Benigni (Hg.), Rom 2018, 99–114.

50 Papst Paul VI., *Generalaudienz,* Mittwoch, den 16. April 1969.

51 Ebenso zitiert Paul VI. in *Populorum Progressio* (1967) ausdrücklich *GS* 4 und verweist auf die induktive Methode »Sehen, Urteilen, Handeln« (*PP* 13).

52 K. Wojtyla, *Segno di contraddizione*, Mailand 1977, 54.

53 Vgl. I. Korzeniowski, *I segni dei tempi nel pensiero di Giovanni Paolo II,* Bologna 1997, 25–34.

54 Das breite und vielgestaltige Lehramt Johannes Pauls II. umfasst vierzehn Enzykliken, 45 Apostolische Schreiben, 15 Exhortationen und elf Konstitutionen; dazu kommen unzählige Ansprachen und Predigten.

55 Papst Benedikt XVI., *Ansprache an die Römische Kurie bei der Überbringung der Weihnachtsgrüße*, 22. Dezember 2005.

56 Vgl. J. A. Komonchak, »Le valutazioni sulla *Gaudium et Spes*: Chenu, Dossetti, Ratzinger«, in: *Volti di fine concilio: Studi di storia e teologia sulla conclusione del Vaticano II,* J. Doré und A. Melloni (Hg.), Bologa 2000, 115–153.

57 Der deutsche Episkopat schlug vor, der Text solle keine Konstitution, sondern eine abschließende Enzyklika werden: dadurch sollte seine Botschaft in der Verbindlichkeit herabgestuft werden. Vgl. Toniolo, *Vaticano II.*

58 Papst Benedikt XVI., *Generalaudienz,* Mittwoch, 28. November 2012.

59 Vgl. Benedikt XVI., *Licht der Welt. Der Papst, die Kirche und die Zeichen der Zeit.* Ein Gespräch mit Peter Seewald, Freiburg 2010.

60 Papst Benedikt XVI., *Migration: Ein »Zeichen der Zeit«. Botschaft zum 92. Welttag der Migranten und Flüchtlinge*, 18. Oktober 2005.

61 Vgl. S. Lanza, *Convertire Giona. Pastorale come progetto*, Rom 2005, 113–115.

3. Kriterien für die Unterscheidung: Die »Zeichen der Zeit« lesen

62 Papst Franziskus, *Ansprache bei der Gedenkfeier zum 50. Jahrestag der Bischofssynode*, 17. Oktober 2015.

63 Ebd.

64 Ebd.

65 Für eine Anwendung der fünf Kriterien der Unterscheidung siehe den Anhang »Nach der Pandemie, alle sind Geschwister« in diesem Band.

66 Bischofssynode, Dritte Ordentliche Vollversammlung, *Die Neuevangelisierung für die Weitergabe des christlichen Glaubens: Instrumentum Laboris*, 51.

67 *DV* 8 benutzt die Verbform *proficit* genau dazu, um auf eine Entwicklung hinzuweisen, die sich mit der Zeit anreichert.

68 Das bekräftig die Aussage von Johannes XXIII. in seiner Enzyklika *Mater et Magistra*: »Der Fortschritt von Wissenschaft und Technik in jedem Lebensbereich hat vor allem heute zu verstärkten Beziehungen zwischen Nationen geführt und die Nationen immer mehr voneinander abhängig gemacht« (*MM* 200).

69 In *Gaudium et Spes* bestimmte das Konzil das »Gemeinwohl« als die »Gesamtheit jener Bedingungen des gesellschaftlichen Lebens, die sowohl den Gruppen als auch deren einzelnen Gliedern ein volleres und leichteres Erreichen der eigenen Vollendung ermöglichen« (*GS* 26). Das *Kompendium* der kirchlichen Soziallehre spezifiziert: »Das Gemeinwohl besteht nicht aus der einfachen Summe der Einzelgüter jedes Subjekts in einer sozialen Einheit. Es gehört jedem und jeder Person und bleibt ›allgemein‹, weil es unteilbar ist und weil es nur gemeinsam zu erreichen, zu vergrößern und auch im Blick auf die Zukunft sicherzustellen ist« (Päpstlicher Rat für Gerechtigkeit und Frieden, *Kompendium der kirchlichen Soziallehre,* 164).

70 In seiner Betonung, dass der Profit nicht das Hauptziel der Wirtschaftstätigkeit sein dürfe, sondern auch andere Aspekte in Betracht zu ziehen seien, befindet sich Franziskus in Kontinuität zu *Centesimus Annus*, wo es heißt: »Der Profit ist eine Regelungsgröße im Leben eines Unternehmens, aber nicht die einzige; *andere humane und moralische Faktoren* sind ebenfalls zu berücksichtigen, die auf längere Sicht für die Existenz eines Unternehmens als ebenso wichtig zu betrachten sind« (*CA* 35).

71 Vgl. W. D. Montgomery, »The Flaw Economics of *Laudato Si'*«, in: *New Atlantis* 47 (2015), 31–44.

72 Johannes Paul II. wies darauf hin, dass Liebe im ethischen Sinn normalerweise durch die Kategorie »Solidarität« ausgedrückt wird, weil sie darauf zielt, sich selber zu übersteigen und im Licht des Glaubens die spezifisch christlichen Dimensionen totaler Freigebigkeit, Vergebung und Versöhnung aufzunehmen (*SrS* 40).

73 Vgl. J. Planellas Barnosell, *La Iglesia de los pobres en el Concilio Vaticano II*, Barcelona 2014.

74 Die Entscheidung dafür, sich an alle zu wenden, befindet sich in Kontinuität mit der Zugangsweise des Zweiten Vatikanischen Konzils, das erklärte, es wende sich »ohne Zaudern nicht mehr bloß an die Kinder der Kirche und an alle, die Christi Namen anrufen, sondern an alle Menschen« (*GS* 2).

75 Die katholische Kirche wurde von führenden Wissenschaftlern beschuldigt, sie sei als Ergebnis ihrer anthropologischen Vision direkt für die ökologische Krise verantwortlich. Vgl, L. White, »The Historical Roots of Our Ecological Crisis«, in: *Science* 3767 (1967), 1203–1207.

76 Vgl. B. Sajaloli und E. Gresillon, »L'Eglise catholique et l'anthropocène", in: *Nouvelles perspectives en sciences sociales* 14, Nr. 2 (2019), 109–152.

77 Vgl. A. Silecchia, »Conflicts and *Laudato Si':* Ten Principles for Environmental Dispute Resolution«, in: *Journal of Land Use and Environmental Law,* Nr. 1 (2017), 61–86.

78 Vgl. M. Cremers, »Corporate Social Responsibility in the Light of *Laudato Si'*«, in: *Journal of Corporate Citizenship* 64 (2016), 62–78; vgl. P. Escorsa, »La economia del papa Francesco«, in: *El Ciervo* 62, Nr. 745 (2014), 28–29.
79 Vgl. T. Rossi, »La ›*Laudato Si'*‹. Elementi per un'ermeneutica del pensiero di papa Francesco«, in: *Angelicum* 93, Nr.1 (2016), 157–190.
80 Vgl. A. Pelayo, »*Laudato Si',* mucho más que medio ambiente«, in: *Politica Exterior* 29, Nr. 166 (2015), 86–92.

4. Über die Probleme nachdenken, die Ursachen analysieren

81 Erstes Vatikanisches Konzil, Dogmatische Konstitution *Dei Filius,* in: *Tutte le Encicliche e i principali documenti pontifici emanati dal 1740,* Band IV: *Pio IX* (1846–1878). U. Bellocchi (Hg.) Vatikan 1995, 321.
82 Vgl, S. Pié-Ninot, *La Teología Fundamental,* Salamanca 2009, 593–595.
83 Als Kommentar zu der Dynamik des kirchlichen Lehramts hält Karl Rahner fest: »In diesem Glauben, dieser Geschichte des Glaubens, dieser Dogmenentwicklung, von denen das Lehramt konkret abhängt, wirken alle Glieder der Kirche, jedes auf seine eigene Art, durch ihr Leben, ihr Bekenntnis, ihre Gebete, durch ihre konkreten Entscheidungen und durch ihre Theologie mit. Und alles, was sie in diesem Sinn tun, ist keineswegs die bloße Anwendung von Wahrheiten und Normen, die aus dem Lehramt abgeleitet werden« (K. Rahner, »Erfahrung des Heiligen Geistes«, in: *Schriften zur Theologie,* Band 13, Zürich 1978, 226–251).
84 Vgl. J. A. Möhler, *L'unità nella Chiesa, cioè, il principio del Cattolicesimo, nello spirito dei Padri della Chiesa nei primi tre secoli,* Rom 1996, 139–142.
85 »Betrachten wir alle, Brüder und Schwestern (*Guardiamo, fratelli tutti …)* den Guten Hirten, der die Leiden des Kreuzes auf sich nahm, um seine Schafe zu retten.« Vgl. *Admonitiones,* 6,1.
86 So sehr, dass bei der Erwähnung des Ereignisses Franziskus auf das Dokument als einen Text verweist, der die Enzyklika *Fratelli Tutti* unterstützt und motiviert (*FT* 5). Deshalb muss das *Document on Human Fraternity for World Peace and Living Together* als hermeneutisches Prinzip gesehen werden, von dem aus wir viele Aspekte der kirchlichen Soziallehre neu denken können. Denn nur durch eine wirkliche Begegnung mit denen, die sich von uns unterscheiden, können wir der restriktiven Haltung entkommen, ständig andere davon überzeugen zu wollen, dass wir Recht haben. Das schärft Papst Franziskus in *FT* 29 nochmals ein, wo er sich mit einigen Themen beschäftigt, die dem »internationalen Schweigen« anheimfallen, in besonderem Maß Unsicherheit und Angst; die Schwächung der spirituellen Werte und unseres Sinns für Verantwortung; kurzsichtige wirtschaftliche Interessen; Ungerechtigkeit und Ungleichheit bei der Verteilung der natürlichen Ressourcen; Armut und Hunger.
87 Von dieser Vision des Geschwisterseins lässt sich Papst Franziskus bei seinen Begegnungen mit der Welt des Islam leiten; sie liegt beispielsweise dem in Abu Dhabi unterzeichneten gemeinsamen Dokument zugrunde, das den Geist von *Nostra Aetate* ausdrückt: »Mit Hochachtung betrachtet die Kirche auch die Muslim, die den alleinigen Gott anbeten, den lebendigen und in sich seienden, barmherzigen und allmächtigen, den Schöpfer des Himmels und der Erde, der zu den Menschen gesprochen hat (…) Da es jedoch im Lauf der Jahrhunderte zu manchen Zwistigkeiten und Feindschaften zwischen Christen und Muslim kam, ermahnt die Heilige Synode alle, das Vergangene beiseite zu lassen, sich

aufrichtig um gegenseitiges Verstehen zu bemühen und gemeinsam einzutreten für Schutz und Förderung der sozialen Gerechtigkeit, der sittlichen Güter und nicht zuletzt des Friedens und der Freiheit für alle Menschen« (*NA* 3).

88 Im Licht der christlichen Tradition lässt sich diese Tendenz zum Individualismus als »Konkupiszenz« (*FT* 166) definieren, die nur überwunden werden kann, indem eine Beziehung zu Gott hergestellt wird, die uns ermöglicht, die Zwänge unserer eigenen kleinen Interessen zu durchbrechen.

89 Papst Franziskus widmet der Lage der Älteren beträchtliche Aufmerksamkeit und schlägt Alarm im Blick auf ihre Marginalisierung durch die Familie und das gesellschaftliche Leben und deren dramatische Konsequenzen. Während seiner Zeit als Erzbischof von Buenos Aires beklagte er: »Darüber hinaus werden auch die Älteren verlassen, und das nicht nur in prekären Lebensverhältnissen. Sie werden verlassen wegen unserer egoistischen Unfähigkeit, ihre Grenzen zu akzeptieren, die unsere Grenzen widerspiegeln. Sie werden angesichts der zahllosen Herausforderungen alleine gelassen, die heute für das Überleben in einer Zivilisation bewältigt werden müssen, die sie nicht aktive Teilnehmer sein lassen, ihnen keine Stimme geben oder ihnen nicht erlauben, als Beispiel zu dienen, weil das konsumorientierte Modell diktiert, ›nur die Jugend ist zu etwas zu gebrauchen und nur die Jugend kann genießen‹. Diese älteren Menschen sind gerade diejenigen, die in einer Gesellschaft als ganzer eine Quelle der Weisheit für die Menschen sein sollten.« J. M. Bergoglio, *Only Love Can Save Us,* 87.

90 Raúl Silva Henriquez (1907–1999) war Erzbischof von Santiago de Chile und wurde von Papst Johannes XXIII. 1962 zum Kardinal ernannt. Er war ein unermüdlicher Verteidiger der Menschenrechte, deren Verletzung in seinem Heimatland Chile unter der Militärdiktatur von Augusto Pinochet systematisch betrieben wurde. Papst Franziskus ehrte Kardinal Silva Henriquez mit den Worten: »Hier muss ich den großen Bischof von Santiago erwähnen, der bei einem *Te Deum* einmal sagte: ›Wenn du Frieden willst, setze dich für Gerechtigkeit ein‹ (…) Und wenn uns jemand fragen würde: ›Was ist Gerechtigkeit?‹ oder meinen würde, bei der Gerechtigkeit gehe es nur um das ›nicht stehlen‹, werden wir ihm sagen, dass es eine andere Art von Gerechtigkeit gibt: die Gerechtigkeit, die verlangt, dass jeder Mann und jede Frau als solche behandelt werden.« Papst Franziskus, *Predigt bei der Messe für Frieden und Gerechtigkeit,* O'Higgins Park, Santiago de Chile, 16. Januar 2018; vgl. Kardinal Raúl Silva Henriquez, *Predigt beim ökumenischen Te Deum,* 18. September, 1977.

91 Wie Schlangen, die sich häuten und ihre alte Haut abstreifen, fällt die Bedeutung von Wörtern ab, als ob sie müde, aus der Zeit gefallen und unbedeutend geworden wären. Vgl. U. Morelli, »Incontrasi. Imperfezione e poetica dell'enunciazione«, in *Dialogo dunque sono: come prendersi cura del mondo*, Hg. L. Bechetti, P. Coda und L. Sandonà, Città Nuova, Rom 2019, 18–19.

92 Vgl. H. Arendt, *Vita attiva. La condizione umana*, Mailand 1988, 58.

93 Vgl. A. Berthoud, *Une philosophie de la consommation. Agent économique et sujet moral,* Villeneuve-d'Ascq 2005.

94 Vgl. S. Latouche, *Come reincantare il mondo. La decrescita e il sacro,* Turin 2020, 30–37.

95 Vgl. E. Bazzanella, *Oltre la decrescita. Il tapis roulant e la società dei consumi,* Triest 2011, 97–110.

96 Vgl. F. Totaro, »I rischi dell'economismo buono. Una critica etico-filosofica«, in: *Etica e forme di vita,* A. Da Re (Hg.) Rom 2009, 203–215.

97 Vgl. G. Rist, *L'Economie ordinaire entre songes et mensonges*, Paris 2010.
98 Vgl. I. Bifarini, *I coloni dell'austerity. Africa, neoliberalismo e migrazioni di massa*, Rom 2018; vgl. L. Mola, »Profili di compatibilità delle misure di austerità con la Carta dei diritti fondamentali dell'Unione europea«, in: *La crisi del debito sovrano degli stati dell'area euro. Profili giuridici*, G. Adinolfi und M. Vellano, G. Giappochelli (Hg.), Turin 2013, 81–104.

5. Die Gegenwart beurteilen: Uns vom Wort Gottes erleuchten lassen

99 In dieser Vorgehensweise zeigt sich für uns ein konkretes Beispiel der *induktiven Methode*: die Wirklichkeit beobachten, die Fakten im Licht des Wortes Gottes unterscheiden, in einer Weise handeln, die Glauben und Leben zusammenbringt.
100 Johannes Paul II. hatte in *Sollicitudo Rei Socialis* schon festgehalten, die Anerkennung der Würde der menschlichen Person verwandle Solidarität mit unserem Nächsten in Nächstenliebe. So gesehen ist sie »nicht ein Gefühl vagen Mitleids oder oberflächlicher Rührung wegen der Leiden so vieler Menschen nah und fern. Im Gegenteil, sie ist die feste und beständige Entschlossenheit, sich für das ›Gemeinwohl‹ einzusetzen, das heißt, für das Wohl aller und eines jeden, weil wir für alle verantwortlich sind« (*SrS* 38).
101 Dieser Gedanke wird in einer Passage von *Gaudium et Spes* klar ausgedrückt: »Aus der gesellschaftlichen Natur des Menschen geht hervor, dass der Fortschritt der menschlichen Person und das Wachsen der Gesellschaft als solcher sich gegenseitig bedingen. Wurzelgrund nämlich, Träger und Ziel aller gesellschaftlichen Institutionen ist und muss auch sein die menschliche Person, die ja von ihrem Wesen selbst her des gesellschaftlichen Lebens durchaus bedarf. Da also das gesellschaftliche Leben für den Menschen nicht etwas äußerlich Hinzukommendes ist, wächst der Mensch nach allen seinen Anlagen und kann seiner Berufung entsprechen durch Begegnung mit anderen, durch gegenseitige Dienstbarkeit und durch den Dialog mit den Brüdern« (*GS* 25).
102 Vgl. B. Sorge, *Brevi lezioni di dottrina sociale*, Brescia 2017, 50–53.

6. Eine offene Welt schaffen: Unterscheiden und Urteilen

103 Im ersten Kapitel von *Fratelli Tutti* entwirft Papst Franziskus den Weg des Geschwisterseins aller und der sozialen Freundschaft als einzig mögliche Alternative zu der Enttäuschung, die uns tiefer in der »globalen Illusion« versinken lässt, die uns in die Irre führt. Der Zusammenbruch der konsumorientierten Ideologie wird »viele dem Überdruss und der Leere überlassen« (*FT* 36). Schon die Verwendung der Begriffe Überdruss und Leere scheint keinesfalls zufällig, sondern verweist offensichtlich auf das Denken des existenzialistischen Philosophen Jean-Paul Sartre und seinen Roman »Der Ekel«. Seine Hauptfigur Antoine Roquentin wird von anhaltendem Ekel heimgesucht, der ihn von allen anderen Menschen trennt und ihn in eine Situation der Einsamkeit versetzt, der er nicht entkommen kann. Als er sich selbst und sein Bewusstsein erforscht, versteht Roquentin, dass dieses Symptom der Sinnlosigkeit des Lebens und der Banalität des Alltags entspringt. Der Ekel ist nicht nur eine augenblickliche Empfindung von Unbehagen, die aus einem vorübergehenden Gefühl von Missvergnügen oder Ablehnung stammt, sondern mehr noch ein Zeichen fortwährender Angst, eine ständige Störung, die die gesamte Existenz in Beschlag nimmt und sie um-

fängt, wobei sie alles andere im Leben zerstört. *Fratelli Tutti* vergleicht das Denken von J.-P. Sartre mit dem von Gabriel Marcel – zwei radikal verschiedene und unversöhnbare Entwürfe von Welt und menschlichem Leben. So liegt zum Beispiel ein massiver Graben zwischen Sartres Verständnis von Freiheit als dem »Nichtigsein« des Menschen und einer grundlosen Entscheidung und Marcels Verständnis von Freiheit als »kreativer Empfänglichkeit«, die für das unverzichtbare Gottesverhältnis offen ist. Dennoch besteht trotz des metaphysisch gesehen unüberbrückbaren Abstands zwischen den beiden Philosophen eine gewisse Konvergenz auf der phänomenologischen und existenziellen Ebene im Blick auf das Thema Intersubjektivität. Vgl. L. Aloi, *Ontologia e dramma. Gabriel Marcel e Jean-Paul Sartre a confronto,* Mailand 2014.

104 In der *Summa Theologiae* versteht der Heilige Thomas Gnade als Eingießung eines besonderen göttlichen Lichts, das auf die Erkenntnis von Gegenständen hingeordnet ist, die unsere natürlichen Fähigkeiten übersteigen und das die normale »natürliche Erleuchtung« ergänzt. Vgl. Thomas von Aquin, *Summa Theologiae* I–II, q. 109, a.1.; *De Veritate,* q. 8, a. 7. Als Überblick zu der Frage vgl. E. Gilson, *The Spirit of Medieval Philosophy,* Notre Dame (IN), 1991.

105 Das Zitat von Karl Rahner ergänzt diesen aus verschiedenen verbindlichen Quellen zusammengefügten Rahmen, indem es sich auf Freiheit als bestimmenden Aspekt der menschlichen Person bezieht. Tatsächlich hält Rahner fest, die Ausübung von Freiheit führe letztlich dazu, dass die menschliche Person ihr beziehungsweise sein Wesen erkenne und sich als Wesen der Transzendenz wahrnehme. Freiheit sei die grundlegendste Erfahrung, in der menschliche Wesen ihre eigene Subjektivität transzendental und a priori als Gabe wahrnehmen könnten, die ihnen anvertraut sei und sie zuinnerst in ihre Verantwortung rufe. Vgl. K. Rahner, »Erfahrung des Heiligen Geistes«. Für eine vertiefte Diskussion der transzendentalen Freiheit bei Rahner vgl. G. Salatiello, *Tempo e Vita Eterna. Karl Rahner e l'apertura del pensiero,* Rom 2006, 51–58; vgl. H. D. Egan, »The Mystical Theology of Karl Rahner«, in: *The Way* 52, Nr. 2 (2013), 43–62.

106 Liebe ist die einzige Dynamik, die den Sinn des Lebens weiten kann. Liebe ist ein Exodus, der uns ermöglicht, aus uns herauszugehen und von der Tyrannei unserer selbstbezogenen Bedürfnisse befreit zu werden; Liebe ist eine Ekstase, die zu einer »volleren Existenz« (*FT* 88) in Beziehungen führt.

107 *Fratelli Tutti* zitiert die *Regel* des Heiligen Benedikt (*FT* 90), die lehrt, Gastfreundschaft sei die Haltung des den Nächsten Willkommenheißens, die zum Übersteigen des eigenen Ichs führe, weil sie Zeichen eines durch die liebende Gegenwart Gottes umgewandelten Herzens sei. Vgl. Bendictus Casinensis, *La Regola di San Benedetto e le regole dei Padri,* E. Pricoco (Hg.), Mailand 1995, Kapitel LIII, 233–236.

108 Der abschließende Teil des Kapitels macht deutlich, dass der Überstieg von der individuellen zur gesellschaftlichen Ebene – zur Ethik des »Wir« – auch die Beziehung zwischen Ländern betrifft. Papst Franziskus fordert uns erneut auf, über eine »Ethik der internationalen Beziehungen« (*LS* 51; *FT* 126) und eine »globale Ethik der Solidarität und Zusammenarbeit« (*FT* 127) nachzudenken.

109 Vgl. A. Martinelli, M. Salvati und S, Veca, *Progetto 89. Tre saggi su libertà, uguaglianza, fraternità.* Mailand 2009, 34–51.

110 Vgl. *Declaration of the Rights of Man and the Citizen, 1789 and 1793,* University of Liverpool, 1985.

111 Wie die Erklärung von 1789 spiegelt die UN-Erklärung die Erfordernisse ihrer Zeit wider, aber dank ihrer festen und grundlegenden Prinzipien konnte sie in den vergangenen Jahrzehnten auf dem Feld der Menschenrechte Boden gewinnen. Es ist der Erwähnung wert, dass die größten Innovationen, zu denen es unter Berufung auf die Erklärung von 1789 kam, die Abschaffung der Sklaverei und die Anerkennung der Rechte von Frauen (etwa das Recht auf Autonomie und Mutterschaft) waren. Von gleicher Bedeutung ist die Anerkennung der Rechte auf Arbeit, Familie und Bürgerschaft Vgl. *La Dichiarazione dei diritti umani nel diritto internazionale contemporaneo,* S. Tonolo und G. Pasacale (Hg.), Turin 2020.

112 Vgl. A. Cassese, *I diritti umani oggi,* Rom–Bari 2015.

113 Diese Klarstellung zu Beginn des vierten Kapitels (*FT* 128) dient als Grundlage für alles, was zum Thema Immigration folgt.

114 Unterschiedliche Spielarten von Ideologien bedrohen die Solidarität, die ja immer zum Kampf gegen die Armut und ihre verschiedenen Ursachen und Wurzen anregt. Dennoch schützt uns die Bereitschaft zum Dienst an anderen vor solchen Irrwegen, weil Dienst am Nächsten nicht den für Ideen, sondern für konkrete Personen bedeutet (*FT* 115).

115 Das Prinzip der Gleichheit ist kein abstraktes Konzept, sondern »nimmt Fleisch an«, insoweit es der Logik des inkarnierten Wortes Gottes folgt, dem konkreten Universalen. In Gott ist das Kriterium der Liebe, die die Grenzen des Selbst überwindet, nicht abstrakt, sondern wird zur Tatsache im Ereignis der Inkarnation. In der hypostatischen Union der menschlichen und göttlichen Natur Christi wird die überströmende Liebe Fleisch, zur konkreten und unwiderruflichen Solidarität mit der Menschheit.

116 Der Papst bezieht sich auf einen Typ von Staatsführung, der über bloße Notmaßnahmen hinausgeht: er koordiniert die Zusammenarbeit von Staaten in Sachen Immigration. Sie kümmert sich um eine umfassende Gesetzgebung, die Planung sowohl kurzfristig wie auf längere Sicht möglich macht (*FT* 132).

117 Franziskus bewundert das Denken von Romano Guardini, und dessen *Der Gegensatz* war einer der prägenden Texte in den Studienjahren des späteren Papstes. Papst Franziskus machte die Kunst, gegensätzliche Wirklichkeiten, Erfahrungen und Sensibilitäten in kreativer Spannung zusammenzuhalten, zum Spezifikum seines persönlichen und pastoralen Nachdenkens. Vgl. R. Guardini, *Der Gegensatz. Versuche zu einer Philosophie des Lebendig-Konkreten,* Ostfildern 2019; M. Borghesi, *Jorge Mario Bergoglio. Una biografia intellettuale,* Mailand 2017; S. Zucal, »Romano Guardini mestro di papa Francesco«, in: *Vita e Pensiero* 99, Nr. 6 (2016), 47–54.

118 Das Adjektiv *cordiale* taucht verschiedentlich in der Enzyklika auf (*FT* 87; 146; 195; 274; 283). *Cordiale* bedeutet, zum anderen eine Beziehung spontaner Natur aufzunehmen, die für Gefühle von Freundschaft offen ist, in der es einem von Herzen um das Wohl des anderen zu tun ist. Im vorausgehenden Kapitel benennt Franziskus sein ernsthaftes Bemühen um die Förderung und Entwicklung von anderen als *benevolentia,* als starken Wunsch nach allem Guten, das die Fülle des Lebens enthält (*FT* 112). Das bedeutet eine weitere Klärung im Blick auf die heilsame Polarität zwischen dem umfassenden Geschwistersein aller und der sozialen Freundschaft. Geschwistersein bemüht sich um das universale Wohl und stützt sich auf den Dialog zwischen Nationen, ist von einer Haltung der Wohlgesonnenheit gegenüber anderen als ihrem Mittel oder

Instrument geprägt. Soziale Freundschaft vollzieht sich in der jeweiligen Gesellschaft, sucht das spezifische Wohl und schützt die eigene Identität.

7. Eine bessere und offenere Welt aufbauen

119 Papst Franziskus widmete sich dem Thema »gute Politik« in *Evangelii Gaudium* 222–223, wo er sie als »sehr hohe Berufung« und als »eine der wertvollsten Formen der Nächstenliebe« (*EG* 205) vorstellt. Hier ergeben sich vier Prinzipien, die Politik zu ihrer eigentlichen Aufgabe befähigen; ethische Spannung, Säkularität, das Gemeinwohl und ein Geist des Dienens. Vgl. B. Sorge, »Per una buona politica«, in: *La Politica buona,* M. Pennisi und G. LaVanco (Hg.), Mailand 2016, 13–19.

120 Der Papst weist darauf hin, dass es eine Zeit lang die Tendenz gab, Populismus als einen wertvollen »Schlüssel« zum Verständnis aktueller politischer Ereignisse zu betrachten (*FT* 157). Diese Tendenz sei letztlich »eine der Polaritäten der gespaltenen Gesellschaft«, bis dahin, alles in einer Gesellschaft als »populistisch« oder »nicht populistisch« zu klassifizieren (*FT* 156).

121 Vgl. S. Politi, *Teologìa del pueblo. Una propuesta argentina a la teología latino-americana. 1967–1975*, Buenos Aires 1992.

122 Das erinnert an Don Luigi Sturzos Vorstellung von einem Popularismus, der an den Graswurzeln ansetzt, bei der Verteidigung der Rechte der Bauern und dem Kampf gegen das Übel der Leiharbeit, und eine wertvolle Alternative und ein Gegengift gegen Populismus bildet. Vgl. L. Sturzo, *Politica e morale,* Bologna 1972; vgl. A. Di Giovanni, *L'attualità di Luigi Sturzo, pensatore sociale e politico,* Mailand 1987.

123 Franziskus' Verständnis des Begriffs des Volkes entspricht grundlegend dem Denken des französischen Philosophen Paul Ricœur. Für Ricœur hatten nationale Kulturen einen ethisch-mythischen Kern: *ethisch,* weil sie Werte beinhalten; und *mythisch,* weil sie sich in symbolischen Formen ausdrücken. Vgl. P. Ricœur, *Histoire et Vérité,* Paris 1995, 286–300.

124 Interessanterweise ist das geographische Territorium nicht notwendigerweise ein Kriterium zur Identifikation eines Volkes. Wenn wir daran denken, wie viele, manchmal dramatische und blutige ethnische Konflikte sich aus Streitigkeiten ergeben, die mit Ansprüchen auf Land und mit Besetzung zu tun haben, sollte klar sein, dass die Zugehörigkeit zu einem bestimmten Territorium kein exklusives Recht darstellt. Tatsächlich können verschiedene Völker oder ethnische Gruppen ihre Wurzeln in ein und derselben Region der Welt haben. Geschwistersein aller verlangt, dass Beziehungen der friedlichen Koexistenz zwischen Völkern, verschiedenen Identitäten und Kulturen hergestellt werden. Sich für den Frieden zu entscheiden, meint nicht, »für einen Synkretismus einzutreten, und auch nicht (…), den einen im anderen zu absorbieren, sondern es geht um eine Lösung auf einer höheren Ebene, welche die wertvollen innewohnenden Möglichkeiten und die Polaritäten im Streit beibehält« (*EG* 228).

125 Jedes Volk und jede Nation wird durch eine gemeinsame Kultur definiert, die immer ein Ergebnis einer gemeinsamen Geschichte und in ihr verwurzelt ist, aber auch auf ein für alle geltendes Gemeinwohl vorausweist. Man erinnere sich daran, dass für Franziskus die »Armen und Einfachen« Träger der historischen Erinnerung und der kulturellen Identität eines Volkes sind (vgl. *EN* 48; *EG* 124). Ihr Verlangen nach Gerechtigkeit findet seinen Ausdruck oft in Erscheinungsformen der Volksfrömmigkeit. Das ist die »Weisheit des Volkes«, von der

Papst Franziskus oft in seinen Ansprachen handelt und die er als den besten Ausgangspunkt betrachtet, »um diese Schwächen zu heilen und von ihnen zu befreien« (vgl. *EG* 68–69; 126).

126 M. Czerny und P. Foglizzo, »The Strength of the Excluded: World Meeting of Popular Movements at the Vatican«, in: *Thinking Faith* (Onlinezeitschrift der Jesuiten in Großbritannien), 29. Januar 2015; und »The World Can Be Seen More Clearly from the Peripheries«, in: *Thinking Faith,* 2022.

127 In *Sollicitudo Rei Socialis* unterstreicht Johannes Paul II., die Menschheit brauche heute »angesichts einer neuen und schwierigeren Phase ihrer echten Entwicklung, für den Dienst an den Gesellschaften, den Wirtschaften und den Kulturen der ganzen Welt einen höheren Grad internationaler Ordnung« (*SrS* 43). Zum Neudenken der Vereinten Nationen siehe Johannes Paul II., *Botschaft an die 50. Vollversammlung der Vereinten Nationen,* 5. Oktober 1995, 14.

128 Der Ausdruck »sozialer Friede« geht auf *Redemptor Hominis* (*RH* 15) zurück. Diese Passage der Enzyklika Johannes Pauls II. analysiert technischen und wissenschaftlichen Fortschritt als ein »Zeichen der Zeit«, das für unsere Epoche prägend sei. Johannes Paul II. betont die Ambivalenz dieses Fortschritts: Er ist ein Ausdruck der menschlichen Genialität, kann aber zu einer Bedrohung mit katastrophalen Folgen werden – bis dahin, dass er zu einem Ziel an sich wird. Um die gefährliche Selbstzerstörung der menschlichen Gattung zu vermeiden, müssen wir nach den wirklichen Vorteilen des technisch-wissenschaftlichen Fortschritts fragen, Kriterium für diese Befragung ist genau das der sozialen Liebe. Bringt der technisch-wissenschaftliche Fortschritt Nutzen für alle? Macht er das Leben des Menschen »menschlicher«? Oder wird er zur Waffe in den Händen weniger zur Herrschaft über andere ohne Beachtung der möglichen Folgen seines Gebrauchs? Vgl, G. Tanzanelli-Nitti, »Pensare la tecnologia in prospettiva teologica: esiste un umanesimo scientifico?«, in: *Scienza, tecnologia e valori morali: quale future? Studi in onore di Franceso Barone,* P. Barotta, G. O. Longo und M. Negrottim (Hg.), Rom 2011, 201–220; 155.

129 In der Enzyklika *Caritas in veritate* griff Benedikt XVI. den Ausdruck »politische Nächstenliebe« in Verbindung mit dem neuen Konzept des »institutionellen Wegs der Nächstenliebe« auf: »Jeder Christ ist zu dieser Nächstenliebe aufgerufen, in der Weise seiner Berufung und entsprechend seinen Einflussmöglichkeiten in der *Polis.* Das ist der institutionelle – wir können auch sagen politische – Weg der Nächstenliebe, der nicht weniger tauglich und wirksam ist als die Liebe, die dem Nächsten unmittelbar, außerhalb der institutionellen Vermittlungen der *Polis* entgegenkommt« (*CiV* 7).

130 Die Implikationen eines dialogischen Denkens wurden am meisten im Bereich der Trinitätstheologie entfaltet, nicht nur um einer korrekten Hermeneutik der christologischen Gestalt der Offenbarung willen, sondern auch im Blick auf gegenwärtige pastorale Probleme in der Kirche und ethische Themen in der Gesellschaft. Aus der Wahrheit des einen und dreifaltigen Gottes, in dem Andersheit die Frucht der substanziellen Liebe ist, ergibt sich der »Dialog« als spirituelle, kulturelle und soziale Größe, die im Gegenzug zur Entwicklung einer dialogischen Anthropologie befähigt. Vgl. L. Sandonà, *Dialogica: per un pensare teologico tra sintesi trinitaria e questione del pratico,* Rom 2019.

131 Vgl. P. Rossano, »Il concetto e I presupposti del dialogo«, in: P. Rossano, *Dialogo e annuncio cristiano. L'incontro con le grandi religioni,* Cinisello Balsamo 1993, 13–26.

132 Vgl. A Fabris, *RelAzione. Una filosofia performativa,* Brescia 2016, 175–180.
133 Vgl. P. Coda, »Nella logica del Dio unico che è Trinità«, in: *Dialogo dunque sono: come prendersi cura del mondo,* L. Becchetti, P. Coda und L. Sandonà (Hg.), Rom 2019, 45–63.
134 Vgl. M. Aime, *Una bella differenza. Alla scoperta della diversità del mondo,* Turin 2016.
135 Vgl. Benedikt XVI., *Botschaft zum XXVI. Weltjugendtag* (2011), 6. August 2010; vgl. J. Ratzinger, »Heil und Geschichte«, in: *Glaube in Schrift und Tradition. Zur Theologischen Prinzipienlehre. Zweiter Teilband,* Freiburg 2016.
136 Vgl. J. Ratzinger, »Ragione e fede. Scambio reciproco per un'etica comune«, in J. Habermas, Ragione e fede in dialogo, G. Bosetto (Hg.), Venedig 2005, 65–81; vgl. J. Ratzinger, »Glaube, Religion und Kultur«, in: *Glaube – Wahrheit – Toleranz. Das Christentum und die Weltreligionen,* 2. Aufl., Freiburg 2003, 46–65; vgl. J. Ratzinger, »Relativismo, problema della fede«, in: Il Regno-Documenti 784, Nr.1 (1997), 52–56.
137 Das Thema Frieden wurde ursprünglich als moralische Frage behandelt, entweder als Antwort auf die Frage nach der Legitimität des Kriegs oder als Teil des dogmatischen Nachdenkens über die letzten Dinge, nämlich Tod, Gericht, Himmel und Hölle. Vgl. E. Chiavacci, »Pace«, in: *Teologia,* G. Barbaglio, G. Bof, S. Dianich (Hg.), Cinisello Balsamo 2002, 1048–1064.
138 Vgl. J. Joblin, »L'actualité de l'enseignement de Gaudium et Spes sur la paix«, in: *La Pace sfida all' Università Cattolica, Atti del Simposio fra le Università ecclesiastiche e gli Istituti di Studi Superiori di Roma, Roma (3–6 Dicembre 1986),* F. Biffi (Hg.) 1988, 596–599; vgl. M. Dagras, »La dynamique de l'encyclique«, in: *Paix sur la terre. Actualité d'une encyclique,* E. Coste, M. Dagras und G. Mathon (Hg.), Paris 1992, 19–38.
139 Paul VI. umriss die Wichtigkeit des persönlichen wie gemeinschaftlichen Beitrags zum Aufbau des Friedens in der bürgerlichen Gesellschaft: »Wenn die öffentliche Meinung das Element ist, das über das Schicksal der Völker entscheidet, hängt das Schicksal des Friedens genauso von jedem einzelnen ab. Denn jeder einzelne ist Teil der Gesamtheit der Bürger in einem demokratischen System, das in unterschiedlichen Formen und Graden heute das Leben der auf moderne Weise organisierten Nationen charakterisiert. Das wollten wir zum Ausdruck bringen: Friede ist möglich, wenn ihn jeder von uns möchte; wenn jeder von uns den Frieden liebt, seine eigene Sicht auf den Frieden formt und heranbildet, den Frieden verteidigt, für ihn arbeitet. Jeder von uns muss in seinem eigenen Gewissen auf den eindringlichen Ruf hören: ›Friede hängt auch von dir ab‹.« Paul VI. »Friede hängt auch von dir ab«, *Botschaft für die Feier des VII. Welttages des Friedens,* 1. Januar 1974.
140 Vgl. Tertullian, *Apology. Ante-Nicene Fathers,* Band 3, A. Roberts, J. Donaldson und A. Cleveland (Hg.), Buffalo NY, XVIII.
141 Askese, vom griechischen Wort *askein* – zu übersetzen mit »praktizieren« oder »ausüben« –, bedeutet ein wiederholtes Handeln in einer Bemühung um Aneignung einer Fähigkeit. In der alten griechischen Literatur gebrauchte man das Verb für künstlerische Arbeit; Askese ist die Anstrengung, die dazu erforderlich ist, damit das Schöne Gestalt annehmen kann. Die Wahl der Termini »Architektur« und »Handwerk« für die Bemühung um eine friedliche Welt verweist auf eine Askese des Friedens, an der sich die gegenwärtige Anstrengung hin auf die Ermöglichung einer wahreren, besseren und schöneren Welt für künftige

Generationen orientiert. Vgl. E. Bianchi, *Lessico della vita interiore. Le parole della spiritualità,* Mailand 2004.

142 Wenn Schönheit die Erfahrung einer spezifischen Resonanz mit der Schöpfung und unseren Mitmenschen ist, in der wir – wie Hans Urs von Balthasar sagen würde – die Möglichkeit erhalten, die christologische Form wahrzunehmen, und die unsere innere Welt ausbreitet und ausweitet, dann ist Friede deshalb schön, weil er uns ermöglicht, uns Teile von uns anzueignen, die nur zum Ausdruck kommen können, indem wir unsere tiefe Verbundenheit miteinander so leben, dass wir selbstbezogene und gewalttätige Impulse gegenüber anderen vermeiden. Vgl. C. Barone, »L'esistenza dei Santi è teologia vissuta: Dogmatica e Spiritualità nell' apologetica teologica di Hans Urs von Balthasar«, in: *Synaxis* 37, Nr. 2 (2019), 133–153.

143 Im Alten Testament meint Frieden *(schalom)* Segen, Ruhe, Ehre, Wohlstand und Leben. Anders gesagt: Friede ist Ausdruck einer Wirklichkeit, die das Volk Israel schon in der Geschichte erfährt und bezeugt, deren volle Verwirklichung aber Gegenstand der eschatologischen Hoffnung ist (Ex 57,19–21). Die Beziehung Gottes zum auserwählten Volk ist ein Bund des Friedens (Ez 37,26). Er wird oft mit der Erfüllung von Gottes Heilsplan als *Gerechtigkeit* (Ex 32,5–18; Lev 26,1–13; Spr 12,20) und als *Wahrheit* über eine Person verbunden (Ps 84,11–2). Weil die Sünde die Errichtung des Königreiches Gottes behindert (Jer 6,13–14), erfährt Israel Frieden als *Vergebung* von Sünden und Wiederversöhnung mit Gott. Im Neuen Testament ist Friede *(eirene)* die persönliche Gabe des auferstandenen Herrn an die Gemeinschaft der Gläubigen (Lk 24,36; Joh 20,19, 21, 26), die Jesus während seines öffentlichen Auftretens als Seligkeit für diejenigen versprochen hat, die an ihn glauben (Lk 10,5f.). In den paulinischen Briefen ist der Friede Christus selbst (Eph 2,14–18), als durch Versöhnung mit dem Vater erlangte Erlösung, die sich durch die Rechtfertigung durch Glauben ereignet (Röm 5,1). Vgl. J.-Y. Lacoste, »Pace«, in: J.-Y. Lacoste, *Dizionario Critico di Teologia,* P. Coda (Hg.), Rom 2005, 958–960; vgl. G. Barbaglio, *Pace e violenza nella Bibbia,* Bologna 2011.

144 Das hebräische Wort *schalom* hat eine Wurzel, die die Tatsache bezeichnet, intakt, vollständig zu sein. Es spielt auf die Ausführung einer Aufgabe, etwa den Bau eines Hauses an (1 Kön 9,25), oder auf die Tatsache der Wiederherstellung von etwas in seine ursprüngliche Vollgestalt, beispielsweise die Bezahlung der Schuld eines Gläubigers (Ex 21,34) oder die Erfüllung eines Gelübdes (Ps 50,14). Deshalb ist Friede im biblischen Sinn nicht nur Ergebnis eines Vertrags oder eines »Pakts«, der einer »Zeit des Kriegs« ein Ende setzt (Koh 3,8; Offb 6,3). Eher verweist Friede im biblischen Sinn auf einen Zustand des Wohlbefindens, den Menschen daraus gewinnen, dass sie mit sich selbst, mit Gott und mit anderen in Harmonie leben. Vgl. X. Léon-Dufour, »Pace«, in: *Dizionario di Teologia Biblica,* Genua 1995, 814–822.

145 Kardinal Martini zeigte, wie Wahrheit, Frieden und Vergebung im päpstlichen Lehramt nach dem Zweiten Vatikanischen Konzil als gleich wichtige Elemente des Friedens vorgestellt wurden, besonders durch die jährlichen Botschaften zum Weltfriedenstag. Vgl. C. M. Martini, »Pace«, in: *Dizionario di Dottrina Sociale della Chiesa. Scienze sociai e Magistero,* Mailand 2004, 94–107.

146 Über die Notwendigkeit, unsere Erinnerung durch Vergebung und Versöhnung zu reinigen, um so die Ereignisse der Vergangenheit durch eine neue Linse neu lesen zu können, siehe Johannes Paul II., »Dialog zwischen Kulturen für eine

Zivilisation der Liebe und des Friedens«, *Botschaft zum XXXIV. Weltfriedenstag,* 1. Januar 2001, 21.

147 Der Heilige Johannes Paul II. stellte Wahrheit als Fundament des Friedens heraus, indem er betonte, der Kampf gegen das Böse in der Welt brauche immer eine Klärung der Faktenlage: »Er verlangt, dass die Wahrheit wiederhergestellt wird, um zu verhindern, dass Einzelne, Gruppen und Nationen ihr Vertrauen in den Frieden verlieren und neuen Formen von Gewalt zustimmen.« Johannes Paul II, »Wahrheit, die Kraft des Friedens«, *Botschaft zum XIII. Weltfriedenstag,* 1. Januar 1980, 3.

148 Auf die Verbindung zwischen Frieden und Armut hat Papst Johannes Paul II. hingewiesen: »Unsere Welt macht eine weitere schwerwiegende Bedrohung des Friedens immer deutlicher: Viele Individuen und sogar ganze Völker leben heute in Bedingungen extremer Armut. Die Kluft zwischen Reichen und Armen tritt sogar in den wirtschaftlich höchstentwickelten Nationen immer stärker hervor. Dieses Problem darf das Gewissen der Menschheit nicht ignorieren, da die Bedingungen, in denen viele Menschen leben, eine Beleidigung ihrer angeborenen Würde sind und im Ergebnis einen authentischen und harmonischen Fortschritt der Weltgemeinschaft bedrohen. Der Ernst dieser Situation wird in vielen Ländern der Welt wahrgenommen: in Europa ebenso wie in Afrika, Asien und Amerika. In verschiedenen Regionen bestehen viele soziale und wirtschaftliche Herausforderungen, mit denen sich Gläubige wie alle Menschen guten Willens zukünftig herumschlagen müssen. Armut und Elend, soziale Unterschiede und Ungleichheiten, von denen einige sogar gesetzlich festgeschrieben sind, Bruderkriege und Unterdrückungsregime – das alles ist ein Appell an das Gewissen ganzer Völker in jedem Teil der Welt.« Johannes Paul II., »Wenn du Frieden möchtest, kümmere dich um die Armen«, *Botschaft zum XXVI. Weltfriedenstag,* 1. Januar 1993, 1.

149 Aus einer moralischen Perspektive hat der Heilige Paul VI. in *Populorum Progressio* das Thema Frieden mit dem der menschlichen Entwicklung verbunden, bis hin zu der Aussage, Entwicklung sei der neue Name für Frieden (*PP* 76–87). Der Heilige Johannes Paul II. hat seinerseits in *Sollicitudo Rei Socialis* die Bedeutung der Solidarität als »Weg zum Frieden und gleichzeitig zur Entwicklung« hervorgehoben (*SrS* 39). Unter Bezugnahme auf die Lehre seiner Vorgänger bekräftigt Papst Franziskus erneut, die angeborene und unverlierbare Würde der menschlichen Person sei nicht nur eine Grundlage für die Schaffung eines beständigen Friedens, sondern ebenso das Leitprinzip, das politische Entscheidungen in die Lage versetze Instabilität, Rebellion und Gewalt zuvorzukommen. Paul VI., »Die Forderung der Menschenrechte, der Weg zum Frieden«, *Botschaft zum II. Weltfriedenstag,* 1. Januar 1969; Johannes Paul II., »Achtung der Menschenrechte: Das Geheimnis des wahren Friedens«, *Botschaft zum XXXII. Weltfriedenstag,* 1. Januar 1999.

150 Im Blick auf das Überdenken der ökonomischen Modelle und den Imperativ, die Globalisierung der Märkte mit der Solidarität zu verbinden, bekräftigte Johannes Paul II.: »Damit das geschieht, braucht es einen kompletten Perspektivenwechsel: Es darf nicht länger das Wohlergehen irgendeiner politischen, rassischen oder kulturellen Gemeinschaft die Oberhand haben, sondern vielmehr das Wohl der Menschheit als ganzer. Das Verfolgen des Gemeinwohls einer einzelnen politischen Gemeinschaft kann nicht im Konflikt mit dem Gemeinwohl der Menschheit liegen, wie es in der von der Allgemeinen Erklärung der

Menschenrechte von 1948 sanktionierten Anerkennung und Respektierung der Menschenrechte zum Ausdruck kommt. Außerdem müssen Ideen und Praktiken – sie werden oft von mächtigen ökonomischen Interessen bestimmt – aufgegeben werden, die jeden anderen Wert den absoluten Ansprüchen der Nation und des Staates unterordnen. In dieser neuen Perspektive sind politische, kulturelle und institutionelle Trennungen und Unterscheidungen, durch die die Menschheit geordnet und organisiert wird, nur insofern legitim, als sie mit der Zugehörigkeit zu der einen Menschheitsfamilie und den sich daraus ergebenden ethischen und gesetzlichen Erfordernissen vereinbar sind (…) Vielleicht ist es an der Zeit für ein neues und tieferes Nachdenken über das Wesen der Wirtschaft und ihren Zweck. Dringend notwendig wäre eine Neubesinnung im Blick auf die Konzeption des ›Wohlstands‹ als solcher, um zu verhindern, dass es in einer engen utilitaristischen Perspektive eingeschlossen bleibt, die wenig Raum für Werte wie Solidarität und Altruismus lässt.« Johannes Paul II., »Friede auf Erden für jene, die Gott liebt!« *Botschaft für den XXXIII. Weltfriedenstag,* 1. Januar 2006, 6; 15.

151 Johannes Paul II. wies darauf hin, dass Vergebung eine wesentliche Vorbedingung für eine am Frieden orientierte Praxis der Gerechtigkeit darstellt: »Wahrer Friede ist deshalb Frucht von Gerechtigkeit, diejenige moralische Tugend und gesetzliche Garantie, die die volle Achtung der Rechte und Verantwortlichkeiten sowie eine gerechte Verteilung von Vorteilen und Belastungen sichert. Aber weil menschliche Gerechtigkeit immer zerbrechlich und unvollkommen ist, den Begrenzungen und dem Egoismus von Einzelnen und von Gruppen unterworfen, muss sie das das Vergeben einschließen, das gestörte menschliche Beziehungen von ihren Grundfesten her heilt und neu aufbaut, und auch durch es ergänzt werden. Das gilt für große wie kleine Umstände, auf der persönlichen wie auf der größeren, sogar internationalen Ebene. Vergebung ist keinesfalls ein Gegensatz zur Gerechtigkeit, als ob mit Vergebung gemeint sei, die Notwendigkeit zu übersehen, das, was an Falschem geschehen ist, wiederherzustellen. Es geht vielmehr um die Fülle von Gerechtigkeit, die zu jener Ruhe der Ordnung führt, die wesentlich mehr als eine zerbrechliche und zeitlich begrenzte Beendigung der Feindseligkeiten und die tiefste Heilung der in den Herzen von Menschen schwelenden Wunden beinhaltet. Gerechtigkeit und Vergebung sind beide für eine solche Heilung notwendig.« Johannes Paul II., »Kein Friede ohne Gerechtigkeit, keine Gerechtigkeit ohne Vergebung«, *Botschaft zum XXXV. Weltfriedenstag,* 1. Januar 2002, 3.

152 Wie oben erwähnt, wurde im theologischen Nachdenken vor dem 20. Jahrhundert das Thema Frieden nur in Bezug auf die Wirklichkeit des Kriegs behandelt. Während in der Frühzeit des Christentums ein absolutes Tötungsverbot galt, sogar gegen einen ungerechten Aggressor, wurde in der Zeit Konstantins eine kasuistische Vorgehensweise entwickelt, in der die Möglichkeit eines »gerechten Kriegs« als legitim betrachtet wurde. So wird beispielsweise in den Schriften der Heiligen Ambrosius und Augustinus der Krieg als Mittel zur Verteidigung eines Volkes gesehen, wogegen das biblische Ideal des Friedens zunehmend durch eine eschatologische Brille betrachtet wurde. Die Vorstellung vom Krieg zur Ausbreitung des Christentums schob sich ebenfalls in den Vordergrund und auf sie berief man sich die Jahrhunderte hindurch beispielsweise in den Kreuzzügen, bei der Evangelisierung Europas, bei der Eroberung Amerikas und vor kurzem erst im bewaffneten Kampf zwischen Katholiken und Protestanten in

Irland und in den Zusammenstößen zwischen Katholiken und Orthodoxen auf dem Balkan. Offiziell wurde kein Krieg durch die kirchlichen Autoritäten für ungerecht erklärt. Sogar die eindringlichen Warnungen von Papst Benedikt XV. beim Ausbruch des Ersten Weltkriegs nannten den drohenden Konflikt zwar ein »nutzloses Abschlachten«, verurteilten ihn aber nicht als notwendigerweise ungerecht. In diesem Licht erscheinen die Aussagen von Papst Franziskus in *Fratelli Tutti* als prophetisch und innovativ: »Deshalb können wir den Krieg nicht mehr als Lösung betrachten, denn die Risiken werden wahrscheinlich immer den hypothetischen Nutzen, der ihm zugeschrieben wurde, überwiegen. Angesichts dieser Tatsache ist es heute sehr schwierig, sich auf die in vergangenen Jahrhunderten gereiften rationalen Kriterien zu stützen, um von einem eventuell ›gerechten Krieg‹ zu sprechen. Nie wieder Krieg!« (*FT* 258). Vgl. C. Bresciani und L. Eusebi, *Ha ancora senso parlare di guerra giusta? Le recenti elaborazioni della teologia morale,* Bologna 2010.

153 Die Gesetze müssen ihrem Wesen nach auf das Gemeinwohl hingeordnet sein. Gesetzgeber oder Gesetzessysteme, die den grundlegenden Interessen einer Gemeinschaft oder der menschlichen Person widersprechen, verlieren de facto vollständig ihre Gültigkeit; sie sind nicht länger Recht (*ius);* vielmehr entarten sie zum Missbrauch (*foeda iniuria)* – wie der Heilige Johannes XXIII. entschieden in *Pacem in Terris*, Nr. 30 betonte.

154 Den Fußstapfen seiner Vorgänger folgend hat Papst Franziskus wiederholt auf den Weg der Abrüstung hingewiesen. Während seiner apostolischen Reise nach Japan bekräftigte er aufs Neue: »Mit tiefer Überzeugung möchte ich ein weiteres Mal erklären, dass der Einsatz der Nuklearenergie zu kriegerischen Zwecken heute mehr denn je ein Verbrechen nicht nur gegen die Würde menschlicher Wesen, sondern auch gegen jede mögliche Zukunft für unser gemeinsames Haus darstellt.« Franziskus, *Ansprache beim Friedenstreffen am Gedenkort für den Frieden in Hiroshima,* 24. November 2019.

155 Die Beziehung zwischen christlicher Lehre und Strafrecht entwickelte sich jahrhundertelang auf der Grundlage eines eklatanten Missverständnisses, dass nämlich das Modell der vergeltenden Gerechtigkeit als der Wahrheit des Evangeliums konform betrachtet wurde. Das führte zu einem auffälligen wechselseitigen Bedingungsverhältnis. Auf der einen Seite verhängte die Bestrafungspraxis von Staaten Strafen nach Kriterien der Vergeltung, die sich auf unterstellte theologische und religiöse Voraussetzungen als legitimierendem kulturellem Faktor stützten. Auf der anderen Seite übernahm die Theologie Elemente aus Bestrafungssystemen, die ihre Überlegungen auf dem Feld von Recht und Moral beeinflussten. Eine sorgfältigere exegetische Deutung der biblischen Texte zeigt, dass aus ihnen nicht bestimmte Konzepte von Bestrafung abgeleitet werden können, die auf der Grundlage der Idee einer vergeltenden Gerechtigkeit beruhen. Es stimmt vielmehr das Gegenteil: Die an Vergeltung orientierte Konzeption von Gerechtigkeit veränderte unsere Wahrnehmung des authentischen Konzepts von Gerechtigkeit, das sich aus der Bibel und aus dem gesamten Offenbarungsereignis ergibt. Vgl. L. Eusebi, »Diritto penale«, in: *Dizionario di Dottrina Sociale della Chiesa,* 251–261.

156 Die theologische Deutung des Geheimnisses von Christi Kreuzestod unter hamartiozentrischem Vorzeichen legt das Schwergewicht auf die menschliche Sünde als Grund der Inkarnation, mit Hilfe der Kategorie der »Wiedergutmachung«, der »stellvertretenden Sühne« oder der »Tilgung durch Strafe«, so in der Schrift

Cur Deus homo des Anselm von Canterbury. Jahrhunderte hindurch prägte diese auf die Sünde konzentrierte Perspektive das durch die juristisch-moralischen Überlegungen der katholischen Kirche erarbeitete Verständnis von Strafe, das die Wahrnehmung der eigentlichen Achse des christlichen Glaubens erschwerte. Trotzdem gilt: Die Erlösung wurde nicht durch das von Christus erduldete Leiden zur Besänftigung eines erzürnten Gottes erwirkt und deshalb nicht als »Preis« zur Begleichung der menschlichen Sünde. Viel eher wird Erlösung durch das umfassende Opfer Christi gewirkt, durch das er sich in seiner ganzen irdischen Existenz als das inkarnierte Wort dem Vater hingab. Nicht das Leiden als solches, als vielmehr die Nächstenliebe bedeutet Wiedergutmachung, deren höchster Ausdruck der Tod am Kreuz ist. Andernfalls bleiben wir in einer juristischen Perspektive nach dem Vorbild weltlicher Justiz, für die es erlaubt wäre, auf das Böse mit Bösem zu reagieren und damit statt der Liebe dem Bösen erlösenden Wert zuzusprechen. Das Erlösungsgeheimnis von Jesu Kreuzestod offenbart Gottes Sein als Liebe, die ohne Vorbedingung selbst im Angesicht menschlicher Sünde ausgegossen wird. So drückt sich Gerechtigkeit in Jesus als Ausgießung von Liebe angesichts des Bösen aus. Vgl. N. Albanesi, *Cur Deus homo: la logica della redenzione. Studio sulla teoria della soddisfazione di S. Anselmo arcivescovo di Canterbury,* PUG 2002, 14–80; vgl. *La teologia del XX secolo: un bilancio. 2. Prospettive sistematiche,* G. Canobio und P. Coda (Hg,), Band 2, Rom 2003, 64–72; 184.

157 Vgl. Franziskus, *Neue Revision von Nummer 2267* des Katechismus der Katholischen Kirche *über die Todesstrafe. Reskript »ex Audientia SS.mi«,* 2. August 2018.

158 Angesichts des modernen Totalitarismus bekräftigten die Päpste Pius XI. und Pius XII. die Mittelpunktstellung und den Wert der menschlichen Person. Das Zweite Vatikanische Konzil bestätigt diese Position in *Gaudium et Spes,* wo es erklärt: »Wurzelgrund, Träger und Ziel aller gesellschaftlichen Institutionen ist und muss auch sein die menschliche Person« (*GS* 25). Das legt das Fundament für den Widerspruch zum ersten traditionellen Argument zugunsten der Todesstrafe, nach dem der Übeltäter als kranker Teil des gesellschaftlichen Gefüges und deshalb zur »Heilung« oder zum Opfer verpflichtet betrachtet wurde, falls das Wohl der Gemeinschaft gefährdet sein sollte. Diese Position wurde mit einer bekannten Aussage der *Summa Theologiae* des Heiligen Thomas von Aquin begründet (*S. Th., II–II,* q. 64, a. 2). Kardinal Luis Ladaria SJ, der Präfekt der Kongregation für die Glaubenslehre, kommentierte, der neue Text des *Katechismus* über die Todesstrafe stehe in »Kontinuität zum bisherigen Lehramt, bedeutet aber eine kohärente Entwicklung der katholischen Lehre«. Es war ein langer Weg, vom bemerkenswerten Text der Sozialkommission der Französischen Bischofskonferenz gegen die Todesstrafe von 1978 zur Lehre aller neueren Päpste. Man denke nur an die Exhortation *Africae Munus* Benedikts XVI., deren Verurteilung der Todesstrafe das im Licht des Zweiten Vatikanums (*AM* 83) gereifte kirchliche Glaubensbewusstsein widerspiegelt. Vgl. Kongregation für die Glaubenslehre, *Brief an die Bischöfe bezüglich der Neue Revision von Nummer 2267 des* Katechismus der Katholischen Kirche *über die Todesstrafe,* 1. August 2018; vgl. Benedikt XVI., *Postsynodale Apostolische Exhortation »Africae Munus«,* 19. November 2011, 83; vgl. C. Dounot, »Une solution de continuité doctrinale. Peine de mort et enseignement de l'Eglise«, in: *Catholica* 141 (2018), 46–73.

159 1997 wurde die ursprüngliche Ausgabe des *Katechismus,* die fünf Jahre davor veröffentlicht worden war, gemäß der Formulierung Johannes Pauls II. in *Evangelium Vitae* (Nr. 56) revidiert, in der der Papst die praktische Nichtexistenz der

Bedingungen bekräftigte, die heute theoretisch den Rückgriff auf die Todesstrafe rechtfertigen könnten.

160 Es gibt im Wesentlichen drei Bedingungen für »legitime Selbstverteidigung«. Die erste wird durch die Maxime *moderamen inculpatae tutelae* ausgedrückt, also der Rückgriff auf Gewalt als extremes Hilfsmittel. Das bedeutet, dass gewaltfreie und weniger gewalttätige Mittel der Abschreckung und Verteidigung in Erwägung gezogen und zunächst versucht worden sind, sich aber als undurchführbar und unwirksam erwiesen haben. Die zweite Bedingung besagt, dass die Gewaltanwendung des Aggressors gegenwärtig und im Gange ist, nicht hypothetisch, vermutet oder möglich. Die dritte Bedingung besagt, dass Gewalt zur Verteidigung angemessen sein muss; sie kann nicht größer sein als die aggressive Gewalt und mehr Leid verursachen. Die zweite Bedingung bekräftigt die Unerlaubtheit präventiver Gewaltanwendung, während die dritte die Unerlaubtheit des Rückgriffs auf Gewaltanwendung zur Vergeltung unterstreicht. Vgl. C. Schönborn, *Wähle das Leben: Die christliche Moral nach dem Katechismus der Katholischen Kirche*, Wien 1998.

8. Kirche und Religionen im Dienst am universalen Aufruf zum Geschwistersein

161 In *Evangelii Gaudium* legte Papst Franziskus die Notwendigkeit und Dringlichkeit dar, eine »Neuausrichtung des Papsttums« in Erwägung zu ziehen (*EG* 32).

162 Der Heilige Paul VI. hatte die Überzeugung zum Ausdruck gebracht, der Dialog solle für das apostolische Amt der Nachfolger Petri prägend sein und es neu umreißen (*ES* 69). In seiner Enzyklika *Ut Unum Sint* verwies der Heilige Johannes Paul II. als Reaktion auf den Wunsch vieler Christen aus den orthodoxen »Schwesterkirchen« und den lutherischen Kirchen auf die Gründe für ein Überdenken der Ausübung des Petrusamtes im Blick auf eine ökumenische Einheit: »Als Bischof von Rom weiß ich sehr wohl, dass die volle und sichtbare Gemeinschaft aller Gemeinschaften, in denen kraft der Treue Gottes sein Geist wohnt, der brennende Wunsch Christi ist. Ich bin überzeugt, diesbezüglich eine besondere Verantwortung zu haben, vor allem wenn ich die ökumenische Sehnsucht der meisten christlichen Gemeinschaften feststelle und die an mich gerichtete Bitte vernehme, eine Form der Primatsausübung zu finden, die zwar keineswegs auf das Wesentliche ihrer Sendung verzichtet, sich aber einer neuen Situation öffnet « (*UuS* 95).

163 Der endgültige Text der Erklärung *Nostra Aetate* wurde am 28. Oktober 1965 gebilligt, im Pontifikat des Heiligen Pauls VI. Der 1961 erarbeitete ursprüngliche Entwurf, als *Decretum de Judaeis* bezeichnet, legte den Schwerpunkt auf das Verhältnis von katholischer Kirche und jüdischer Religion. Die Hauptschwierigkeit, die zu bewältigen war, bestand im lang anhaltenden Vorwurf des Gottesmords, der gegen das jüdische Volk erhoben worden war. Die Entscheidung der Konzilsväter, das jüdische Volk von der Anklage der Verurteilung Jesu zu den Qualen des Kreuzes und der Schuld an seinem schuldlosen Tod freizusprechen, bedeutete einen grundlegenden Schritt im Kampf gegen den Antisemitismus und Rassismus, gegen die sich Papst Pius XI. schon zuvor ausgesprochen hatte. Aber die Erklärung erhielt bald eine im Vergleich zum ursprünglichen Entwurf stark veränderte Fassung, indem sie das Ziel verfolgte, die Beziehungen zwischen katholischer Kirche und nichtchristlichen Religionen in einem allge-

meineren Sinn zu klären. Die Erklärung bedeutete eine positive Entwicklung im Blick auf den Islam, sogar noch mehr als auf das Judentum. Denn erstmals in der Geschichte des kirchlichen Lehramts wurde der Islam als Gegenstand der Aufmerksamkeit betrachtet und unter Berücksichtigung des gemeinsamen abrahamitischen Erbes in Bezug auf das Christentum gesehen. Vgl. R. De Mattei, *Il Concilio Vaticano II. Una storia mai scritta,* Turin 2019, 485–490.

164 Vgl. C. Geffré, »La vérité du Christianisme à l'âge du pluralisme religieux«, in: *Angelicum* 74 (1997), 171–191.

165 Vgl, P. Trianni, *Nostra Aetate: alle radici del dialogo interreligioso,* Vatikanstadt 2016.

166 Die Erklärung *Dominus Iesus* der Kongregation für die Glaubenslehre setzt an den Anfang die Überzeugung, dass der universale Heilswille Gottes im Ostergeheimnis Christi ein für alle Mal angeboten und erfüllt wird, und bekräftigt dann, dass »die Theologie heute bei ihrem Nachdenken über das Bestehen anderer religiöser Erfahrungen und ihrer Bedeutung in Gottes Heilsplan zur Erkundung aufgefordert ist, ob und auf welchem Weg die geschichtlichen Gestalten und positiven Elemente dieser Religionen ihren Platz im göttlichen Heilsplan haben könnten« (*DI* 14). Der Heilige Johannes Paul II. hat in seinem Apostolischen Schreiben *Novo Millennio Ineunte* ebenso zu einem neuen theologischen Nachdenken in Übereinstimmung mit der Lehre des Konzils aufgefordert. Er unterstrich: »Denn nicht selten erweckt der Geist Gottes, der ›weht wo er will‹ (Joh 3,8) in der allgemeinen menschlichen Erfahrung trotz ihrer vielen Widersprüchlichkeiten Zeichen seiner Gegenwart, die selbst den Jüngern Chrisi helfen, die Botschaft, deren Überbringer sie sind, vollkommener zu verstehen« (*NMI* 56).

167 *Lumen Gentium* bekräftigt, dass auch »die Einzigkeit der Mittlerschaft des Erlösers im geschöpflichen Bereich eine unterschiedliche Teilnahme an der einzigen Quelle in der Mitwirkung nicht ausschließt, sondern sie erweckt« (*LG* 62). Die Kirche ist deshalb das notwendige Mittel der Erlösung aller, auch derjenigen, die nicht an Christus glauben. Dennoch beschränkt sich die in *Nostra Aetate* eröffnete Perspektive nicht auf die Untersuchung der Frage nach der Erlösung von Nichtchristen, sondern erkundet theoretisch wie praktisch die wesentlich breiter angelegte Bedeutung der verschiedenen Weltreligionen im Plan Gottes für die Menschheit. Vgl. J. Dupuis, *Verso una teologia cristiana del pluralismo religioso,* Brescia 1997, 173–180; vgl. P. Rossano, »Lo Spirito Santo nelle religioni e nelle culture non cristiane«, in: ders., *Dialogo e annuncio cristiano. L'incontro con le grandi religioni,* Cinisello Balsamo, 85–87; vgl. F. Gaiffi, »Il pluralismo religioso nella riflessione teologia recente: un'appendice bibliografica«, in: *Il pluralismo religioso. Una prospettiva interdisciplinare,* A. Fabris und M. Gronchi (Hg.), Cinisello Balsamo 1998, 203–226.

168 Vgl. P. Coda, »Religioni (teologia delle)«, in: *Dizionario Critico di Teologia,* P. Coda (Hg.), Rom 2005, 1122–1127.

169 In theologischen Diskussionen über den Dialog zwischen Religionen wurden drei Perspektiven entwickelt, sowohl innerhalb wie außerhalb der Kirche. Die erste ist ekklesiozentrisch oder sogar exklusivistisch gemäß der wohl bekannten Formel »außerhalb der Kirche kein Heil« (*Salus extra ecclesiam non est)*; sie neigt dazu, nichtchristlichen Religionen jeglichen Wert abzusprechen. Diese Konzeption ist heute obsolet. Die zweite Perspektive ist christozentrisch oder inklusivistisch und bemüht sich darum, das Handeln Christi in anderen Religionen herauszustellen. Diese Vision ist noch relevant und umfasst verschiedene

Varianten. Die dritte Perspektive ist theozentrisch oder pluralistisch; sie bemüht sich darum, den theologischen und objektiven Wert jeder Religion anzuerkennen, auf der Grundlage der Überzeugung, dass Gott auf verschiedene Weisen und an verschiedenen Orten spricht. Vgl. E. Echevarria, »The Salvation of Non-Christians? Reflections on Vatican II.'s *Gaudium et Spes 22, Lumen Gentium 16,* Gerald O'Collins, SJ, and St. John Paul II.«, in: *Angelicum* 94, Nr. 1 (2017), 93–142.

170 Augustinus von Hippo, *Bekenntnisse,* XI, 2.3.

171 Vgl. Thomas von Aquin, *Summa Theologiae,* I, q 12, a. 1.

172 Vgl. G. Scattolin, »Spritualità in dialogo o la spiritualità come terreno comune di dialogo interreligioso«, in: *Divus Thomas* 110, Nr. 3 (2007), 190–221.

173 Vgl. V. Possenti, »Alle sorgenti dell'etica. Il problema dell'autonomia morale«, in: *Rivista do Filosofia Neo-Scolastica* 78, Nr. 3 (1986), 449–481.

174 Vgl. M. C. Donadio Maggi di Gandolfi, »Crisis de la razón humana y su restauración en la cultura contemporánea«, in: *Divus Thomas 121,* Nr. 3 (2018), 156–166.

175 Vgl. P. Dominici, »La modernità complesssa tra istanze di emancipazione e derive dell'individualismo: la comunicazione per il ›legame sociale‹«, in: *Studi di sociologia* 52, Nr. 3 (2014), 281–304.

176 Vgl. H. Joas, *Valori, società, religione,* U. Perone (Hg.), Turin 2014, 61–86.

177 Die Annahme wäre schädlich, es gebe eine Art Allianz zwischen Demokratie und ethischem Relativismus (vgl. *VS* 101), als ob etwa der Gedanke schädlich wäre, dass »sich die Rechtsordnung einer Gesellschaft darauf beschränken sollte, die Überzeugungen der Mehrheit zu verzeichnen und anzunehmen«, und Rechtssysteme demnach nur auf dem aufbauen sollten, »was die Mehrheit selber als moralisch anerkennt und lebt« (*EV* 69). Vgl. F. Cannone, »La democrazia nel pensiero di Giovanni Paolo II«, in: *Angelicum* 85, Nr. 2 (2008), 557–60.

178 Vgl. A. Lobato, »Gli ostacoli all'incontro con Dio nella cultura odierna«, in: *Angelicum* 70, Nr. 2 (1993), 169–209.

179 Vgl. R. Pezzimenti, »La Dottrina sociale della Chiesa nel quadro del pensiero sociale e politico moderno«, in: *Angelicum* 70, Nr. 2 (1993), 169–206.

180 In *Centesimus Annus* sprach sich der Heilige Johannes Paul II. gegen eine einschränkende Interpretation des Eingreifens des kirchlichen Lehramts aus und bekräftigte stattdessen, dass die Kirche »in bestimmten menschlichen Situationen, sei es auf individueller und sozialer, nationaler und internationaler Ebene das Wort ergreifen« müsse. »Dafür hat sie eine eigene Lehre, ein Lehrgebäude aufgestellt, das es ihr ermöglich, die soziale Wirklichkeit zu analysieren, sie zu beurteilen und Richtlinien für eine gerechte Lösung der daraus entstehenden Probleme anzugeben« (*CA* 5). Benedikt XVI. bekräftigte, die Soziallehre der Kirche sei ein wertvolles Mittel, einen Beitrag zur »Reinigung der Vernunft« zu leisten (*DCE* 29); tatsächlich riskiere die praktische Vernunft dann, wenn es um eine konkrete Antwort auf die Forderungen der Gerechtigkeit gehe, immer »gewisse ethische Blindheit auf Grund der verwirrenden Wirkung von Macht und partikularen Interessen« (*DCE* 28). Hier träfen sich Politik und Glauben (*DCE* 28): Der Glaube könne als wahre Begegnung mit dem lebendigen Gott die Vernunft von ihrer eigenen Blindheit befreien und den in der Politik Involvierten dabei helfen, all das wahrzunehmen, was in Programmen, die auf die Durchsetzung von Gerechtigkeit zielten, an Verfolgung von Einzelinteressen und an Streben nach Macht verborgen sei.

181 Vgl. Päpstlicher Rat »Gerechtigkeit und Friede«, *Kompendium der Soziallehre der Kirche,* Nr. 424, 230.

182 Das Zweite Vatikanum bewertete Politik grundsätzlich positiv, indem es sowohl ihre Notwendigkeit wie ihre Verankerung in der Natur des Menschen anerkannte. Das Konzil formulierte beispielsweise, unter den gesellschaftlichen Bedingungen, die für die Entwicklung des Menschen notwendig seien, hingen einige unmittelbar mit seinem innersten Wesen zusammen, und dazu gehöre die politische Gemeinschaft (*GS* 25). Deshalb hoffte das Konzil auf das Entstehen einer friedfertigen und konstruktiven Zusammenarbeit zwischen Kirche und politischer Gemeinschaft, die für das Wohl aller Bürger so segensreich wie möglich sein solle, mit den unterschiedlichen, örtlichen und zeitlichen Umständen angepassten Mitteln (*GS* 76). So revidierten die Konzilsväter die offizielle Position der Kirche im Blick auf ihr Verhältnis zum Staat, indem sowohl die modernen Vorstellungen einer völligen Trennung, eines aggressiven Antiklerikalismus und eines diskriminierenden Säkularismus zurückgewiesen wurden wie jene Vorstellungen, die für einen religiösen oder konfessionellen Staat eintraten. Vgl. R. Rybka, »La laicità dello Stato nella *Gaudium et Spes* e nel *Compendio della Dottrina Sociale della Chiesa*«, in: *Studi/Contributions* 2 (2015), 42–49.

183 Besonders jene, die der Kirche kritisch gegenüberstehen, sehen in der Ausübung von kirchlicher Jurisdiktion einen Weg zur Wiederbekräftigung einer Art indirekter Machtausübung in zeitlichen Angelegenheiten (*potestas indirecta in temporalibus*), die nicht nur die Kirche durch die Entstehung von Bereichen institutioneller Freiheit dem staatlichen Blickfeld entziehen, sondern ihr eine unzulässige Einmischung in die staatlichen Angelegenheiten erlauben würde. Nach diesem Denkansatz wäre es richtig, wenn Freiheit und Macht der Kirche (*libertas–potestas*) ausschließlich auf den innerkirchlichen Raum, auf die »privaten« inneren Angelegenheiten der Kirche beschränkt blieben, Vgl. S. Briccola, »Il potere della Chiesa in ambito temporale esiste ancora?«, in: *Politico* 70, Nr. 1 (2005), 57–77; vgl. V. Ferrone, »La libertà religiosa come fondamento storico della laicità«, in: *Contemporanea* 10, Nr. 4 (2007), 670–677.

184 Die von der Glaubenskongregation 2002 erlassene *Lehrmäßige Note über einige Fragen im Zusammenhang mit der Beteiligung von Katholiken am politischen Leben* hielt fest: »Das Fördern des Gemeinwohls der Gesellschaft in Übereinstimmung mit dem Gewissen des einzelnen hat nichts mit ›Konfessionalismus‹ oder religiöser Intoleranz zu tun. Für die katholische Morallehre ist die rechtmäßige Autonomie des politischen oder zivilen Bereichs gegenüber dem der Religion und der Kirche – *nicht aber gegenüber dem der Moral* – ein Wert, den sich die katholische Kirche zu eigen gemacht hat, den sie anerkennt und der zum Erbe der gegenwärtigen Zivilisation gehört.« Vgl. Kongregation für die Glaubenslehre, *Lehrmäßige Note über einige Fragen im Zusammenhang mit der Beteiligung von Katholiken am politischen Leben,* 24. November 2002, 6.

185 *Gaudium et Spes* definiert das »Gemeinwohl« als die »Gesamtheit jener Bedingungen des gesellschaftlichen Lebens, die sowohl den Gruppen als auch deren einzelnen Gliedern ein volleres und leichteres Erreichen der eigenen Vollendung ermöglichen« (*GS* 26). Diese einleitende »formale« Definition wird dann in konkreteren Begriffen ausgearbeitet: »Es muss also alles dem Menschen zugänglich gemacht werden, was er für ein wirklich menschliches Leben braucht, wie Nahrung, Kleidung und Wohnung, sodann das Recht auf eine freie Wahl des Lebensstandes und auf Familiengründung, auf Erziehung, Arbeit, guten Ruf,

Ehre und auf geziemende Information; ferner das Recht zum Handeln nach der rechten Norm seines Gewissens, das Recht auf Schutz seiner privaten Sphäre und auf die rechte Freiheit auch in religiösen Dingen« (*GS* 26). Vgl. C. Mellon, »Politica (I): la riflessione del Concilio Vaticano II«, in: *Aggiornamenti Sociali* 12 (2012), 881–884.

186 Der Heilige Johannes Paul II. fügte hinzu: »Eine wahre Demokratie ist nur in einem Rechtsstaat und auf der Grundlage einer richtigen Auffassung vom Menschen möglich. Sie erfordert die Erstellung der notwendigen Vorbedingungen für die Förderung sowohl der einzelnen Menschen durch die Erziehung und die Heranbildung zu den echten Idealen als auch der ›Subjektivität‹ der Gesellschaft durch die Schaffung von Strukturen der Beteiligung und Mitverantwortung« (*CA* 46).

187 *Lumen Gentium* spricht den Laien die Aufgabe zu, sich direkt und in gewöhnlicher Weise der Politik zu widmen, da »den Laien der Weltcharakter in besonderer Weise eigen ist« (*LG* 31). Ordinierten Amtsträgern weist *Lumen Gentium* gleichzeitig die kirchliche Gemeinschaft als Bereich zu, in dem sie das pastorale Amt auszuüben haben, das ihre kirchliche Besonderheit ausmacht (*LG* 20). Darüber hinaus lädt das Konzil männliche und weibliche Ordensangehörige dazu ein, von ihrer besonderen Berufung Zeugnis zu geben, indem sie hier und jetzt die zukünftigen Bedingungen des Reiches Gottes vorwegnehmen, in dem es keinen Raum für zeitliche Macht geben und diese überflüssig werden wird (*LG* 44; *PC* 1). Tatsächlich legt der *Kodex des Kirchenrechts* unmissverständlich fest, dass Klerikern verboten ist, »öffentliche Ämter anzunehmen, die eine Teilhabe an der Ausübung weltlicher Gewalt mit sich bringen« (can. 285 §3), und hält fest: »In politischen Parteien und an der Leitung von Gewerkschaften dürfen sie nicht aktiv teilnehmen, außer dies ist nach dem Urteil der zuständigen kirchlichen Autorität erforderlich, um die Rechte der Kirche zu schützen oder das allgemeine Wohl zu fördern« (can. 287 §2). Den Dienern der Kirche wird also vom Engagement in »Parteipolitik« abgeraten, obwohl diese Möglichkeit nicht kategorisch ausgeschlossen ist. Wie Papst Franziskus deutlich macht, bedeutet das nicht, dass sie sich von der politischen Wirklichkeit fernhalten müssen und nicht in Bezug auf Mittel und Wege einbezogen sein dürfen, die ihre pastorale Sendung betreffen.

188 Auch Benedikt bekräftigte: »Für die Kirche stellt der Dialog zwischen den Anhängern der verschiedenen Religionen ein wichtiges Mittel für die Zusammenarbeit mit allen religiösen Gemeinschaften im Interesse des Gemeinwohls dar (…) *Sie darf dabei nicht den Weg des Relativismus oder des religiösen Synkretismus einschlagen.* Die Kirche verkündet tatsächlich Christus als den Weg, die Wahrheit und das Leben (Joh 14,6) und ist an diese Verkündigung verpflichtend gebunden; in Christus, in dem Gott alle Dinge mit sich versöhnt hat, finden die Menschen die Fülle des religiösen Lebens. Das schließt jedoch auf keinen Fall den Dialog oder das gemeinsame Streben nach der Wahrheit in verschiedenen Lebensbereichen aus, wie Thomas von Aquin sagte: ›Jede Wahrheit, wer auch immer sie äußert, stammt vom Heiligen Geist.‹« Vgl. Benedikt XVI., »Religionsfreiheit, der Weg zum Frieden«, *Botschaft zum XLIV, Weltfriedenstag,* 1. Januar 2011, 11.

189 Es ist interessant zu registrieren, wie in *Fratelli Tutti*, Nr. 278 der Bezug auf die Jungfrau Maria in den Kontext des Diskurses über »katholische« Identität wieder eingebracht wird, gleichsam um zu unterstreichen, dass die Verehrung der Mutter Gottes immer zu deren charakteristischen Elementen gehört hat. Papst

Franziskus sieht in der Hingabe der Jungfrau Maria ein sprechendes Zeichen für den Willen Gottes, die ganze Menschheit zusammenzurufen, damit alle Männer und Frauen in Gemeinschaft mit Gott und untereinander leben können. Tatsächlich offenbarte Christus in seinem Tod am Kreuz uns nicht nur das Antlitz des Vaters, sondern vertraute uns auch der Sorge einer Mutter an. Als Jünger Jesu entdecken wir, dass wir kraft der Vaterschaft Gottes alle Geschwister sind, werden aber ebenso dazu eingeladen, den Weg des Geschwisterseins aller mit der Unterstützung der Mutterschaft Marias zu gehen.

190 Vgl. F. Viola, »I diritti umani alla prova del diritto naturale«, in: *Persona y Derecho* 23, Nr. 2 (1990), 101–120.

191 Benedikt XVI. hob die öffentliche Dimension von Religion und die große Bedeutung hervor, die sie für die Überwindung von Konflikten und die Wiederherstellung von Frieden und Gerechtigkeit unter Völkern, Nationen, Gesellschaften und Kulturen annehmen kann. Religionsfreiheit »drückt das Einzigartige an der menschlichen Person aus, da sie uns ermöglicht, unser persönliches und soziales Leben auf Gott auszurichten, in dessen Licht Identität, Bedeutung und Bestimmung der Person voll und ganz verstanden werden können. Diese Freiheit zu leugnen oder willkürlich einzuschränken, bedeutet, ein eingeschränktes Bild der menschlichen Person zu unterstützen; wo die öffentliche Rolle von Religion zum Verschwinden gebracht wird, wird eine ungerechte Gesellschaft hervorgebracht, insofern sie der wahren Natur der menschlichen Person nicht gerecht werden kann; es bedeutet *die Unterdrückung der Entfaltung des authentischen und dauerhaften Friedens für die gesamte Menschheitsfamilie.*« Vgl. Benedikt XVI., »Religionsfreiheit, der Weg zum Frieden«, *Botschaft für den XLIV. Weltfriedenstag,* 1. Januar 2011, 1.

192 Die vor allem auf dem Kirchenrecht fußende traditionelle Position der katholischen Theologie bekräftigte Wahrheit als einzige zu akzeptierende Grundlage für Freiheit. Da der Irrtum unannehmbar war, war es deshalb notwendig, diejenigen entschieden zu verurteilen, die sich als Atheisten oder Nichtgläubige bekannten. Mit anderen Worten: Wenn Gewissensfreiheit jemanden dazu bringt, das Dasein Gottes zu leugnen, besteht die Verpflichtung, sie abzulehnen. Allerdings legte der Heilige Johannes XXIII. in *Pacem in Terris* den Grundstein für einen Perspektivenwechsel, indem er die wichtige Unterscheidung zwischen dem Irrtum und der irrenden Person betonte: »Ein Mensch, der dem Irrtum verfallen ist, hört nicht auf, Mensch zu sein. Er verliert nie seine Würde als Person; und dem muss man immer Rechnung tragen. Darüber hinaus gibt es in der Natur des Menschen selber eine unvergängliche Fähigkeit, die Schranken des Irrtums zu durchbrechen und sich um den Weg der Wahrheit zu bemühen« (*PiT* 158). Damit war der Grundstein für die realistische Sicht des Konzils gelegt, die das Recht des Menschen zum Suchen der Wahrheit voraussetzt, aber keine Garantie für das Erreichen der Wahrheit als solcher vorsieht. Im Blick auf die Bemühungen der Apostel bekräftigt *Dignitatis Humanae,* dass sie »Rücksicht auf die Schwachen nahmen, selbst, wenn sie im Irrtum waren; so zeigten sie, wie ›jeder von uns Gott Rechenschaft für sich geben wird‹ (Röm 13,12) und dementsprechend zum Gehorsam in seinem Gewissen verpflichtet ist« (*DH* 11). Aus diesem Vorrang für das Gewissen entspringt der Aufruf an jeden Jünger Jesu, »den Menschen, die in Irrtum oder Unwissenheit in Dingen des Glaubens befangen sind, in Liebe, Klugheit und Geduld zu begegnen« (*DH* 14). Das Konzil missachtet weder die Macht der Wahrheit noch beschä-

digt es die Bedeutung der Kirche. Allerdings setzt die Lehre des Konzils einen Akzent auf die geschichtlichen Bedingungen; Freiheit braucht Bildung, im Sinn eines Gewissens, das von innerer Disziplin bewusst informiert ist. Vgl. V. V. Alberti, »La *Dignitatis humanae* e la nuova laicità oltre la rivoluzione e la contrarivoluzione«, in: *Anuario de Historia de la Iglesia* 21 (2012), 303–320.

193 In der katholischen Theologie findet der Begriff *Vermittlung* Verwendung zur Erklärung der Einzigkeit des in Jesus Christus vollendeten Erlösungsgeschehens. Er ist Mittelpunkt und Grundlage der gesamten Heilsökonomie. Der Einzigkeit seiner erlösenden Vermittlung entspricht die Universalität ihres Ziels: sie gilt allen Menschen. Die Vermittlung der Kirche ist der Christi analog, wenn auch nicht gleichbedeutend: Die Vermittlung durch die Kirche stammt aus der Vermittlung Christi, kann aber nie mit ihr verwechselt werden. Im Blick auf andere Religionen stellte der Heilige Johannes Paul II. fest: »Für jene (die nicht die Möglichkeit haben, das Evangelium zu kennen) ist die Erlösung in Christus kraft der Gnade erreichbar; sie haben eine geheimnisvolle Beziehung zur Kirche, wodurch sie nicht formell zum Teil der Kirche werden, die sie aber in einer ihrer spirituellen und materiellen Situation angepassten Weise erleuchtet« (*RM* 10). *Evangelii Gaudium* weitet diese Überzeugung aus, indem das Apostolische Schreiben bekräftigt, »aufgrund der sakramentalen Dimension der heiligmachenden Gnade neigt das in ihnen (den nichtchristlichen Religionen) dazu, Zeichen, Riten und sakrale Ausdrucksformen hervorzurufen, die ihrerseits andere in eine gemeinschaftliche Erfahrung eines Weges zu Gott einbeziehen« (*EG* 254). Diese Klarstellungen sind wichtig zur Kontextualisierung der Unterscheidung zwischen »Mittelsmännern« und »Mittlern«, die Papst Franziskus gebraucht: »Mittelsmänner pflegen allen Beteiligten Begünstigungen einzuräumen, um am Ende selbst einen Gewinn einzustreichen. Der Mittler hingegen ist jemand, der nichts für sich behält, sondern sich bis zum Ende großzügig hingibt, wissend, dass sein einziger Gewinn der Frieden sein wird« (*FT* 284). Papst Franziskus macht deutlich, die Gnade Christi zeige sich in Religionen, wenn sie anerkennen würden, dass Gott sie zur Verantwortung aufrufe, für den Frieden für unsere Mitmenschen zu arbeiten. Implizit und indirekt zielen diese »praktischen Vermittlungen« darauf, die Religion unseres Nachbarn mit der einzigartigen und universalen Vermittlung zu lieben.

194 *Gemeinsame Erklärung von Papst Franziskus und Patriarch Kyrill von Moskau und ganz Russland*, Havanna, 12. Februar 2016, 13.

195 Besonders bemerkenswert sind die Bemühungen des Heiligen Johannes Paul II. zur Förderung des ökumenischen Bewusstseins der katholischen Kirche. Das zeigt sich an mehreren größeren Ereignissen: die Promulgation des *Gesetzbuches der katholischen Ostkirchen* (18. Oktober 1990); die Intensivierung päpstlicher Reisen mit ökumenischen Zwecken; die entscheidenden Kontakte mit den Orthodoxen Kirchen; die Veröffentlichung des Apostolischen Schreibens *Orientale Lumen (*1995) und der Enzyklika *Ut Unum Sint* (1995); die *Gemeinsame Erklärung zur Rechtfertigungslehre* (31. Oktober 1999); die Erarbeitung und Annahme der *Charta Oecumenica für die Kirchen in Europa* (22. April 2001); die Fortsetzung der langsamen Arbeit der in bilateralen Dialogen engagierten theologischen Kommissionen. Vgl. H. Vall Vilardell, »La Spiritualità Ecumenica«, in: *Gregorianum* 88, Nr. 2 (2007), 407–420.

196 Das Konzil nimmt wahr, dass »dieses heilige Anliegen der Wiederversöhnung aller Christen in der Einheit der einen und einzigen Kirche Christi die

menschlichen Kräfte und Fähigkeiten übersteigt« (*UR* 24). Deshalb wollten die Konzilsväter am Ende des Dekrets die Notwendigkeit göttlichen Eingreifens zur Erreichung der Einheit der Christen unterstreichen und setzten ihre ganze Hoffnung in »das Gebet Christi für die Kirche« (*UR* 24). Die gleiche Haltung gläubigen Vertrauens ist in mehreren Ansprachen von Papst Franziskus zu finden. So verwies er beispielsweise bei seinem Treffen mit Patriarch Bartholomäus I. von Konstantinopel auf die Schwierigkeiten des Zusammenfindens der Christen hin und erklärte gleichzeitig, die Hoffnung auf Erfolg gründe nicht »auf unseren armseligen Anstrengungen, sondern eher auf Gottes Treue.« Vgl. Franziskus, *Ansprache des Heiligen Vaters beim ökumenischen Gebet während der Apostolischen Reise in die Türkei,* 29. November 2014.

197 Franziskus, *Ansprache des Heiligen Vaters an die Mitglieder der ökumenischen Delegation aus Finnland,* 19. Januar 2019.

198 Franziskus, *Worte des Heiligen Vaters bei der Unterzeichnung der Gemeinsamen Erklärung mit Patriarch Kyrill,* Havanna, 12. Februar 2016.

199 Franziskus, *Ansprache des Heiligen Vaters beim ökumenischen Gebet während der Ökumenischen Pilgerreise nach Genf aus Anlass des Gedenkens an den 70. Jahrestag der Gründung des Ökumenischen Rates der Kirchen,* 21. Juni 2018.

200 Ebd.

Schlussbetrachtung

201 Franziskus, *Erste Grußworte des Heiligen Vaters Papst Franziskus,* 13. März 2013.

202 Die Entscheidung dafür, alle Menschen anzusprechen, sollte in Kontinuität zu dem vom Zweiten Vatikanum gesetzten Wendepunkt verstanden werden. Tatsächlich hält *Gaudium et Spes* fest, die Botschaft des Evangeliums gelte »nicht nur für die Christgläubigen, sondern für alle Menschen guten Willens, in deren Herzen die Gnade unsichtbar wirkt. Da nämlich Christus für alle gestorben ist und da es in Wahrheit nur eine letzte Berufung des Menschen gibt, die göttliche, müssen wir festhalten, dass der Heilige Geist allen die Möglichkeit anbietet, diesem österlichen Geheimnis in einer Gott bekannten Weise verbunden zu sein« (*GS* 22).

203 Franziskus, *Predigt in der »Arena«-Sportanlage im Salina Viertel bei seiner Reise nach Lampedusa,* 8. Juli 2013.

204 Franziskus, *Ansprache während des Besuchs bei der Gemeinschaft von Varginha (Manguinhos) während der Apostolischen Reise nach Rio de Janeiro aus Anlass des XXVIII. Weltjugendtags,* 25. Juli 2013.

205 Franziskus, Erste Grußworte des Heiligen Vaters Papst Franziskus.

Anhänge

206 Mit besonderem Bezug zum Kapitel 3 dieses Buchs.

207 Papst Franziskus und Austen Ivereigh, *Let Us Dream: The Path to a Better Future,* London 2020, 4..

208 Hieronymus, Kommentar zu Matthäus, 2,11.16.

Nachwort

Das Pontifikat von Papst Franziskus bringt nicht nur einen neuen Stil päpstlichen Handelns mit sich, sondern auch wesentliche Neuakzentuierungen in der Katholischen Soziallehre. Umso wichtiger ist die Frage, welche Kontinuität es nicht nur zu den Vorgängern im Amt, sondern auch zum Zweiten Vatikanischen Konzil gibt.

Besonders interessant ist es da, dass der Präfekt des Dikasteriums für den Dienst zugunsten der ganzheitlichen Entwicklung des Menschen, Kardinal Michael Czerny SJ, zusammen mit dem Theologen Professor Christian Barone die Soziallehre von Franziskus entsprechend analysiert hat und auf diese Weise eine gute Einführung in die aktuelle päpstliche Lehre gibt, die von Papst Franziskus selbst im Vorwort so zustimmend kommentiert wird. Sie haben ihr Buch zuerst in Italienisch und in einer für die englische Welt leicht bearbeiteten Fassung vorgelegt. Wir sind froh, die deutsche Übersetzung hier in der Edition Herder Korrespondenz veröffentlichen zu können.

Wir danken dem Übersetzer Ulrich Ruh, meinem Vor-Vorgänger als Chefredakteur der Herder Korrespondenz, und allen, die daran mitgewirkt haben, dass dieses Buch erscheinen kann. Vor allem aber danken wir den beiden Autoren, die uns die Herausgabe der deutschen Übersetzung anvertraut haben.

November 2022

Stefan Orth
Chefredakteur der Herder Korrespondenz